為人民服務

——兩岸制度競爭的核心

■ 劉文斌　著

自 序

　　寫一本書很難，寫一本好書更難，寫一本具開創性的書是難上加難。

　　自第一本專書出版迄今，倏乎竟然長達六年。在此六年期間，沒有一天離開過兩岸關係的研究領域，也在這六年期間不斷撰寫學術性論文十數篇。在研究兩岸關係的過程裡，發現兩岸關係研究中對於兩岸制度的競逐，竟然沒有一本專書加以詳細討論。因此，下定決心將過去六年來所撰寫的相關著作加以整理，集中精力討論兩岸關係的制度競爭問題，並提出兩岸不應以民主化做為制度競爭的核心，而應該以兩岸政府為人民服務的績效做為競爭的核心。這種提法顯然與國際社會民主化的風潮不盡吻合，未來遭受學界嚴厲批判在所難免，但在諸多證據的支撐之下，筆者仍堅定認為，兩岸以「為人民服務」的績效作為兩岸關係的核心，才是真理。

　　書成，最想請博士論文指導老師、行政院陸委會副主委趙建民先生撰寫序論，以表達對其崇高的敬意。但兩岸交流日盛，陸委會所承受的業務重擔，已超乎一般人想像，為避免再給趙老師增加負擔，因此，以自序表達對趙老師的感謝。

　　書成，最想分享喜悅的自然是家人，尤其是子承啟，已自第一本專書時的國一新生，一躍成為大學新鮮人；女承歡自幼兒，變成小學中年級學生，妻惠鈴也增添許多華髮。

　　妻在協助校對過程中，以一般讀者身份嚴格檢視全書的流暢度與明確表達意思程度，稍有不足即遭「退稿」重新修訂，才使本書得以獲得一定的可讀性。

　　過往，趙建民老師經常以「對學術有何貢獻」要求筆者檢視自己作品，撰寫本書也秉持這種精神不斷自我惕勵。但願本書所提出的論述，對兩岸關係的學術研究真的有所幫助。

劉文斌　2011 年 1 月

目　次

表目次

圖目次

第壹章 緒論

第一節 研究動機、文獻回顧

一、研究動機

兩岸關係不僅牽動著兩岸與東亞地區的穩定與安全，甚至牽動著全球的穩定與安全，因此，兩岸關係早已成為臺灣地區的「顯學」，其重要性自然無法忽視。

筆者於 2005 年出版《臺灣國家認同變遷下的兩岸關係》[1]一書後，多年來對兩岸政治情勢持續關注與研究，發現兩岸關係在民主化浪潮下，似乎又呈現出另一種值得關注的態勢，換言之，中共是否被迫民主化？或根本不民主化？民主到底是什麼形式？兩岸制度是會因此趨同或逐漸遠離？兩岸關係又該呈現何種面貌？當然是研究兩岸關係者所極為關注的，為探索這些問題，故著手撰寫此書。

二、文獻回顧

對於兩岸關係的研究，雖是汗牛充棟，但有學者認為研究途徑（approach）概略可分為五大類，分別是：外交史途徑（the diplomatic history approach）、分裂國家途徑（the divided nation approach）、理性選擇途徑（the rational choice approach）、菁英衝突途徑（the elite conflict approach）及不對稱政治過程途徑（the asymmetrical political approach）

---

[1] 請參閱劉文斌，**臺灣國家認同變遷下的兩岸關係**（臺北：問津堂，2005）一書。

等，[2]將兩岸關係分別以外交的競逐、分裂國家的互動、兩岸追求國家利益最大化、領導者間的衝突及兩岸政治、經濟發展程度不同及國力大小不同下的折衝，作為研究的內容，[3]此種情況至今未見重大轉變。2003年迄 2010 年間，國內外有關兩岸關係比較重要的著作，也約略都可歸納入前述兩岸關係的研究途徑中，如，邵宗海著《兩岸關係》，以兩岸對對方的政策作為研究的主軸，其研究途徑雖跨越五個研究途徑中的多個，但仍在五個研究途徑的範圍之中。[4]另《兩岸關係研究》、[5]《大陸研究與兩岸關係（新版）》、[6]《全球戰略形勢下的兩岸關係》、[7]《兩岸關係中的美國因素》、[8]《微言、危言：兼論兩岸關係及臺灣內政》、[9]《世界新格局與兩岸關係：和平與發展的展望》、[10]《兩岸關係：主權爭議何去何從》、[11]《世界新格局與兩岸關係：協商與合作的展望》、[12]《泥淖與新機──臺灣政治與兩岸關係》、[13]《兩岸關係定位可能選擇與因應方案》、[14]《馬總統執政後的兩岸新局：論兩岸關係新路向》、[15]《兩岸

---

[2]　Tun-jen Cheng, "The Mainland China-Taiwan Dyad as a Research Progress", in Tun-jen Chen, Chi Huang and Samuel S. G. Wu, ed., *Inherited Rivalry: Conflict Across the Taiwan Straits*(Colorado : Lynne Rin, 1995), pp. 5～13.

[3]　劉文斌，臺灣國家認同變遷下的兩岸關係，頁 4～14。

[4]　請參閱邵宗海，兩岸關係（臺北：五南，2006）一書。

[5]　請參閱張五岳等，兩岸關係研究（臺北：新文京，2003）一書。

[6]　請參閱趙建民等，大陸研究與兩岸關係（新版）（臺北：晶典文化，2008）一書。

[7]　請參閱翁明賢等，全球戰略形勢下的兩岸關係（臺北：華立圖書，2008）一書。

[8]　請參閱陳建民，兩岸關係中的美國因素（臺北：秀威資訊，2007 年）一書。

[9]　請參閱蔡瑋，微言、危言：兼論兩岸關係及臺灣內政（臺北：海峽學術出版社，2007 年）一書。

[10]　請參閱時英出版社與淡江大學國際研究學院，世界新格局與兩岸關係：和平與發展的展望（臺北：時英，2006 年）一書。

[11]　請參閱劉性仁，兩岸關係：主權爭議何去何從（臺北：時英，2004 年）一書。

[12]　請參閱戴萬欽，世界新格局與兩岸關係：協商與合作的展望（臺北：時英，2006 年）一書。

[13]　請參閱張麟徵，泥淖與新機──臺灣政治與兩岸關係（臺北：海峽學術出版社，2005 年）一書。

[14]　請參閱姜皇池、黃居正，兩岸關係定位可能選擇與因應方案（臺北市：總統府，2007）一書。

[15]　請參閱江丙坤等，馬總統執政後的兩岸新局:論兩岸關係新路向（臺北市：

交流的非傳統性安全》[16]、《兩岸外交休兵新思維》、[17]《兩岸關係概論》、[18]《世界新格局與兩岸關係——和平與合作的進展》、[19]《政府開放政策對兩岸關係發展之影響與展望》、[20]《臺灣「政黨再輪替」與兩岸關係》、[21]《世界新格局與兩岸關係：對話與互動的展望》、[22]《臺灣政局與兩岸關係》、[23]《兩岸關係與中國研究》、[24]《兩岸關係與信心建立措施》、[25]《兩岸關係的決策分析》、[26]《時代悲情‧文化變遷‧兩岸關係》、[27]《超國家社會學：兩岸關係中的新臺灣社會》、[28]《兩岸政經關係與情勢》、[29]《兩岸協商與談判》、[30]《中國和平崛起與中國現代民族主義的互動》、[31]《大陸觀光客來臺對兩岸關係影響的政治經濟分析》、[32]

兩岸交流遠景基金會，2009）一書。

[16] 請參閱朱蓓蕾，**兩岸交流的非傳統性安全**（臺北市：遠景基金會，2005）一書。

[17] 請參閱李明，**兩岸外交休兵新思維**（臺北市：遠景基金會，2008）一書。

[18] 請參閱張國城，**兩岸關係概論**（臺北：新學林，2009 年）一書。

[19] 請參閱戴萬欽編著，**世界新格局與兩岸關係——和平與合作的進展**（臺北：時英，2009 年）一書。

[20] 請參閱行政院研考會，**政府開放政策對兩岸關係發展之影響與展望**（臺北：行政院研究發展考核委員會，2009 年）一書。

[21] 請參閱鄭海麟，**臺灣「政黨再輪替」與兩岸關係**（臺北：海峽學術出版社，2009 年）一書。

[22] 請參閱戴萬欽，**世界新格局與兩岸關係：對話與互動的展望**（臺北：時英，2008 年）一書。

[23] 請參閱李允傑，**臺灣政局與兩岸關係**（臺北：海峽學術出版社，2007 年）一書。

[24] 請參閱李銘義，**兩岸關係與中國研究**（臺北：新文京，2006 年）一書。

[25] 請參閱翁明賢、吳建德，**兩岸關係與信心建立措施**（臺北：華立圖書，2005 年）一書。

[26] 請參閱田麗虹，**兩岸關係的決策分析**（臺北：新文京，2003 年）一書。

[27] 請參閱辛旗，**時代悲情‧文化變遷‧兩岸關係**（臺北：海峽學術出版社，2003 年）一書。

[28] 請參閱林信華，**超國家社會學：兩岸關係中的新臺灣社會**（臺北：韋伯，2003 年）一書。

[29] 請參閱潘錫堂，**兩岸政經關係與情勢**（臺北：新文京，2009 年）一書。

[30] 請參閱邵宗海，**兩岸協商與談判**（臺北：新文京，2004 年）一書。

[31] 請參閱邵宗海，**中國和平崛起與中國現代民族主義的互動**（臺北：韋伯，2009 年）一書。

[32] 請參閱范世平，**大陸觀光客來臺對兩岸關係影響的政治經濟分析**（臺北：

《大陸出境旅遊與兩岸關係之政治分析》、[33]《媽祖文化與兩岸關係發展》、[34]《影響有影響力的人：解讀當代中國與臺海兩岸關係》、[35]《兩岸新形勢下的國家安全戰略》、[36]《中國崛起與臺灣》、[37]《偶爾言中——林中斌前瞻短評》、[38]《兩岸大未來》、[39]《世界新格局與兩岸關係：安定與互惠的展望》、[40]《民族意識與兩岸關係》[41]等等，幾乎都可以按前述類別加以歸類，但其中值得注意的是，雖然兩岸關係研究途徑分類中，有「不對稱政治過程」途徑一項，但在較新國內兩岸關係專論的出版品，卻都未見以兩岸不對稱政治過程作為兩岸關係的討論途徑（approach）。

若檢視迄 2010 年兩岸關係碩、博士論文，以兩岸關係為主軸者達 627 筆，其中以兩岸政治制度不對稱發展與競爭作為研究途徑者竟然付之闕如。627 筆中僅數本碩、博士論文的部分章節提及兩岸可能因為制度不同而發展出特定的關係而已，如以最近 10 年為例，可臚列如表 1-1：

秀威資訊，2010 年）一書。

[33] 請參閱范世平，**大陸出境旅遊與兩岸關係之政治分析**（臺北：秀威資訊，2006）一書。

[34] 請參閱蔡泰山，**媽祖文化與兩岸關係發展**（臺北：立得，2004），一書。

[35] 請參閱楊本華，**影響有影響力的人：解讀當代中國與臺海兩岸關係**（臺北：霍克（旭昇代理），2004）一書。

[36] 請參閱王高成主編，**兩岸新形勢下的國家安全戰略**（臺北：淡大戰略所（秀威資訊代理），2009）一書。

[37] 請參閱戚嘉林，**中國崛起與臺灣**（臺北：海峽學術出版社，2009）一書。

[38] 請參閱林中斌，**偶爾言中——林中斌前瞻短評**（臺北：黎明文化，2008）一書。

[39] 請參閱謝正一，**兩岸大未來**（臺北：華德博英文教科技，2008）一書。

[40] 請參閱戴萬欽，**世界新格局與兩岸關係：安定與互惠的展望**（臺北：時英，2010 年 10 月 20 日）一書。

[41] 請參閱林國章，**民族意識與兩岸關係**（臺北：海峽學術出版社，2010 年 06 月 10 日）一書。

表 1-1　國內兩岸關係碩、博士論文內容研析表（2001～2010）

年度／學校／ 論文屬性	作者	論文名稱	重要內容
2001 年／文化大學／政治研究所在職專班碩士論文	林基田	歷年（自 1994 年～2000 年）來臺灣民眾對兩岸關係的看法——兼論陳總統就職後民眾對新政府兩岸關係與大陸政策的看法	民進黨執政時期所提出大陸政策呈現兩岸關係研究。
2001 年／東海大學／政治學系碩士論文	劉建誠	政治文化變遷下之兩岸關係——論中國民族主義與新臺灣主體意識	不同政經社制度所衍生的隔閡及思維差距，使兩岸關係因此陷入僵局，甚至侵蝕原本就十分薄弱的互信基礎。
2002 年／文化大學／政治學研究所碩士論文	林姮妤	臺灣國家認同爭議之研究	臺灣民主化後對於憲政民主制度的認同。
2002 年／東吳大學／政治系碩士論文	廖茂發	世界經濟整合與兩岸政治非整合：兩岸政經背離現象的整合觀點探析	臺灣與中國分別與世界經貿整合的趨勢。在兩岸政治非整合面向上，呈現臺灣與中國在政治整合進程上的遲滯。
2002 年／東海大學／政治系碩士論文	劉維鈞	WTO 時代下兩岸關係之研究：從對抗到和解？	兩岸、WTO 與經濟全球化間辯證關係，與兩岸關係未來展望及其變數。
2004 年／東海大學／政治學系碩士論文	傅雅伶	全球化下臺灣民主轉型後之政經發展分析	國際情勢及國內政經環境，面對兩岸關係臺灣應如何應對。
2004 年／東海大學／政治系碩士論文	彭雋屹	兩岸政治性談判：由結構現實主義觀點分析	由博弈理論探討兩岸競合關係，其中包含了兩岸對於「主權」、「一個中國」的論述。

2005 年／中興大學／國際政治研究所碩士論文	孫玉平	臺灣民主化與國家意識：影響國家意識轉變之內外在因素	臺灣認同與中國認同，夾雜臺灣民主化的過程對兩岸關係的影響。
2005 年／中興大學／國際政治研究所碩士論文	王若琪	中國大陸公民社會發展與民主化未來之研究	中國大陸社會變革與民主未來，未涉及兩岸關係。
2005 年／淡江大學／中國大陸研究所碩士在職專班碩士論文	賀復興	兩岸統合問題探討——從邦聯模式分析	邦聯制是最有可能獲得兩岸各派人士共識的整合模式。
2006 年／佛光大學／社會學研究所碩士論文	程葉仁	臺灣民眾國家認同意向分析——以 2003 年為例	從臺灣政治民主化的過程瞭解臺灣民眾的統獨目標，亦從國際及中共利益角度觀察臺灣地位的處境變化。
2006 年／東吳大學／社會系碩士論文	韓建慧	全球化下的國家認同——臺灣大學生西進意願之研究	全球意識為臺灣大學生西進中國重要原因，兩者顯著受到國家認同牽扯。
2006 年／政治作戰學校／政治研究所碩士論文	林佑蒼	胡錦濤主政後中共對臺政治戰略之研究	探討胡錦濤上任後的對臺政治戰略運作。
2007 年／東吳大學／政治研究所碩士論文	周暉泰	臺灣意識下的兩岸政治定位政策	探討臺灣民眾由兩蔣時代經李登輝時代，到陳水扁時代的臺灣意識變遷及其對兩岸政治定位的影響。
2007 年／南華大學／國際暨大陸事務學系亞太研究所碩士班碩士論文	楊正良	民進黨執政後的大陸政策（2000－2008 年）	民進黨取得執政後的 2000 年到 2008 年大陸政策的演變及未來大陸政策可能走向。
2007 年／中正大學／政治所碩士論文	李瑞清	臺灣認同的發展（1996 年至 2008 年）	以臺灣的民主制度對抗中國大陸的民族主義。

2009 年／政大／外交所碩士論文	狄雷克（外文姓名）：Uygül, Dilek	國家認同與兩岸關係：經濟自由化 vs.政治民主化	以臺灣民主化自由化後國家認同轉變作為研究基礎
2009／國防管理學院／碩士論文	徐光媚	從民主和平論探討兩岸關係（1988－2008）	探討兩岸若同時推動民主化可能引發的兩岸關係變遷

資料來源：last visited in Jun. 10, 2010，《國家圖書館——全國博碩士論文資訊網》，http://etds.ncl.edu.tw/theabs/index.jsp。last visited Dec. 31, 2010,《臺灣碩博士論文知識加值系統》，http://ndltd.ncl.edu.tw/cgi-bin/gs32/gsweb.cgi/ccd=165NyV/result。

說　　明：徐光媚撰，「從民主和平論探討兩岸關係（1988－2008）」，雖以民主化與否作為兩岸關係探討的依據，但並非從兩岸政治制度不同作為探討的依據。

　　若以近期出版的英文書籍為例，也呈現不以兩岸制度競爭作為兩岸關係研究途徑的狀況，如：美國在臺協會前主席卜瑞哲（Richard C. Bush）著 *Untying the Knot-Making Peace in the Taiwan Strait*，偏重在以兩岸領導菁英的衝突與理性選擇作為研究的主軸；[42]塔格（Nancy Bernkopf Tucker）編著的 *Dangerous Strait-The U.S–Taiwan–China Crisis*，偏重在兩岸各自內、外政策的發展，大略屬於理性選擇與不對稱政治途徑領域；[43]Bruce Herschensohn 編的 *Across the Taiwan Strait: Democracy: The Bridge Between Mainland China and Taiwan* 係以學者專家對於兩岸民主化的角度看待兩岸關係，但整書是以演說稿的方式呈現，並非完整的學術論著，嚴格只能算是學者專家已注意到民主化對於兩岸關係的影響，而不是嚴謹的學術論述；[44] Scott L. Kastner 著

---

[42] See Richard C. Bush, *Untying the Knot-Making Peace in the Taiwan Strait* (Washington D.C.: The Bookings Institution, 2005)。

[43] See Nancy Bernkopf Tucker, *Dangerous Strait-The U.S.–Taiwan–China Crisis* (New York: Columbia University Press, 2005)。

[44] See Bruce Herschensohn ed., *Across the Taiwan Strait* (Maryland: Lexington Books, 2002)。

Political Conflict and Economic Interdependence Across the Taiwan Strait and Beyond，以兩岸政治經濟學為論述主體；[45] Julian Chang and Steven M. Goldstein 編著 Economic Reform And Cross-strait Relations: Taiwan And China in the WTO 以兩岸同時加入 WTO 看兩岸關係；[46]Ramon H. Myers and Jialin Zhang 著 The struggle across the Taiwan strait : the divided China problem，以兩岸政經交流及統合討論兩岸關係；[47]Cheng Li 編著 China's Changing Political Landscape: *Prospects for Democracy* 將多篇討論中共是否民主化的論文集結成書，對兩岸關係也未見以制度性的競爭作為兩岸關係的討論主軸；[48]Bonnie Glaser Brad Glosserman 著 Promoting confidence building across the Taiwan Strait，以全球化及國際關係角度看待兩岸問題；[49]Muthiah Alagappa 編著 Taiwan's presidential politics : democratization and cross strait relations in the twenty-first century 以臺灣民主化研究兩岸關係。[50]由這些著作的內容看，明顯的，對於兩岸關係的研究，若提及兩岸制度不同問題，大部分集中在臺灣民主化所造成的影響，而忽視大陸制度變遷方向，可能造成兩岸關係改變的影響。

另檢視 2005 年 1 月迄 2010 年底止，國內外有關兩岸關係大陸問題與兩岸問題研究重要期刊，[51]發現以單篇論文形式探討兩岸關係的

[45] See Scott L. Kastner, *Political Conflict and Economic Interdependence Across the Taiwan Strait and Beyond*（California: Stanford Univ Pr, 2009）。

[46] See Julian Chang, and Steven M. Goldstein, ed(s)., *Economic Reform And Cross-strait Relations: Taiwan And China in the WTO*（N.J. : World Scientific, 2007）。

[47] See Ramon H. Myers and Jialin Zhang，*The struggle across the Taiwan strait : the divided China problem*（Calif. : Stanford University, 2006）。

[48] See Cheng li, *China's Changing Political Landscape: Prospects for Democracy* (Washington D. C.: Brooking Institution Press, 2008)。

[49] See Bonnie and Glaser Brad Glosserman, *Promoting confidence building across the Taiwan Strait*（Washington, D.C. : CSIS Press, 2008）。

[50] See Muthiah Alagappa, *Taiwan's presidential politics : democratization and cross strait relations in the twenty-first century*（N.Y. : M.E. Sharpe, 2001）。

[51] 檢視期刊包括：展望與探索、中國大陸研究、遠景基金會季刊、問題與研

著作，有：「從跨界治理情勢探索兩岸共同打擊犯罪之前景」、[52]「風雨欲來的兩岸外交大戰──從陳總統元旦文告與出訪尼加拉瓜觀察」、[53]「臺海危機中中共對臺軍經封鎖之國際法理研究」、[54]「兩岸經貿發展趨勢與展望」、[55]「戰略環境變遷下美中臺三邊關係的競爭與合作」、[56]「從孤雛到伙伴：臺灣在後冷戰中日臺三邊關係中的角色提升」、[57]「美中臺三角關係：改良的三角分析」、[58]「當前兩岸政經關係的發展、挑戰與前瞻：建構新兩岸關係思維」、[59]「選票邏輯與兩岸關係的政策困境」、[60]「兩岸結束敵對狀態及解決模式可行性研析」、[61]「全球化與兩岸經濟發展」、[62]「從『全球化』思維探討有利兩岸發展之新認知」、[63]「中共在金廈『小三通』的策略運用」、[64]、「全球化視角下

究、中共研究、Issues and Studies、China Journal、Modern China、The China Quarterly、China Aktuell 等。

[52] 黃秋龍，「從跨界治理情勢探索兩岸共同打擊犯罪之前景」，**展望與探索**（臺北），第 6 卷第 6 期（2008 年 6 月），頁 58～68。
[53] 劉文斌，「風雨欲來的兩岸外交大戰──從陳總統元旦文告與出訪尼加拉瓜觀察」，**展望與探索**（臺北），第 5 卷第 2 期（2007 年 2 月），頁 21～39。
[54] 張怡菁，「臺海危機中中共對臺軍經封鎖之國際法理研究」，**展望與探索**（臺北），第 5 卷第 2 期（2007 年 2 月），頁 40～59。
[55] 唐彥博，「兩岸經貿發展趨勢與展望」，**展望與探索**（臺北），第 5 卷第 4 期（2007 年 4 月），頁 20～40。
[56] 尤本立，「戰略環境變遷下美中臺三邊關係的競爭與合作」，**展望與探索**（臺北），第 5 卷第 4 期（2007 年 4 月），頁 41～56。
[57] 莊文一，「從孤雛到伙伴：臺灣在後冷戰中日臺三邊關係中的角色提升」，**展望與探索**（臺北），第 4 卷第 4 期（2006 年 4 月），頁 41～56。
[58] 沈有忠，「美中臺三角關係：改良的三角分析法」，**展望與探索**（臺北），第 4 卷第 3 期（2006 年 3 月），頁 20～40。
[59] 宋鎮照、黃鴻茗，「當前兩岸政經關係的發展、挑戰與前瞻：建構新兩岸關係思維」，**展望與探索**（臺北），第 4 卷第 10 期（2006 年 10 月），頁 21～35。
[60] 鄭又平，「選票邏輯與兩岸關係的政策困境」，**展望與探索**（臺北），第 4 卷第 10 期（2006 年 10 月），頁 36～56。
[61] 李銘義，「兩岸結束敵對狀態及解決模式可行性研析」，**展望與探索**（臺北），第 3 卷第 1 期（2005 年 1 月），頁 23～40。
[62] 蔡學儀，「全球化與兩岸經濟發展」，**展望與探索**（臺北），第 3 卷第 1 期（2005 年 1 月），頁 41～54。
[63] 蔡秋如，「從『全球化』思維探討有利兩岸發展之新認知」，**展望與探索**（臺

的兩岸關係──中共對臺政策 vs 臺灣大陸政策」、[65]「從行政院『政府組織改造計畫』談陸委會職能轉變對兩岸關係影響」、[66]「兩岸非正常化經濟整合關係之省思與挑戰」、[67]「中共海協會理事組成與兩岸談判議題關係研究」、[68]「ECFA 架構下展望兩岸金融業之開放與合作：以銀行業為例」、[69]「從『身分政治』談兩岸關係前景」、[70]「全球化背景下的兩岸關係與臺商背景」、[71]「兩岸文化認同的詭辯與兩岸關係的未來」、[72]「當和平崛起遇上臺灣問題：菁英認知下的的中國安全戰略」、[73]「從理性博奕向結構博奕轉移」、[74]「不對稱戰爭相關理論及其應用於中國對臺戰略之研析」、[75]「臺灣民主化經驗與中國未來之民主化──

北），第 3 卷第 3 期（2005 年 3 月），頁 28～42。

[64] 陳建民、蔡承旺，「中共在金廈『小三通』的策略運用」，**展望與探索**（臺北），第 3 卷第 5 期（2005 年 5 月），頁 48～61。

[65] 王智盛，「全球化視角下的兩岸關係──中共對臺政策 vs 臺灣大陸政策」，**展望與探索**（臺北），第 3 卷第 7 期（2005 年 7 月），頁 31～42。

[66] 吳瑟致，「從行政院『政府組織改造計畫』談陸委會直能轉變對兩岸關係影響」，**展望與探索**（臺北），第 3 卷第 7 期（2005 年 7 月），頁 43～53。

[67] 邱垂正，「兩岸非正常化經濟整合關係之省思與挑戰」，**展望與探索**（臺北），第 3 卷第 11 期（2005 年 11 月），頁 18～38。

[68] 劉文斌，「中共海協會理事組成與兩岸談判議題關係研究」，**展望與探索**（臺北），第 8 卷第 1 期（2010 年 1 月），頁 51～66。

[69] 吳瑟致、趙文志，「ECFA 架構下展望兩岸金融業之開放與合作：以銀行業為例」，**展望與探索**（臺北），第 8 卷第 4 期（2010 年 4 月），頁 29～51。

[70] 包淳亮，「從『身分政治』談兩岸關係前景」，**展望與探索**（臺北），第 8 卷第 7 期（2010 年 7 月），頁 28～44。

[71] 耿曙、林琮盛，「全球化背景下的兩岸關係與臺商背景」，**中國大陸研究**（臺北），第 48 卷第 1 期（2005 年 3 月），頁 1～28。

[72] 劉文斌，「兩岸文化認同的詭辯與兩岸關係的未來」，**展望與探索**（臺北），第 8 卷第 11 期（2010 年 11 月），頁 27～49。

[73] 陳牧民，「當和平崛起遇上臺灣問題：菁英認知下的的中國安全戰略」，**中國大陸研究**（臺北），第 49 卷第 4 期（2006 年 12 月），頁 1～26。

[74] 李英明、賴皆興，「從理性博奕向結構博奕轉移」，**遠景基金會季刊**（臺北），第 6 卷第 4 期（2005 年 10 月），頁 1～30。

[75] 蔡昌言、李大中，「不對稱戰爭相關理論及其應用於中國對臺戰略之研析」，**遠景基金會季刊**（臺北），第 8 卷第 3 期（2007 年 7 月），頁 1～42。

以杭廷頓的理論架構分析之」、[76]「全球化下的兩岸社會交流與互動：一個從他者轉向自身的歷程」[77]、「兩岸信心建立措施之評析」、[78]「反分裂國家法與允諾策略」、[79]「國際法『禁止使用武力原則』與臺海兩岸關係」、[80]「美國與臺海兩岸信心建立措施」[81]、「歐盟統合之多樣性路徑對兩岸關係的政策意涵」、[82]「兩岸宗教與政治態度比較」、[83]「中國各地方政府自願在網路揭露財務資訊之比較研究」、[84]「從現實主義國家認同談本土化與統一」、[85]「認同轉變：兩岸關係的結與解」、[86]"From Romantic Triangle to Marriage? Washington-Beijing-Taipei Relations in Historical Comparison "[87]、"Domestic Political Competition and Triangular Interaction among Washington, Beijing, and Taipei: The U.S. China

[76] 李酉潭，「臺灣民主化經驗與中國未來之民主化——以杭廷頓的理論架構分析之」，**遠景基金會季刊**（臺北），第 8 卷第 4 期（2007 年 10 月），頁 1～48。

[77] 陳重成，「全球化下的兩岸社會交流與互動：一個從他者轉向自身的歷程」，**遠景基金會季刊**（臺北），第 9 卷第 1 期（2008 年 1 月），頁 1～38。

[78] 王安國，「兩岸信心建立措施建立之評析」，**遠景基金會季刊**（臺北），第 10 卷第 3 期（2009 年 7 月），頁 115～152。

[79] 王光正、黃秋龍，「反分裂國家法與允諾策略」，**問題與研究**（臺北），第 44 卷第 5 期（2005 年 9、10 月），頁 29～52。

[80] 蕭琇安，「國際法『禁止使用武力原則』與臺海兩岸關係」，**問題與研究**（臺北），第 46 卷第 1 期（2007 年 1、2、3 月），頁 147～169。

[81] 林正義，「美國與臺海兩岸信心建立措施」，**問題與研究**（臺北），第 46 卷第 6 期（2005 年 11、12 月），頁 147～169。

[82] 羅至美，「歐盟統合之多樣性路徑對兩岸關係的政策意涵」，**問題與研究**（臺北），第 49 卷第 3 期（2010 年 9 月），頁 1～28。

[83] 郭承天，「兩岸宗教與政治態度比較」，**中國大陸研究**（臺北），第 52 卷第 2 期（2009 年 6 月），頁 67～95。

[84] 郭振雄、何怡澄，「中國各地方政府自願在網路揭露財務資訊之比較研究」，**中國大陸研究**（臺北），第 52 卷第 2 期（2009 年 3 月），頁 29～58。

[85] 包淳亮，「從現實主義國家認同談本土化與統一」，**東亞研究**（臺北），第 40 卷第 2 期（2009 年 7 月），頁 141～177。

[86] 許志嘉，「認同轉變：兩岸關係的結與解」，**東亞研究**（臺北），第 40 卷第 1 期（2009 年 7 月），頁 39～74。

[87] Yu-Shan Wu, "From Romantic Triangle to Marriage? Washington-Beijing-Taipei Relations in Historical Comparison ", Issues & Studies (Taipei), 41 卷 1 期（2005/03），pp. 113-159.

Policy ”、[88]"The Politics of Economic Exchange: Carrots and Sticks in Taiwan-China-U.S. Relations"、[89]"The U.S. Balancing Role in Cross-Strait Relations: The Irony of "Muddling Through""、[90]"Sense, Sensitivity, and Sophistication in Shaping the Future of Cross-Strait Relations"、[91]"The Rise of China and Taiwan's Response: The Anti-Secession Law as a Case Study"、[92]"Cross-Strait Economic Ties and Taiwan's Economic Security: An Analytical Framework from a Nontraditional Security Perspective"、[93]"U.S Strategies in Maintaining Peace across the Taiwan Strait"、[94] "Maintaining Status Quo across the Taiwan Strait: A Constructivist/Institutionalist Perspective" 及[95]"The European Union and the Two Sides of the Taiwan

---

[88] Yu-Shan Wu, "Domestic Political Competition and Triangular Interaction among Washington, Beijing, and Taipei: The U.S. China Policy ", Issues & Studies (Taipei), 42 卷 1 期（2006/03）, pp. 1-46.

[89] Steve Chan, "The Politics of Economic Exchange: Carrots and Sticks in Taiwan-China-U.S. Relations ", Issues & Studies (Taipei), 42 卷 2 期(2006/06), pp. 1-22.

[90] Cal Clark, "The U.S. Balancing Role in Cross-Strait Relations: The Irony of "Muddling Through"", Issues & Studies (Taipei), 42 卷 3 期（2006/09）, pp. 129-163.

[91] Shu Keng;Lu-Huei Chen;Kuan-Po Huang, "Sense, Sensitivity, and Sophistication in Shaping the Future of Cross-Strait Relations", Issues & Studies (Taipei), 42 卷 4 期（2006/12）, pp. 23-66.

[92] 林正義（Cheng-Yi Lin）, "The Rise of China and Taiwan's Response: The Anti-Secession Law as a Case Study", Issues & Studies (Taipei), 43 卷 1 期 (2007/03), pp. 159-188.

[93] 李瓊莉（Chyungly Lee）, "Cross-Strait Economic Ties and Taiwan's Economic Security: An Analytical Framework from a Nontraditional Security Perspective", Issues & Studies (Taipei), 43 卷 1 期（2007/03）, pp. 189-216.

[94] 林岡（Gang Lin）, "U.S Strategies in Maintaining Peace across the Taiwan Strait", Issues & Studies (Taipei), 43 卷 2 期（2007/06）, pp. 217-236.

[95] 吳得源（Der-Yuan Wu）, "Maintaining Status Quo across the Taiwan Strait: A Constructivist/Institutionalist Perspective", Issues & Studies (Taipei), 44 卷 1 期 (2008/03), pp. 33-69.

Strait（1996－2009）——A Content Analysis"[96]等 42 篇。分散出現在、《展望與探索》、《中國大陸研究》、《遠景基金會季刊》、《問題與研究》、《中共研究》、《Issues and Studies》等刊物中，其中除「臺灣民主化經驗與中國未來之民主化——以杭廷頓的理論架構分析之」一文涉及兩岸民主化對兩岸關係的影響外，其他論文均不以民主化或不民主化為探討兩岸關係的主軸，且該文章以杭停頓（Samuel P. Huntington）所主張的第 3 波概念作為分析架構，但起於 1974 年的第 3 波民主化運動，在近年已被學界開始質疑是否進入回溯期，或應進入「第 4 波」民主化時期。[97]因此，以民主化作為探討兩岸關係，也必須與時俱進，進一步推展可能不民主化的探討空間，才能更周延與完整。另 Modern China、The China Quarterly、The China Journal 及 China Aktuell 等重要大陸問題研究學術刊物，竟然沒有專文探討兩岸關係，而國內《中共研究》[98]月刊每月固定以兩岸實際問題為編撰重點的「兩岸情勢總觀察」，也不涉及以民主化或不民主化的制度競爭架構探討兩岸關係問題。

第二節 研究目的

兩岸關係，自兩蔣時代與中國大陸競逐中國正朔的競爭，經李登輝時代走向特殊國與國關係的爭辯，到陳水扁時代以一邊一國為訴求，再到馬英九主政時代，追求不統、不獨、不武的過程，依據國際知名學者鄭永年的看法認為，在馬英九時代兩岸關係已進入制度之爭：[99]

---

[96] Tang Shaocheng, "The European Union and the Two Sides of the Taiwan Strait(1996-2009)-A Content Analysis" *Issues & Studies* (Taipei), Vol. 46, No.1 (2010/03), pp. 55-88.

[97] Samuel p. Huntington, "The Future of the Third Wave", in Marc F. Plattner and João Carlos Espada ed(s)., *The Democracy Invention*, p. 4.

[98] 《中共研究》月刊，由中共研究雜誌社編印，社址：臺北縣新店市中正路 307 巷 7 號。

[99] 鄭永年，「兩岸關係從統獨之爭到制度競爭」（2008 年 4 月 1 日），2010 年

一、實際上，在很多方面，統獨之爭早已經成為一個假議題。這些年來，許多新因素和大趨勢的出現使得臺灣的法理獨立變得越來越不可能。

二、統獨議題之所以能夠持續，主要是因為以陳水扁為核心的民進黨為了選舉而進行的惡性炒作。

三、馬英九執政之後，儘管經濟發展是其主題，但訴求於民主政治則會變成其處理內政、兩岸關係和臺灣國際空間的主要資源和手段。訴求於民主政治來處理兩岸關係和追求國際空間曾經是國民黨失去政權之前的共識，現在，馬英九和國民黨要回到這個共識並不難，這個共識也可以成為國民黨消化民進黨攻擊和批評的資源。

四、兩岸之間的制度競爭也表明中國大陸還會繼續面對壓力，因為在兩岸政治制度差異還很大的情況下，國家的統一就沒有制度基礎。即使大陸方面強調不同政治制度共存（如香港模式），但來自社會的壓力很難讓臺灣未來領導階層在這方面有所妥協。

五、制度的競爭也會促使兩岸的關係走向良性互動。中國大陸本身也並非沒有制度優勢。在過去的 30 年裏，大陸取得了高速的經濟發展，並且建立了基本市場經濟制度。

六、西方會全力反對馬英九在和中國大陸交往時犧牲民主原則。

七、無論是內部的發展和外部環境，中國大陸正在面臨著越來越大的政治體制改革的壓力。中國大陸領導階層所面臨的問題已經不再是要不要民主的問題，而是如何民主化尤其是如何有序民主化的問題。

八、無論從那個角度看，臺海兩岸的制度競爭既是兩邊各自進步的基礎，也會是兩岸走向良性互動，最終達到和解和整合的基礎。

2 月 22 日下載，《聯合早報網》，http://www.zaobao.com/special/forum/pages6/forum_zp080401a.shtml。

但亦有著名學者蔡逸儒，依據兩岸即將進入制度之爭的態勢提出警告：[100]

一、兩岸制度之爭，早在蔣經國時期，臺灣就提出以三民主義統一中國的政治號召，用來對抗中共的一國兩制主張。當時國民政府的立場是，反共但不反華，追求一個自由、民主、均富、統一的中國。統一是個願景與目標。

二、如今兩岸似乎再度回到制度與民主之爭，表面上是回到過去，但臺灣這些年已有相當程度的異化。經過李登輝的十二年，及陳水扁的八年主政，臺灣的自我意識和國家認同發生重大變化。越來越多人認為自己是臺灣人而非中國人，臺灣與中國變成了對立面，愛中國與護臺灣遭人扭曲成為互相排斥，彼此不容的概念。所謂的臺灣主體意識變成一股難以抗拒的訴求與力量。過去追求的是統一，現在訴求的是獨立。兩者全然不同。……如果沒有統一願景的支持，很可能反而強化了兩岸之間的敵我意識，以及我群、他群的分別。只要有一天國民黨再度失去政權，另一個主張分離或本土意識極強的政黨一旦取得政權，很可能就能順理成章的把臺灣民眾對民主的自我認同轉為對專制中國的敵意，將兩岸的制度之爭轉化為國家建構的基礎。

三、呼籲馬英九執政期間要能教化民眾，愛臺灣不等於反中國，要建構一套包括臺灣與大陸在內的兩岸共同未來的論述，不宜再說臺灣前途只能由臺灣 2,300 萬人決定的話語，要用包容、前瞻、進取的臺灣精神來取代褊狹、內向、排他的臺灣主體意識。

---

[100] 蔡逸儒，「兩岸制度之爭的隱憂」（2008 年 4 月 28 日），2010 年 2 月 22 至下載，《聯合早報網》，http://www.zaobao.com/special/forum/pages6/forum_zp080428a.shtml。

四、未來兩岸的制度之爭，會以何種面貌出現，會往何種方向發
　　展，臺灣將以何種方式來和中國進行對抗，不妨進一步深入
　　探討，未雨綢繆，找尋緩解之道。

若將國家認同區分為「族群認同」、「文化認同」與「制度認同」
三個面向的角度看待兩岸關係，[101]也發現文化與族群的認同對於兩岸
的分離或統一具有基礎作用。

而族群認同與文化認同具有強烈的相互關係，在文化認同與族群
認同可相互契合的狀況下，兩岸的制度競爭與融合自是追求統一所願
意努力追求的目標；若在文化與族群認同相互排斥不相融合的狀況
下，兩岸制度的融合與認同，也難以有所成就，兩岸要防止走向分離，
將極為困難。對此趨勢，兩岸都已清楚的意識到，因此，在 2008 年後，
臺灣主政者已不再推動正名制憲，或「去中國化」政策，在大陸則加
強與臺灣進行深與廣的交流，意圖讓兩岸先建立未來統一的文化與族
群認同基礎，再化解彼此制度的分歧，此種認知，就連當前對臺政策
重要綱領性文件「胡六點」，也呼籲加強兩岸文化經貿人員的交流，[102]
但「胡六點」卻仍不放棄「一國兩制」做為當前對臺的重要原則，因
此形成當前兩岸都不反對文化與族群認同的趨同，但卻因制度不同而
對峙局面。以中共的立場看，則希望藉由加強與臺灣的文化、人員、
經貿等方方面面的交流，促成政治的融合，最後使臺灣「回歸」，若以
圖表表示當前中共對臺作為的企圖，可呈現如下：

---

[101] 請參閱劉文斌，臺灣國家認同變遷下的兩岸關係。
[102] 胡錦濤於 2008 年 12 月 31 日在北京人民大會堂，以高規格形式舉行紀念
1979 年元旦全國人大常委會「告臺灣同胞書」發表 30 週年座談會，並以
「攜手推動兩岸關係和平發展，同心實現中華民族偉大復興」為題發表演
說，重要內容可歸納為六點（外界簡稱為「胡六點」）包括：一、一中原則
是兩岸政治互信基石；二、兩岸可以簽定綜合性經濟合作協定；三、加強
兩岸文化教育交流；四、繼續推動國共兩黨交流，只要民進黨改變臺獨立
場，大陸願做出正面回應；五、避免涉外事務不必要內耗，臺灣參與國際
組織活動可協商；六、兩岸可探討未統一情況下政治關係，也可探討建立
軍事互信機制。

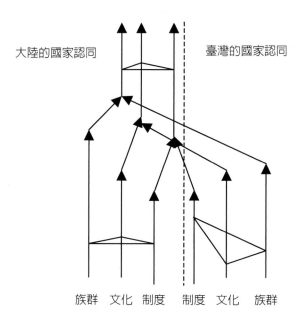

大陸的國家認同　　　　　　　臺灣的國家認同

族群　文化　制度　　制度　文化　族群

圖 1-1　中共對臺統戰爭取臺灣國家認同轉向作為圖

資料來源：劉文斌，「當前中共對臺統戰作為的結構性環境：從臺灣國家認同
　　　　　變遷的觀點」，**中共研究**，第 40 卷第 8 期（2006 年 8 月）〈總期
　　　　　476 期〉，頁 64。

　　依據圖 1-1 的說法，就是兩岸都共同面臨以族群認同、文化認同
及制度認同三個層面所構成國家認同現實，而中共目前積極從事的對
臺工作方法，是加強兩岸的族群與文化認同合一，讓臺灣民眾逐漸由
過去支持分離的意識轉變成自認為中國人，並服膺傳統中華文化，讓
臺灣的族群認同與文化認同再由李登輝、陳水扁時代的強調臺灣本土
化認同，轉回中國傳統的認同，並在此基礎上，建構臺灣對於中國現
行制度的認同，讓臺灣問題因此擺脫獨立範疇，逐步使臺灣向中國大
陸靠攏，最後完成以中華人民共和國為主軸的國家認同，完成兩岸的
統一。

在 2008 年國民黨再度執政後，顯然兩岸都不以臺灣獨立作為選項，縱使當前臺灣主政者囿於臺灣當前政治局勢，沒有積極推動兩岸必須統一，但終究沒有推動臺灣的獨立。在兩岸文化、人員、經貿等層面交流日盛後，或有機會在統合（integration）的作用下，讓臺灣民意逐漸傾向兩岸統一。如果這種推論正確，就將化解前述蔡逸儒所提有關兩岸制度競爭卻無統一作為基礎可能引發衝突的顧慮。若然，則兩岸在短期不發生衝突狀況下，兩岸在制度競逐中，該會如何發展，自是各界關心的課題。

目前兩岸關係，在極大程度上，係由國民黨、民進黨與共產黨 3 黨的互動與折衝所決定；若以戰略三角的角度看待國民黨、民進黨、共產黨在兩岸關係的競逐，將發現兩岸制度競爭的重要；依據學者羅德明（Lowell Dittmer）的說法，三角的排列組合可以有如下幾種：

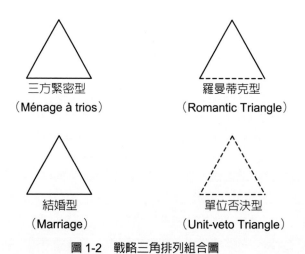

三方緊密型
（Ménage à trios）

羅曼蒂克型
（Romantic Triangle）

結婚型
（Marriage）

單位否決型
（Unit-veto Triangle）

圖 1-2　戰略三角排列組合圖

資料來源：Lowell Dittmer, "The Strategic Triangle: A Critical Review", in IIpyong J. Kim ed., *The Strategic Triangle: China, the United States and the Soviet Union*（New York: Paragon House, 1987）, p. 34.

說　　明：————代表和睦　--------代表敵意

　　羅德明的研究認為，「三方緊密型」只要能排除各「角」暗通款曲，共同欺騙其他「角」的狀況，將會成為三個參與者追求的最理想目標，但因為關係緊密，則喪失戰略三角競逐的特性，在實際社會中亦屬罕見；而「單位否決型」，則讓戰略三角根本解組（disintegrate）使不成為戰略三角，因此，在實際戰略三角關係的討論上，就將僅存「羅曼蒂克型」與「結婚型」兩種。[103]參與的各「角」為克服他角的威脅，並從中獲取最大的利益，促成三角間的不斷競逐。

　　依據前述的三角戰略內涵的陳述，戰略三角的簡單假設，是參與者的力量都是 1 比 1 的狀態，但當三角的力量不是 1 比 1 而呈現實力不同時，則三角之間的合縱連橫關係，又是另外一番局面，此種排列組合又被稱為「維耐克──阿可夫」賽局（The Vinacke-Arkoff Game），其組合形式如下：

---

[103] Lowell Dittmer, "The Strategic Triangle: A Critical Review", in IIpyong J. Kim ed., *The Strategic Triangle: China, the United States and the Soviet Union*（New York: Paragon House publisher, 1987）, pp. 33-34.

類型	力量配比	聯盟預測
第 1 型	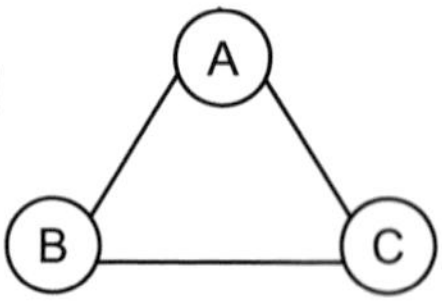 A＝1 B＝1 C＝1	任何都可
第 2 型	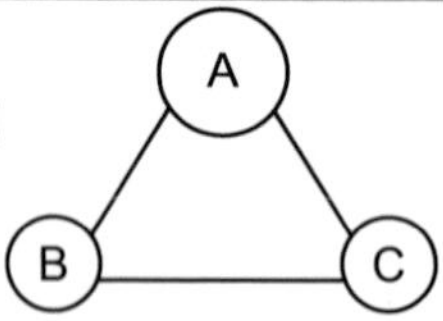 A＝3 B＝2 C＝2	BC
第 3 型	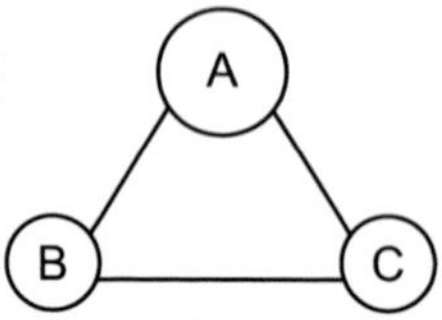 A＝3 B＝2 C＝2	BC、AB 或 AC
第 4 型	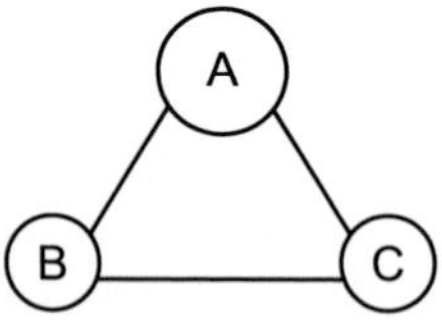 A＝3 B＝1 C＝1	沒有
第 5 型	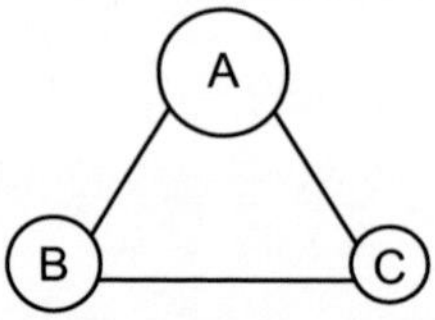 A＝4 B＝3 C＝2	AC 或 BC
第 6 型	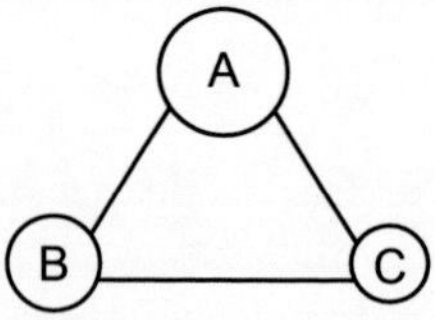 A＝4 B＝2 C＝1	沒有

圖 1-3 「維耐克──阿可夫」賽局組合圖

資料來源：James C. Hsiung, "Internal Dynamics in the Sino-Soviet U.S. Triad", in Ilpyong J. Kim ed., *The Strategic Triangle: China, the United States and the Soviet Union*（New York: Paragon House Publisher, 1987），p. 234.

　　依據「維耐克——阿可夫」排列組合的含意，三角戰略的成形，必須是兩角聯合的力量大於第 3 角，才會被參與者積極爭取，若沒有這種條件，或兩角相加大於第 3 角太多，則無戰略三角成形的強烈意願。

　　在兩岸 3 黨戰略三角關係競逐中，以簡單的數學推理，可以推出如下結果：大陸的綜合國力大於臺灣，大陸在共產黨一黨專制下，大陸的國力幾可等同於共產黨的力量，但國民黨加民進黨的力量卻因臺灣的多元化特性，而要小於臺灣整體國力，因此共產黨的力量大於國民黨與民進黨的力量相加。若依據「維耐克——阿可夫」的推論，則共產黨在戰略三角的競逐中，根本無需求助於與國民黨的結合，僅憑其本身的力量就足以壓制臺灣，但共產黨卻在 3 黨競逐環境中，自 2008 年國民黨重新執政起，就不斷的配合國民黨的大陸政策推動相關作為，如：配合國民黨訴求，於 2008 年 7 月 4 日，將兩岸航班擴大為「週末包機」，且不限臺灣居民搭乘，更開放讓中國大陸及其他國家人士搭乘、[104]配合國民黨將兩岸經濟協定名稱由 CECA 改為 ECFA、[105]讓臺灣以觀察員身分加入世界衛生組織為觀察員、[106]配合國民黨政府所提出兩岸外交休兵政策，拒絕與我邦交國建交，[107]再到兩岸在大陸一片「讓利」聲中簽訂 ECFA 等，不斷的加強與國民黨關係，中共的作為明顯與「維耐克——阿可夫」的推論不相符合。顯然，中共在此三角競逐中的算計，已改變戰略三角的理性推論結果。

　　國內學者吳玉山認為，戰略三角關係尚可有多種「衍生關係」的存在，這些關係包括：「敵人的敵人是朋友」、「朋友的敵人是敵人」、「敵

---

[104] s.v.「兩岸包機」，2010 年 8 月 6 日下載，《維基百科》，http://zh.wikipedia.org/zh-tw/%E4%B8%A4%E5%B2%B8%E5%8C%85%E6%9C%BA。

[105] 南方朔，「從 CECA 到 ECFA 的『茶壺風暴』：八字還沒一撇呢」（2009 年 3 月 5 日），2010 年 7 月 2 日下載，《中國網》，http://www.china.com.cn/overseas/txt/2009-03/05/content_17378385.htm。

[106] 鄒麗泳，「蔡英文：臺灣突然接到 WHA 邀請函　非常恐怖」（2009 年 5 月 2 日），2010 年 7 月 2 日下載，《中國評論新聞網》，http://www.chinareviewnews.com/doc/1009/5/7/8/100957857.html?coluid=7&kindid=0&docid=100957857。

[107] 李明賢，「外交休兵　胡釋善意　巴拉圭要求金援　北京拒絕」，聯合報，2009 年 6 月 29 日，第 A1 版。

人的朋友是敵人」及「敵人的朋友是朋友」等 4 種，第 4 種的決定因素在於敵人的朋友具有相當實力，或在態度上有若干彈性，拉攏後可瓦解對方的聯盟關係。[108]依此，以 3 個政黨的角度看待問題成了如下結果：

一、民進黨的立場：

(一) 民進黨因主權問題視共產黨為敵人，那麼民進黨是否應該視國民黨這個敵人的朋友為敵人？實際運作面上，不僅在戰略三角關係中，民進黨將國民黨視為敵人，在政權爭奪上，也將國民黨視為敵人。對民進黨而言，與國民黨改善關係不易。

(二) 民進黨若將國民黨視為敵人，那麼共產黨這個國民黨的朋友是否該視其為敵人？實際運作上也將共產黨視為敵人。

其結果是民進黨難以與國民黨及共產黨化敵為友。

二、國民黨的立場：

(一) 國民黨對於民進黨這個共產黨朋友的敵人，或許可以拉攏，以對抗共產黨，但因為主權問題主張不同的糾葛，拉攏不易，且拉攏也無助於瓦解共產黨的攻勢，因此，積極拉攏的動機不強，且在政權爭奪上，必然保持相互競爭的敵對態勢。

(二) 國民黨對於共產黨這個民進黨的敵人，反而將其更視為朋友，而加強關係。

其兩相加乘，民進黨不僅被視為國民黨敵人的態度，短期內不會改變，國民黨甚至必須強化民進黨的敵人身分，才更有助於與共產黨的朋友關係。

---

[108] 吳玉山，抗衡與扈從（臺北：正中，1997），頁 175-177。

三、共產黨的立場：

(一) 民進黨是國民黨這個朋友的敵人，但因具有化解臺灣內為抵抗力量的作用，因此，有將朋友的敵人變成朋友的動機。

(二) 加強與國民黨的朋友關係，當然會成為穩定臺海的重要因素，因此，國共朋友關係似乎沒有加以破壞的理由。

依據前述的論述，國、民、共三黨的戰略三角關係變成如圖 1-4 關係：

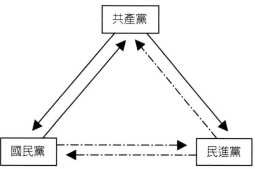

圖 1-4　現階段國、民、共三黨戰略三角競合關係

資料來源：作者自行製作
說　　明：────▶拉攏　－－－－▶推拒

學者魯莫（R. J. Rummel）以數學的角度看待三角戰略問題，並提出國家對某事的執行力量等於利益、能力與意願的相乘，以公式表示如下：[109]

力量（**Power**）＝利益（**Interest**）×能力（**Capability**）×意願（**Will**）

---

[109] R. J. Rummel, "Triadic Struggle and Accommodation in Perspective", in Iipyong J. Kim ed., *The Strategic Triangle: China, the United States and the Soviet Union*, p. 256.

其中只要利益、能力與意願任何一項為零，則該國家或戰略三角中的 1 角，就無執行特定行動的能力。當然，若意願不高，也必然使執行力下降，因此，在兩岸 3 黨戰略三角競合中，任何 1 黨只要欠缺與他黨建立盟友關係的意願或意願不高，則縱使他黨有意願與其建立關係，其效果亦十分有限。因此，共產黨雖欲與民進黨改善關係，但在民進黨推拒下，在短期內似乎也難以達成。

又依據前述羅德明的論述（如圖 1-2），實際戰略三角僅可能發生的「結婚型」與「羅曼蒂克型」兩型中，以戰略三角競逐中獲取最大利益考量的角度看待戰略三角的運行，依其獲利的地位，可作如下的排序：[110]

一、最佳選擇，是羅曼蒂克型的樞紐位置（pivot）；

二、次佳選擇，是結婚型；

三、第 3 個選擇是羅曼蒂克型的兩翼（wing player）；

四、最後不得已的選擇，則是結婚型中的孤鳥（pariah），即是結婚型中的沒有關係者。

若將 3 黨在戰略三角中爭取最佳地位的競逐中，加以分類（如圖 1-4 關係），發現結果如下：

一、共產黨不僅與國民黨發展關係，亦希望與民進黨發展關係，因此，共產黨有可能成為羅曼蒂克型的樞紐位置。

二、國民黨無力與民進黨改善關係，與共產黨關係卻日漸密切，共產黨為加強與臺灣關係，也選擇國民黨做為盟友，因此，國民黨與共產黨成為結婚關係。

三、民進黨拒絕與國民黨及共產黨成為朋友關係，那麼，民進黨將成為「孤鳥」。

以共產黨的立場看，在與國民黨的緊密關係基礎上，加強與民進黨關係，將使共產黨穩住羅曼蒂克關係軸心位置。因此，共產黨在可見未來必然加強與民進黨關係。

---

[110] Dittmer, "The Strategic Triangle: A Critical Review", p. 35.

以國民黨立場看，因民進黨的抵制，所以成為第 1 選擇羅曼蒂克軸心地位的可能性不高，只好追求第 2 順位，與共產黨加強關係共同對付民進黨。因此，加強與共產黨關係，將成為國民黨近期的策略抉擇。

以民進黨的立場看，因其與國、共兩黨結盟的意願不高甚至根本排斥。因此，縱使共產黨極力拉攏，民進黨在短期內淪為「孤鳥」位置的命運，似乎不易改變。

前已述及羅德明在戰略三角的規範中認為，當兩角互動時，必須隨時注意第 3 角的作為與影響，而學者魯莫則進一步提出戰略三角中，每個角是否對其他兩角的依賴螺旋（helix）影響的排列組合如下：

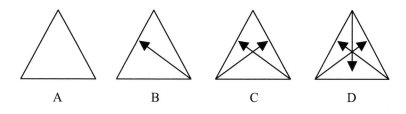

圖 1-5　戰略三角相互影響關係圖

資料來源：R. J. Rummel, "Tria dic Struggle and Accommodation in Perspective", in IIpyong J. Kim ed., The Strategic Triangle: China, the United States and the Soviet Union（New York: Paragon House Publisher, 1987）, p. 265.

說　　明：由 A 圖的任一角無法影響另兩角的活動，到 D 圖的任一角都可以影響另兩角的互動。

明顯的，其中以 D 圖與羅德明的定義最相符合，也最符合國、民、共 3 黨的互動關係。因共產黨不願臺海問題影響及其國力發展，[111]所以，協助國民黨化解臺灣內部壓力並與國民黨聯手穩定臺海問題，是合理的推斷。因此，民進黨不斷強烈的反對國共兩黨的結盟，反而促

---

[111] Kastner, *Political Conflict and Economic Interdependence Across the Taiwan Strait and Beyond*, p. 86.

成國共兩黨進一步結盟的動力與原因，如兩岸簽訂 ECFA 過程中，民進黨不斷攻擊的結果，反成為國共兩黨加速簽訂，並對臺灣「讓利」的「側翼」助攻與「黑臉」角色就是明顯例證。在可見的未來，此種情勢將延續不會有重大改變。

從這些推論中發現，其中無法否認的事實是，國、共兩黨的合作，若無制度的契合，則臺灣人民無法接受中共政治制度運作的缺失，而兩黨將無法協力完成兩岸更進一步的緊密關係，民、共兩黨的敵對也難以化解。反之，若共產黨主政下的政治制度運作及對人民福祉的營造，優於臺灣，則民進黨的敵視態度不僅無法獲得臺灣主流民意的支持，也將無法違逆臺灣人民對大陸政治制度的嚮往，則民進黨將被迫放棄或調整與國民黨及共產黨的敵對關係，則 3 黨可能因此成為羅德明所歸類的三方緊密型（Ménage à trios）關係，使兩岸的關係緊密，難再生紛爭。

臺灣已經民主化，但中國大陸真的會依據西方學者認為，在經濟發展與改革開放後逐步進入民主化？抑或更加專制，目前實無定論。[112] 既然無定論，那麼，前述鄭永年認為兩岸以民主制度作為競爭的基調，將受到質疑，就算中共必然民主化（至今未有學者敢於確認中共必然民主化），其時程可能長遠，在此長遠時程中，兩岸關係該如何鋪陳？若大陸不幸走向更加專政，兩岸關係又該如何鋪陳？

不論依馬克思的經典論述，認為下層建築的改變，將會逼迫上層結構的改變，或以西方論點認為經濟建設的發展會造成民主化的到來，中共的政治結構都必須改變以適應經濟情勢，縱使政治的改變並不意味著中共將因此進入西方式的民主政治。[113] 或說，只有在中共改變意識型態讓中國共產黨由「革命政黨」變成必須經過人民定期授權法定程序，才得以擁有統治權力的「執政黨」，才能保障其內部的多元的聲音，也才有機會讓其制度逐漸轉化成民主形式，並改變其決策過

---

[112] See Chen Li ed., *China's Changing Political Landscape: Prospects for Democracy.*

[113] 請參閱：James Mann, *The China Fantasy*（New York: Penguin Books, 2007）一書的探討。

程。[114]但中共至今的 4 個堅持，尤其是「堅持共產黨的領導」1 項，似乎於短期內又已否定了這種可能。

中共在持續的改革開放後，早已無法利用共產黨領導革命的意識形態，要求被統治者承認共產黨的聰明才智比較高明的方式進行統治，而是必須接受不斷的挑剔與批評。[115]這種認知，幾乎已成為當前對中共研究的共識，當前中共必須適應人民的需求，才能穩固其統治合法性。縱使中共即將呈現的政治制度安排與西方式的民主制度安排（如分權、權力制衡等）不盡相同，但兩岸政治制度必須呼應人民需求的走向卻相互一致。進一步言，兩岸政治制度的運行，必須獲得各自人民的支持，才足以鞏固各自立場，並化解對手的各種非難，而這種發展趨勢，對於兩岸關係當然具有深刻的影響力量。

本書意圖以兩岸各自的政治制度發展可能推演，作為研究兩岸關係的途徑，意圖跳開前述有關中共必在經濟發展後進入西方式民主，或兩岸必須統一在西方式民主，或大陸必須民主化才足以與臺灣談統一問題等的各類偏執，為往後的兩岸關係研究，再創一條新的道路。

第三節　名詞界定、研究方法、研究途徑與研究架構

一、名詞界定

（一）關於民主化概念：

眾所周知，民主（democracy）的定義龐雜不易精準，著名政治學家 G. Sartori（薩托利）認為當前是民主混亂的年代，其特徵之一就是

---

[114] Cristopher R. Hughes, *Chinese Natuionalism in the Globle Era*（New York: Routledge, 2006），p. 102.

[115] Rodney Barker, *Political Legitimacy and the State*（New York: Oxford University Press, 1990），p. 84.

人們不再知道或不想弄清楚「民主不是什麼」，[116]只想不斷的詳論民主到底是什麼，卻因民主複雜多元的特性，終究難以周延。依據《雲五社會科學大辭典》第三冊（政治學）的定義，認為狹義的民主是指主權屬於全國人民，國家施政亦以民意為準則，而廣義的民主則包含：「政府權力來自人民」、「法治」、「政府制度和官員受人民控制」、「公平合理的選舉」、「人民權利和自由依法保障」、「國家福利為全國人民共有共享」、「政黨政治」等。[117]而民主化（democratization）自然可以推論成，就是由不民主向民主（不論是廣義或狹義）變遷的過程。但必須強調的是，因民主化概念的多元，因此，民主化就不能以西方分權、競選等做為民主與否的唯一標準。

（二）關於「兩岸關係」範疇：

本書所言兩岸關係，是指兩岸政治關係。

二、研究方法與研究途徑

依據兩岸民主化或不民主化的進程與重要事件的處理方式，相互比較，並從中發覺各自面對當前世界潮流的態度與雙方各自承受的壓力，以找出兩岸各自利基點，及依據各自利基點發展與對方關係的過程，釐清兩岸民主化程度不同，或制度發展方向不同，對於兩岸關係的影響。

三、研究架構

本書共分陸章，共計約十四萬餘字。

---

[116] G. Sartori 著，馮克立、閻克文譯，民主新論（北京：東方出版社，1998 年 12 月），頁 15。

[117] s.v.「民主（democracy）」，王雲五名譽總編輯，雲五社會科學大辭典（第三冊：政治學）（臺北：臺灣商務印書館，1971）。

　　第壹章：「緒論」，主要目的在說明研究的界定與途徑等；第貳章：「兩岸關係的嬗替」，研析兩岸關係的核心問題，亦即兩岸的生活方式、制度的運作與兩岸人民對各自制度的認同問題；第參章：「中共即將民主化？」主要研析民主化對中共的影響，及中共在民主化壓力下的作為，並推測中共是否因經濟建設有成，並在西方民主化思維影響下而逐漸民主化？或中共反其道而行，成為更不民主的政體；第肆章：「制度競逐與兩岸關係」，在中共制度發展具不確定性，而臺灣民主化發展已然穩固的狀況下，兩岸施政效能的具體表現與民眾反應，研析兩岸關係可能發展；第伍章：「為人民服務的競逐」，對民主的概念提出反思，及兩岸到底以民主制度作為競逐或以為人民服務的績效作為競逐，進行討論；第陸章：「結論」，提出兩岸政府必須為人民服務以爭取己方與對方人民的認同，作為兩岸關係研究的新途徑，並檢討與總結本書研究成果與對兩岸關係研究的貢獻。

第貳章　兩岸關係的嬗替

　　兩岸關係的嬗替，在中共始終以「併吞」臺灣為其對臺中心思想下，臺灣如何定位自己及面對中共，就成為兩岸關係變化的關鍵。臺灣如何自我定位及面對中共，又以臺灣的國家認同做為核心，因此，兩岸關係的嬗替，就與臺灣國家認同的轉變息息相關。

　　目前對於國家認同的研究，主要有族群認同、文化認同與制度認同三種切入點，[1]依此研究脈絡，過去的研究呈現如下特色：

一、將族群認同論述與國家認同論述等同，認為族群認同的主客觀條件一旦形成，臺灣將應該會與中國大陸切斷關係。

二、將文化認同附屬於族群認同加以討論，多半無法明顯區別兩者的不同。

三、制度認同層面則著重在以法律面，尤其是依據憲法與國際法層面論述臺灣是一個獨立國家，試圖為臺灣與大陸不相隸屬，奠下法理基礎。

　　兩岸國家認同關係在族群認同上，基本上沒有因為強調臺灣人與中國人分屬兩個不同族群領域、涇渭分明，甚至你死我活的狀況。兩岸文化內涵上，縱使大陸因文化大革命，曾極力拋棄傳統中國文化；臺灣初期雖強調傳統中國文化，以便與中國大陸競逐國家統治合法性，後期卻又因臺灣化或去中國化，主政者強力主導遠離傳統中國文化，使兩岸文化認同各有特色，但因兩岸均以儒家為的文化的堅實基礎，致使近年中國大陸為其需要轉回尊重或利用儒家文化，台灣也因文化的強固特性，使去中國化不易實現，致使兩岸在文化認同層面上，

---

[1]　劉文斌，臺灣國家認同變遷下的兩岸關係（臺北：問津堂，2005），頁 22～36。

至今並沒有出現重大區隔。至少還不到如學者杭廷頓（Samuel P. Huntington）所指當代的國際衝突不起於階級或國家，而起於以文化為主體劃分出的國家間的衝突程度，[2]但兩岸因為各以三民主義及共產主義作為建國的指導思想，遂使兩岸的制度（經濟、政治等運行方式）有截然不同的區隔，自不待言。

第一節　臺灣國家認同的轉變

　　學者江宜樺將小規模、小範圍的「認同」衍生成大規模、大範圍的「國家認同」，並認為「國家認同」可有 3 個表示方法，分別是：「一個政治共同體與先前存在的政治共同體是同一個政治共同體」、「一個人確認自己歸屬於那一個政治共同體，並且指認出這個共同體的特徵」及「一個人表達自己對所欲歸屬的政治共同體有何期待」。綜合起來看，國家認同有 3 個不盡相同的意義，分別是：一、政治共同體本身的同一性；二、一個人認為自己歸屬於那一個政治共同體的辨識活動；及三、一個人對自己所屬政治團體的期待，或甚至對所欲歸屬的政治共同體的選擇。[3]其中當然就包含，有足以劃分彼此的因素，如血緣、文化、語言等與生俱來，無法隨意轉變的「民族主義因素」，同時也包含可以依據人民需求轉變的政治、經濟制度安排等「自由主義因素」在內。因民族主義與自由主義各有所長，也各有所短，因此若能涵蓋自由主義與民族主義觀點，才能避開兩者的爭辯，使國家認同的學術論述更加周延，也因此衍生出兩者相互滲透摻雜的「自由民族主義」國家認同觀。[4]依此，江宜樺主張將國家認同化約成以民族主義為觀點的「族群認同」、「文化認同」，及以自由

---

[2]　Samuel P. Huntington, *The Clash of Civilizations and the Remarking of World Order* (New York: Simon and Schuster, 1996), pp. 28、39.

[3]　江宜樺，**自由主義、民族主義與國家認同**，（臺北：揚智，2000），頁 11～12。

[4]　江宜樺，**自由主義、民族主義與國家認同**，頁 67。

主義為觀點的「制度認同」3 個層面同時加以探討，意圖創造最周延
的論述。[5]

　　既然國家認同必須分為制度認同、族群認同與文化認同 3 個層面
或環節的總和，國家認同的圖像，就應該是指三個環節或層面的三個
「落點」所構成的平面，其圖像應該呈現如下：

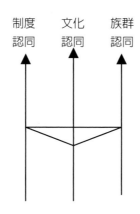

圖 2-1　國家認同構面圖

資料來源：作者自行繪製

　　但就歷史發展的軌跡檢視，國家認同因主政者的引導而不斷轉
變，似成命定，而臺灣民眾對於國家認同的轉變尤是如此。

一、文化認同的轉變

　　簡單的說，兩岸自國共內戰分治以來，因各自堅持不同的政治信
念與依據該政治信念所建構的政治體制，使兩岸在政治制度上已呈現
極其分歧的不同；在兩蔣時期，因面對被日本殖民 50 年的臺灣及中共

---

[5]　江宜樺，**自由主義、民族主義與國家認同**，頁 15。

推動文化大革命等影響，而積極在臺推動有利於國民黨統治並作為攻擊中共政局依託的中華文化復興運動。依據學者洪振華的研究，臺灣自日本占領轉為回歸國民政府後的兩蔣時期，對於文化認同作為及攸關文化認同的師範教育政策，可分成幾期加以描述：[6]

（一）清除日本文化期（1945 年～1949 年）：

1945 年除夕，當時臺灣行政長官陳儀，曾向臺灣人民廣播：「心理建設，在發揚民族精神。……。關於文化設施，所謂增強民族意識，廓清奴化思想，普及教育機會，提高文化水準當可以符合」，視為此時期之代表性政策表徵。

此期的教育政策，旨在藉由民族文化和中國大陸語言的推行，清除日本文化。為了推行民族文化及語言教學，除辦理各種講習外，並積極從中國內地召募師資來臺，協助在臺推動教育。

（二）反共抗俄期（1950 年～1960 年）：

1949 年冬中國大陸淪陷，國民政府遷臺，一切施政以反共抗俄、復國建國為最高國策。以決定小學教育內涵的師範教育特色為例，也凸顯加強與軍訓單位、國民黨、中國反共救國團等組織活動相結合。

（三）光復大陸、三民主義統一中國期（1960 年～1987 年）：

1961 年成立孔孟學會，將儒家思想作為復興中華文化的重點。1966 年，更鑑於中共文化大革命對中華文化的摧殘，乃全面推動中華文化復興運動。

各時期的文化認同政策，均不脫以三民主義作為文化認同推動的主軸，結合並指揮中華文化做為推動的工具或內涵，一方面使文化認同與國民黨統治基礎相互結合，同時，亦將中共視為破壞中華文化的

---

6 洪振華，「廿世紀臺灣師範教育與國家認同塑造」，發表於「第四屆教育哲史討論會」（國立臺灣師範大學：國立臺灣師範大學，2002 年 10 月 29 日），2010 年 9 月 8 日下載，http://pb1.ed.ntnu.edu.tw/~seph/1029-2.htm。

民族罪人。在攻擊中共「數典忘祖」的同時，也相對彰顯國民黨統治的合法性與認受向（legitimacy），意圖使退守臺灣的中華民國政府在臺統治更加穩固，甚至藉此創造「反攻復國」的正當性。至 1981 年中國國民黨更提出「貫徹以三民主義統一中國」方案，作為當時統一政策的基調。顯見國民政府來臺後，在臺推動文化建設與文化認同的積極。

雖在兩蔣時代的中華文化教化過程中，有階段性的鄉土文學或類似運動的反撲，但大體上，兩蔣時期在臺灣向臺灣人民推動傳統中國文化認同的政策與作為，積極而有具體成效。[7]

隨著臺灣的民主化，李登輝時代開始推動臺灣本土化，對於文化認同則強調臺灣與大陸的不同，學者盧建榮總結李登輝時期對於文化認同轉變的形塑，可分由內政部、教育部及文建會三方面加以觀察，舉其要者如下：[8]

(一) 內政部於 1992 年 6 月主導新戶籍法實施，取消祖籍地登載，只登載出生地，此項作為尤其是針對外省第二代的本土化，使達成渠等對臺灣人的認同基礎。

(二) 教育部在國家正式教育體制內，明顯的朝「去中國化」政策推動，如提議廢除「中國通史」課程、廢考「三民主義」等等。

(三) 文建會在「社區總體營造」的名目下，推動提倡鄉土意識甚或地方意識，以自外於中國人，更獲得極大的成功。

陳水扁政府時代對於文化認同的轉變，則可以前總統陳水扁在 2000 年 5 月 20 日就職演說中宣示為代表：「臺灣因為特殊的歷史與地理緣故，蘊含了最豐美多樣的文化元素，但是文化建設無法一蹴可幾，而是要靠一點一滴的累積。我們必須敞開心胸、包容尊重，讓多元族群與不同地域的文化相互感通，讓立足臺灣的本土文化與華人文化、

---

[7] 劉文斌，臺灣國家認同變遷下的兩岸關係，頁 66。

[8] 盧建榮，分裂的國族認同（1975～1997）（臺北：麥田，1999），頁 259 ～261。

世界文化自然接軌，創造『文化臺灣、世紀維新』的新格局」，[9]其內容特別標明臺灣文化與中華文化的區隔，此演說內容也明顯的一反過去領導人將臺灣文化做為中華文化傳承的重要部分，而是將臺灣文化獨立於中華文化之外，並力求臺灣文化的自行發展。[10]陳水扁政府時期不僅口頭上強調臺灣文化與中國傳統文化的區隔，更在行動上積極推動。以陳水扁政府執政第一年的文化建設作為為例，就已籌組「臺灣文化資產中心」、「臺灣歷史博物館」、「臺灣美術館」、「臺灣民族音樂中心」、「臺灣傳統藝術中心」、「臺灣文學館」等有形機構，藉以推動臺灣各地文化傳承、加強臺灣歷史教育、創造臺灣文字等等工作，這些政策一般被外界認為是在落實推動文化臺獨。[11]若將陳水扁政府與李登輝政府在文化認同轉變的推動上做一比較，可以明顯的發現，陳水扁政府已然擺脫過去李登輝時代在正式教育領域推動文化認同轉

---

[9] 「中華民國第十任總統、副總統就職慶祝大會」（2000 年 5 月 20 日），2010年 4 月 6 日下載，《中華民國總統府》，http://www.president.gov.tw/php-bin/prez/shownews.php4?issueDate=&issueYY=89&issueMM=05&issueDD=&title=&content=&_section=3&_pieceLen=50&_orderBy=issueDate%2Crid&_desc=1&_recNo=56。

[10] 劉文斌，**臺灣國家認同變遷下的兩岸關係**，頁 222。

[11] 郭俊次，「『文化臺獨』與『臺灣文化』：一個政治的觀點」，海峽兩岸關係研究中心編，**中華文化與兩岸關係論文集**（北京：海峽兩岸關係研究中心，2001），頁 332～333。郭俊次認為，陳水扁在執政的第一年就做了：一、培養地方優質新文化。二、落實「臺灣文化薪傳」。三、振興臺灣地方「產業文化」。四、整合「地方文化」資源。五、創造「地方文化」新貌。六、精進「地方鄉土文化」。七、落實文化「下鄉」。八、建立「社區」文化。九、充實地方文化經費。十、正視「地方流行文化」。十一、倡導「客家文化」。十二、研究「臺語文化」。十三、探討「臺灣生態文化」及「離島生態文化」。十四、加強口述「臺灣史」。十五、重視「臺灣藝術文化」。十六、推動「臺灣新文化」。十七、成立「臺灣文學系」。十八、加強「本土語文教學」。十九、創立「臺灣文字」。二十、活用「臺灣博物館」等工作。陳水扁為加強「文化臺獨」的作為，更在其主政的第一年中，做出如下的政策推動：一、籌組「臺灣文化資產中心」。二、籌組「臺灣歷史博物館」。三、籌組「臺灣美術館」。四、籌組「臺灣民族音樂中心」。五、籌組「臺灣傳統藝術中心」。六、籌組「臺灣文學館」等。

變的困難，[12]而在正式教育體系中，要求臺灣的下一代強化臺灣文化的學習與認同，相對的，弱化對中國傳統文化的學習與認同。[13]

　　2008 年政黨再度輪替，執政者對於文化建設的觀點與作為，與過去又是不同，馬英九總統、蕭萬長副總統 2008 年競選期間推出的文化白皮書，正可印證在政黨再度輪替後文化建設的走向。馬、蕭競選白皮書，提及文化建設的發展戰略包括：「開大門，走大路，吸納全球文化人才，……，尤其重點吸收大陸優異人士以及東南亞華人，以厚植國力」、「重點培育本土文化優勢，成立『公共電視閩南語製作中心』及專屬頻道……使臺灣成為全球優質閩南語文化的輸出中心」、「促進臺灣價值輸出，全面開放兩岸文化交流；……支持各級學校與大陸學校交換交流；鼓勵民間基金會深入大陸，在大陸設點推動公益，或扶貧濟弱，或講學啟蒙、或培育人才、激發創意，擴大兩岸接觸面」，[14]顯然馬、蕭政府對於臺灣文化的建設，已不再強調臺灣與大陸文化有別，而在強調兩岸文化的融合。其文化建設與企望，有別於李登輝、陳水扁政府文化建設與認同的軌跡十分明顯。

　　中國傳統上對於國家認同植基於對於民族的認同，漢民族又是中華民族組成中的最大部分。因此，國家認同幾乎等同於對漢民族認同，而漢民族的認同重點卻是在對漢文化的認同，故有以文化異同做為夷夏之辨的傳統，而不是在對漢民族血緣的認同。[15]雖然有些論證，認為由非中國傳統文化的蠻夷接受漢化成為漢人的過程並不容易，甚至認為漢族所具有的父系社會架構，對於血緣的重視並不低於對文化的融合，但可被接受的是，文化認同的轉變與身分認同的轉變可以在不同時間發生。[16]換言之，文化認同與族群認同可分別進行，可分別轉

[12] 劉文斌，臺灣國家認同變遷下的兩岸關係，頁 233。
[13] 劉文斌，臺灣國家認同變遷下的兩岸關係，頁 223～234。
[14] 「馬英九、蕭萬長文化政策」，2010 年 4 月 6 日下載，《臺灣向前行》，http://2008.ma19.net/files/ma-policy4you/pdf/culture.pdf。
[15] Melissa J. Brown, *Is Taiwan Chinese*？（California: University of California Press, 2004）, pp. 23-24.
[16] Brown, *Is Taiwan Chinese*？, pp. 30-31.

變，但文化認同的轉變造就族群認同轉變卻是重要的一個環節。因此，就臺灣的文化認同推動而言，只要轉變對於文化認同的內涵或方向，不再以傳統中國文化作為認同的標的，就能夠改變族群認同脫離原有的漢族認同，而族群認同的改變若加入政治因素的導向，就造成國家認同的轉變。也因此，李登輝、陳水扁政府極力推動臺灣文化不同於中華文化，使對其臺獨主張更為有利；反之，後繼的馬英九政府則不再主張或強調兩岸文化的差異，反而推動兩岸文化的加強交流，自然使臺灣與大陸的緊張關係不再因為臺灣要追求與大陸血肉分離而獲得緩和。不論如何，各期政府對於文化認同方向的推動與民間的轉變，其實質意義就代表著對國家認同的轉變。

二、族群認同的轉變

基於前述文化認同的轉變將帶動族群認同的轉變，或說族群認同與文化認同是一體的兩面，其轉變亦以可能不在同一時間卻可在互為因果的狀態下進行；或說因為臺灣住民自我認同為漢民族，則邏輯推論上就成為中國的一部份，[17]反之，若臺灣住民不自我認同是漢民族，則兩岸自然可以分裂成兩個國家。臺灣的族群認同轉變，也隨著各時期主政者對於自我族群認同的定位與文化認同的轉變而不斷的轉變。

兩蔣時期不斷的與中共爭奪正統中國人的地位，故在兩蔣主政時期，尤其在蔣中正主政時期，以「堂堂正正的中國人，活活潑潑的好學生」做為國中、小學生的精神教育指導，期望臺灣住民自小就能以「堂堂正正的中國人」為認同目標，就成為自然的表現。綜觀國民黨兩蔣時期的族群認同政策，在政策層面上，政府雖不強調同化，而採取類似「異中求同」的政策，而其「同」的部分，主要是在建立國家認同和效忠，是透過民族精神教育的加強；強化民眾的國家認同和效忠，就成了兩蔣時期在臺最重要的族群認同政策。有研究臺灣族群認

---

[17] Brown, *Is Taiwan Chinese*?, p. 24.

同轉變的學者甚至指出，在臺灣長久的移民與殖民歷史中，臺灣的漢人過去視原住民為他族，使有別於漢族，但在中華民國政府統領臺灣後，卻將原住民族論述為「同胞」（Chinese People），是典型的統一族群認同政策。[18]兩蔣時代的這種族群認同政策，顯然以「同」為最顯著的努力方向，其中以統一的語言政策意圖，讓國語成為溝通工具，更讓學習國語、國文成為臺灣住民吸收中華文化並從中形塑中華民族認同的工具。[19]這種作為，符合民族主義學者關於：民族主義起源於相同的文化、以國家推動文化統一、以同樣文化為政治服務、以文化彰顯民族獨立而民族又確保國家長存、文化差異太大則無法以單一政治架構涵蓋的論述。[20]也符合相關研究中，認為亞洲國家的「促變菁英」（Change-oriented elite），配合亞洲特有的群眾參與、防衛、經濟需求、歷史、文化、語言、宗教、種族（Race）、族群（Ethnic）等因素推動民族主義效果高於西方國家的論述。[21]因民族主義的推動效果高，對於國家的統一效果自然可以較被期待，連日本殖民臺灣時，也採用相類似的手段，如 1934 年 5 月，總都府教育廳宣部「使用臺語者將課以罰鍰」，甚至到 1937 年使用臺語已經成為日常生活的不利因素，在臺中州，公務員禁止使用臺語，在臺北州、花蓮港等地亦有因不使用日語，而被指責懶惰並課以罰鍰，甚至遭到解聘的事例。[22]兩蔣在推動「同」的同時，也以「異」作為不得不的妥協，如表示尊重但卻成果不彰的原住民文化政策等，這種作為，凸顯國民黨政府兩蔣

---

[18] Brown, *Is Taiwan Chinese?*, P. 20.

[19] 葛永光，文化多元主義與國家整合——兼論中國認同的形成與挑戰（臺北：正中，1993），頁 170。

[20] Ernest Gellner, *Nations and Nationalism*（Oxford: Basil Blackwell, 1984），pp. 11, 18, 48, 119.

[21] Martha L. Cottam and Richard W. Cottam, *Nationalism and Politics*（Colorado: Lynne Rienner Publishers, 2001），pp. 48-49.所謂 Change-oriented elite，以東方的政治文化看，僅有具政治勢力者，才更具有改變認同方向的能力，因此，或可將 Change-oriented elite 指涉為具有促變能力的政治菁英。

[22] 荊子馨著，鄭力軒譯，成為日本人（臺北：麥田，2006），頁 137-138。

時期，對於轉變臺灣住民的族群認同為中國人認同的強調，同時也凸顯兩蔣時期利用其黨國專制體制，壓抑臺灣住民發展「臺灣民族認同」的企圖，雖大部分成功，但因不得不的妥協，留下「異」的部分，而成為日後反對力量的根源。[23]

反對力量帶來臺灣民主化，也帶來臺灣族群、文化及制度認同的改變；長期觀察臺灣族群認同的轉變，可發現在陳水扁政府以李登輝推動臺灣族群與中華族群認同逐漸區分的基礎上，以各種政策作為，讓臺灣的民眾認同自己僅是臺灣人的比例不斷升高，而認同自己是中國人或兩者都是的比例呈現逐漸下降趨勢，甚至也讓兩岸逐漸形成對等的不同的兩個民族認同。以民進黨執政時期的 2002 年 8 月 21 日，民進黨中央對外公布一份民調為例，該民調內容顯示：有 53.6%的民眾認為自己是「臺灣人」，認為自己是「中國人」的占 22.5%，是「臺灣人也是中國人」的占 18.8%，這個數據與 1995 年臺海危機時，認為自己是「臺灣人」的有 33.9%，「中國人」的有 33.9%相較，已有大幅的改變。時任民進黨副祕書長游盈隆認為，純「臺灣人認同」數據的增加，是來自「既是中國人也是臺灣人」認同的減少，顯然，在臺灣大中國情節已漸漸消除。[24]游盈榮的觀點，頗能代表民進黨推動臺灣獨立成果的態度，也頗能表達支持臺灣獨立者對族群認同發展趨勢的信心。

但 2008 年臺灣政黨再度輪替後，重新執政的國民黨不再著重於臺灣與中國大陸不同屬於一個民族的政策推動，因此，臺灣族群認同的發展趨勢可能再度轉變。這種政策轉變或可以馬英九總統於 2008 年 5 月 20 日的就職演說中，強調「兩岸人民同屬中華民族，本應各盡所能，齊頭並進，共同貢獻國際社會，而非惡性競爭、虛耗資源。我深信，以世界之大、中華民族智慧之高，臺灣與大陸一定可以找到和平共榮

---

[23] 劉文斌，**臺灣國家認同變遷下的兩岸關係**，頁 76。

[24] 張麗娜，「一邊一國／民進黨民調：臺灣民族認同上揚 53.6%自認是「臺灣人」(2002 年 8 月 21 日)，2010 年 4 月 14 日下載，《NOWnews》，http://www.nownews.com/2002/08/21/91-1342532.htm。

之道」為代表，[25]此演說內容，幾乎等同於宣布在馬英九主政期間，將不再追求臺灣住民與中華民族的異化，甚至明確表明臺灣住民就是中華民族，並呼籲兩岸中華民族共同追求成功。這種訴求當然影響及日後的馬政府族群認同政策。

三、制度認同的轉變

　　制度認同指在法律面，尤其是依據憲法與國際法層面論述臺灣與大陸關係，民眾並接受、認可依據此論述所制訂的規則進行政治生活。

　　「國家」在政治學裡的說法有多種，其中比較基本的說法是：國家必須具備四個條件：（一）固定土地，（二）一群人，（三）組成政府行使主權，及（四）在國際社會維持獨立地位。[26]若依此四個條件檢視臺灣自兩蔣、李登輝與陳水扁政府期間，各自對此四條件出現不同的詮釋與引導，導致人民對於臺灣國家定位不同，而具有不同的制度認同表現。

　　四項條件，又包含各重要轉折點：

（一）「固定土地」範疇變更

　　臺灣依據馬關條約割讓給日本，是屬於日本國領土，二戰結束後，臺灣歸還中華民國所有，又改為中華民國領土的一部分；但在前總統李登輝主導下，於 1991 起年對中華民國憲法進行修訂，且經多次修憲後，雖保留原憲法依「固有疆域」描述中華民國領土固有疆域的

---

[25] 「中華民國第 12 任總統馬英九先生就職演說」（2008 年 5 月 20 日），2010 年 4 月 13 日下載，《中華民國總統府》，http://www.president.gov.tw/php-bin/prez/shownews.php4?issueDate=&issueYY=97&issueMM=05&issueDD=20&title=&content=&_section=3&_pieceLen=50&_orderBy=issueDate%2Crid&_desc=1&_recNo=13。

[26] s.v.「國家」，楊亮功等編，雲五社會科學大辭典（第三冊政治學）（臺北：臺灣商務印書館，1971）。

表述，[27]但在憲法條文規定與實際執行面上，卻實際改變中華民國國土的含意；以中華民國現行憲法增修條文規定的內容看，其中包含有第二條：「總統、副總統由中華民國自由地區人民直選產生之⋯⋯」、第四條規定立法院立法委員之產生由自由地區直選、全國不分區及國外僑民遴選所組成，不受憲法第六十四、六十五條之限制，顯示國家政權與治權最高職位皆由「自由地區」或僑居地產生，顯將大陸地區排除在外。又以 1991 年、1992 所舉行的中央民意代表選舉為例，讓中央民意代表所代表的「全國」區域局限於臺、澎、金、馬地區，使憲法所指涉的「國土」範圍因而侷限於臺、澎、金、馬地區，讓中華民國「事實上」（de facto）的獨立狀態，躍升為法律上（de jure）的獨立狀態。[28]主導修憲的李登輝更認為：修憲條文中有關「中華民國的領土，依其固有之疆域」並未明示疆界範圍，目前臺灣有效支配的地域為臺、澎、金、馬。這就是國家（中華民國）的領土範圍，並不需要特別修訂憲法，以界定國家的領土，何況若修訂憲法重新界定疆界，恐怕會刺激美國和中共，使他們採取某些（不利於臺灣的）行動。[29]如此看來，修憲後的中華民國疆域，早就被主政者有計畫的劃定在現有治權所及的範圍之內；而不願明說國土疆域變更，或直接表明修憲後已使新的中華民國成為另一個國家，其目的僅是「恐怕刺激美國和中共，使他們採取某些（不利於臺灣的）行動」而已。這些言行已把主政者以修憲變更國家主權範疇的意向明確闡明，且修憲後，國家權力來源——中央民意代表，明確的排除了大陸地區人民，限定國家權力的來源只限於臺、澎、金、馬及其附屬島嶼，其結果就是將「國土」限定在臺、澎、金、馬地區。

---

27 中華民國憲法第二條：「中華民國領土，依其固有之疆域，非經國民大會之決議，不得變更之」。增修條文第二條第五款：「中華民國領土，依其固有之疆域，非經全體立法委員四分之一之提議⋯⋯，不得變更之」。

28 張嘉尹，「臺灣化的中華民國⋯⋯介於國際法與憲法之間的考察」，黃昭元主編，兩國論與臺灣國家定位（臺北：學林文化，2000），頁 101～103。

29 李登輝、中嶋嶺雄，駱文森、楊明珠譯，亞洲的智略（臺北：遠流，2000），頁 41。

　　另，依據最高法院 86 年度臺字第 2644 號民事判決，稱：「臺灣地區與大陸地區人民關係條例（下稱兩岸人民關係條例）所採區域法律衝突理論，實即為國際間法律衝突之理論，而兩岸關係條例之制定係鑑於海峽兩岸人民交處頻繁，兩岸經貿關係日益密切，特研擬該條利用以規範因此所衍生之法律問題，因兩岸仍處於分裂分治之狀態，依此大陸地區之法院在現階段似應以外國法院視之較為合理」，[30]依此判決，臺灣執法機關已視大陸地區為外國無異；憲法增修條文第十一條亦規定：「自由地區與大陸地區間人民權利義務關係及其他事物之處理，得以法律為特別之規定」，明確指兩岸人民的關係權利由法律定之，但對於大陸地區內部人民之間的權利義務關係及一切相關事物，則通通放棄規定，將憲法的適用地區自動縮為臺、澎、金、馬，從此不再包括大陸。[31]顯然，在修憲之後的中華民國政府的最高權力來源，及「有效國家權力」都限定在臺、澎、金、馬地區，並明確的與中國大陸地區做出了區別。

（二）「一群人」的變更

　　這個將國土侷限於臺、澎、金、馬，所形成與修憲前在含意上截然不同的「中華民國」，與在大陸的中華人民共和國，是兩個不同的國家；自 1991 年修憲後迄今的各類中央民意機關選舉，及 1996、2000、2004、2008 年的連續總統直選，其合法性至今未見臺灣民眾提出質疑。簡言之，修憲後將國土變更的含意，已成功轉換成人民對於中華民國在臺灣與中華人民共和國在大陸的認可。因此，此地區的人民自然成為修憲後的中華民國國民，相對的，除特定條件外（如歸化入籍者），國土範圍外的大陸地區人民，就被排除在中華民國國民範圍之

---

[30] 陳英鈐，「從法的觀點論『特殊的國與國的關係』」，黃昭元主編，**兩國論與臺灣國家定位**，頁 66～67。

[31] 許宗力，「兩岸關係法律定位百年來的演變與最新發展：臺灣的角度出發」，**兩國論與臺灣國家定位**，頁 132。

外，而不能稱為「中華民國國民」。修憲後中華民國國民的範疇也跟隨變動。

（三）「組成政府行使主權」的變更

不論修憲前後，在臺灣的中華民國政府一直維持著對外行使主權的功能，但在李登輝政府時代以「凍省」改變其組成形式，也使中華民國的制度改變。

凍省的原名稱應為「精省」，就是把臺灣省政府精簡的意思，但以結果看，精簡之後的臺灣省已幾近無功能可言，因此，以凍省為名更與現狀相符。

臺灣自二次大戰結束回歸中華民國，將臺灣設定為中華民國臺灣省。[32]隨著時空環境的變遷，主其事者李登輝總統主張，省政府這個層級是多餘的，如果不精簡，將影響國家未來的發展，必須要改變才能在國際上競爭、生存。[33]因此，在為臺灣發展的實際需要，與各政黨的各有所圖的情勢下，臺灣各界於 1996 年 12 月召開國家發展會議，作成「精簡省府組織功能、取消鄉鎮市層級自治」之共識，[34]在此基礎上，於 1997 年 7 月 16 日的第 4 次修憲中，完成「凍省」修憲；[35]依

---

[32] s.v.「臺灣省」，2010 年 9 月 10 日下載，《維基百科》，http://zh.wikipedia.org/zh-tw/%E5%8F%B0%E7%81%A3%E7%9C%81。1945 年，第二次世界大戰結束後，依據盟軍太平洋戰區統帥麥克阿瑟將軍，要求在中國、臺灣、澎湖及中南半島的日軍向中國戰區元帥蔣中正投降，中華民國代表盟軍接收臺灣。8 月 31 日，中華民國國民政府頒布《臺灣省行政長官公署組織大綱》，隔日臺灣省行政長官公署在重慶成立臨時辦公處；9 月 20 日公布《臺灣省行政長官公署組織條例》；10 月 25 日臺灣省行政長官公署開始在臺灣運作，臺灣成為中華民國的一省。

[33] 盧義方，「李登輝：省級多餘 必須精簡」，(1998 年 9 月 22 日)，2010 年 9 月 10 日下載，《中時電子報》，http://forums.chinatimes.com.tw/report/vote2000/soong/87092201.htm。

[34] 陳華昇，「推動縣市制度改革以落實地方自治之研析」，(2001 年 12 月 27 日)，2010 年 9 月 10 日下載，《財團法人國家政策研究基金會》，http://old.npf.org.tw/PUBLICATION/IA/090/IA-R-090-090.htm。

[35] 聯合報採訪訪團，「修憲完成三讀」，聯合報，1997 年 7 月 19 日，第 1 版。

此修憲結果，行政院院長宣示分 3 階段完成，第一階段為 1998 年 12 月底至 1999 年 6 月將省府改制為行政院派出機關。[36]換言之，省政府已然不是孫中山先生所提倡的地方自治機關，而成了中央政府的一個分支機構。

凍省，有提升行政效率、精簡人力之預期，[37]凍省更是整個政府再造工程的一環，而非僅作單一層級的考量，[38]凍省也可以避免省長民意基礎超越總統民意基礎的「葉爾辛效應」發生，[39]或認為由於大陸與臺灣客觀政治形態不同，以及臺灣地區都市化、經濟、交通、資訊等的快速發展，政經情勢頗類似兼具單一國及島國型態的英國與日本，所以要凍省以符合現況所需，[40]但凍省內部也隱含改變政治認同的意圖。所以，李登輝在卸下總統職位後，就公開宣示，所謂「臺灣省」是以中華民國支配地域仍及於大陸為前提的行政組織，「臺灣省」只是廣大的中國大陸的一個行政區域，[41]若任「臺灣省」存在，就等於承認中華民國既將恢復與大陸地區的合併，就是具有統一的願景。因此，推動「凍省」的結果，不僅是對中華民國創立者孫中山先生理念作出切割，更讓臺灣落實為一個獨立國家制度的認同。

若說修憲與凍省是在制度面上變更中華民國的定位，那麼「兩國論」[42]就是李登輝以總統身分，進一步闡釋臺灣國家定位的表現。李

---

[36] 「省府簡介」，2010 年 9 月 10 日下載，《臺灣省政府》，http://www.tpg.gov.tw/tpg/pagedoc.php?nd1=TPG&nd2=intro#。

[37] 參閱：中華民國 91 年 12 月由行政院研究發展考核委員會編印，從「精省」經驗規劃未來「政府改造」的配套措施研究報告（編號：RDEC-RES-091-009），第 24～35 頁相關論述。

[38] 「社論」，臺灣日報，中華民國八十七年一月十五日，第 2 版。

[39] 劉文仕，「『省』調一層級，縣市政府發展更積極」，自立早報，1998 年 5 月 25 日，第 11 版。

[40] 趙永茂，「修憲『凍省』的過程與影響」，國家政策雙週刊（臺北），174 期，頁 2-4。

[41] 李登輝、中嶋嶺雄，駱文森、楊明珠譯，亞洲的智略，頁 56。

[42] 1999 年 7 月 9 日，李登輝於總統任內接受德國之聲（Deutsche Welle）廣播

登輝認為臺灣不是殖民地，所以不能用自決決定臺灣前途與定位，倒不如依據實際的狀況，明確的承認中華人民共和國是一個國家，並宣示我們也是一個國家，中華民國是自 1911 年就已開始存在於世上的主權獨立國家，而中華人民共和國是自中華民國分離出去的一個新國家。[43]新、舊兩個國家隔臺灣海峽而同時存在，所以兩邊是兩個國家，兩個國家的關係，在現有狀態下，受制於各自國家內、外情勢的牽制，或許不容許明確的宣示分離與獨立，但對於中華民國在臺灣的定位，至少是由兩蔣時代以國家統一為追求目標的光譜一端，向臺海兩岸可能成為兩個國家的光譜另一端推進一大步。這種推進不僅是李登輝主政下在國家認同領域轉變的軌跡，更是「兩國論」的精髓所在，而「兩國論」更獲得當時臺灣民意的高度支持，[44]顯見臺灣民眾對此制度認同的轉變。

2000 年政黨輪替，主張臺灣獨立的民進黨籍陳水扁接任總統，延續前述修改後的憲法，對臺灣現行制度的認同進行更進一步的改變。

依據陳水扁政府的施政白皮書，陳水扁以總統身分大力推動臺灣版的「新中間路線」，強調：建立以「分權、制衡」的三權分立總統制及單一國會。陳水扁總統認為，在 1991 年修憲後，既有的五權憲法體制仍在，使得代表立法權的立法院、監察院、國民大會仍是三頭馬車，

電臺訪問時表示：「……我國並在一九九一年的修憲，……將憲法地域效力限縮在臺灣，並承認中華人民共和國在大陸統治權的合法性……使（臺灣）所建構出來的國家機關只代表臺灣人民，國家統治的正當性也只來自臺灣人民的授權，與中國大陸完全無關。一九九一年修憲以來，已將兩岸關係定位在國家與國家，至少是特殊的國與國的關係，而非一合法政府，一叛亂團體，或一中央政府，一地方政府的『一個中國』的內部關係……。」同一篇談話中又說：「中華民國從 1912 年建立以來，一直都是主權獨立的國家，又在 1991 年的修憲後，兩岸定位在特殊的國與國關係，所以沒有宣布臺灣獨立的必要。」

43　李登輝、中嶋嶺雄，駱文森、楊明珠譯，**亞洲的智略**，頁 42。
44　臺灣民意高達 48.9%到 81.8%的支持，「附表十四：八十八年民眾對兩岸是『特殊的國與國關係』的看法」，2010 年 9 月 13 日下載，《**行政院陸委會**》，http://www.mac.gov.tw/public/Attachment/9771117977.htm。

所以希望臺灣未來進行另一次憲政改革，實施三權分立、總統制、以公民投票的方式廢除國民大會，建立單一國會制度，使得立法權趨於完備，以真正有助於憲政主義的實現。[45]

該陳水扁的主張，可說是自 1991 年李登輝修憲，將「中華民國」的「國民」、「國土」及「組成政府行使主權」侷限於臺、澎、金、馬地區，使「中華民國在臺灣」與過去「中華民國」處於不同國家的形式，但仍維持五權憲法架構之後，更進一步昌言將代表中華民國法統的五權憲法推翻，向建立新的政治制度邁進。在實際執行面上，就是國民大會被變相廢除、考試及監察兩院亦被提議廢除，且拒不出任由總統擔任的「國家統一委員會主任委員」，其簡要內容如下：

1. 國民大會被變相廢除部分：

於李登輝總統執政後期的 1999 年 7 月間，以支持臺灣獨立勢力為主軸的「公民廢國大行動聯盟」，[46]糾集諸多社運團體，在全臺發起一連串群眾遊行示威活動，[47]這些訴求在經過反對運動菁英的大力推動後，終於在 2000 年 4 月 24 日第 6 次修憲時，造成國民代表大會的實

---

[45] 劉文斌，**臺灣國家認同變遷下的兩岸關係**，第 249 頁。

[46] 「公民廢國大行動聯盟　行動聲明」，（1999 年 7 月 11 日），2010 年 9 月 13 日下載，《美麗之島》，http://140.117.11.2/txtVersion/treasure/chilin-youth/M.940422404.A/M.940424064.C.html。「公民廢國大行動聯盟」成員包含：澄社、臺灣教授協會、婦女新知、臺灣人權促進會、司法改革促進會、勞工陣線、工人立法行動委員會、社會立法運動聯盟、環保聯盟臺北分會、綠色陣線、臺北縣社區大學、臺灣基督教長老教會、都市改革組織、靜宜大學浪淘沙社、逢甲大學論壇社、進步青年社……等等

[47] 「公民廢國大行動聯盟　行動聲明」，示威遊行的行程計有：1.七月九日屏東市、高雄市 2.七月十日高雄市 3.七月十一日岡山鎮、臺南市 4.七月十二日臺南市、臺南縣 5.七月十三日善化鎮、麻豆鎮 6.七月十四日新營市 7.七月十五日嘉義市 7.七月十六日虎尾鎮 8.七月十七日員林鎮 9.七月十八日臺中市 10.七月十九日豐原市 11.七月二十日苑裡鎮 12.七月二十一日苗栗市 13.七月二十二日竹北市 14.七月二十三日中壢市 15.七月二十四日新莊市，行跡幾乎遍及全臺灣。

質弱化。2000 年陳水扁繼任總統後，依據第 6 次修憲結果，推動國民代表大會的權責成為「任務型國代」。[48]

　　部分輿論質疑，這次修憲雖在 2000 年政黨輪替政權正式交接之前，但以當時的政治氛圍推估，修憲必是在總統當選人陳水扁與時任總統的李登輝合力推動所致；國民大會是所謂「中華民國」行使政權的重要象徵，因此輿論質疑：「國大廢了，是否也代表中華民國變質了？」。[49]而陳水扁就任總統後，表達將「任務型國代」廢除的心意，更凸顯陳水扁對此政治制度變革的決心，因此廢除國民代表大會，絕不單單只是一種制度的變革，而是具有最深層的制度認同轉變的意義。

---

[48] 第六次修憲後國民大會相關規定是：憲法增修條文第一條規定：「國民大會代表三百人，於立法院提出憲法修正案、領土變更案，經公告半年，或提出總統、副總統彈劾案時，應於三個月內採比例代表制選出之，不受憲法第二十六條、第二十八條及第一百三十五條之限制。比例代表制之選舉方式以法律定之。國民大會之職權如左，不適用憲法第四條、第二十七條第一項第一款至第三款及第二項、第一百七十四條第一款之規定：一、依憲法第二十七條第一項第四款及第一百七十四條第二款之規定，複決立法院所提之憲法修正案。二、依增修條文第四條第五項之規定，複決立法院所提之領土變更案。三、依增修條文第二條第十項之規定，議決立法院提出之總統、副總統彈劾。國民大會代表於選舉結果確認後十日內自行集會，國民大會集會以一個月為限，不適用憲法第二十九條及第三十條之規定。國民大會代表任期與集會期間相同，憲法第二十八條之規定停止適用。第三屆國民大會代表任期至中華民國八十九年五月十九日止。國民大會職權調整後，國民大會組織法應於二年內配合修正。」第八條規定：「國民大會代表及立法委員之報酬或待遇，應以法律定之。除年度通案調整者外，單獨增加報酬或待遇之規定，應自次屆起實施。國民大會代表集會期間之費用，以法律定之」，民國八十九年四月二十五日公布之第六次修憲結果，（時陳水扁已獲選為總統並等待就任前夕）使得中華民國憲法在國民代表大會的權責成為：一、改為「任務型國大」，即「國大虛級化」。二、職權縮小為複決立法院所提之憲法修正案、複決立法院所提之領土變更案、議決立法院提出之總統副總統彈劾案等等，修憲結果使國民大會職權與過去國民大會代表所具有的職權相距甚遠。

[49] 楊孟瑜，「臺變相廢除國民大會」（2000 年 4 月 25 日），2010 年 9 月 13 日下載，《BBC CHINESE com.》，http://news.bbc.co.uk/hi/chinese/news/newsid_725000/7259922.stm。

2. 考試院被提議廢除部分：

考試與監察兩院不僅是中華民國五權憲法架構下特有的制度，更因為孫中山先生認為考試權和監察權是來自「中國固有的東西」，[50]因此，對於監察院與考試院的廢止，更是凸顯對制度認同的轉變。

除民進黨對於考試院的廢除表明明確支持立場外，以國、親兩黨立院黨團重要幹部的表態可發現，兩黨基本上並不排除制度的變革，只是要求做好配套措施，[51]顯見臺灣主流民意對中華民國制度變革之擁護，其制度認同的轉變也可見一班。

3. 拒不出任國統會主委

陳水扁於 2000 年 5 月 20 日就職典禮上演說稱：「保證在任期之內，不會宣布獨立，不會更改國號，不會推動兩國論入憲，不會推動改變現狀的統獨公投，也沒有廢除國統綱領與國統會的問題」的「四不一沒有」。排除了在民進黨執政期間，臺灣立即宣布或準備宣布獨立的可能，但陳水扁總統卻又違反既有規定拒不出任「國統會」主委，[52]也不召開國統會議，讓「國統會」的功能完全喪失，僅餘「國統會」的組織名目，來表達他對兩岸再度統一的拒絕，及對現有制度認同的否定。

50　孫文，**三民主義**（臺北：中央文物供應社，1986 年 8 月），頁 210。

51　劉文斌，**臺灣國家認同變遷下的兩岸關係**，頁 254。時任立法院國民黨書記長劉政鴻、親民黨副總召集人邱毅卻都認為組織精簡可以，但要廢除考試院則不宜輕率決定，因為廢除考試院不僅涉及憲政體制問題，且考試院已有一定的功能，驟然廢除將會讓臺灣政局陷入混亂，未蒙其利，反受其害，因此，兩黨團呼籲政府廢除前，應先提出考銓業務的規劃版本，以國、親兩黨維護固有中華民國制度之急切，尚且同意作此變革。

52　依據民國七十九年九月二十一日，總統府秘書長，華總一五七一七號函頒行之「國家統一委員會設置要點」規定，第一條、第二條分別是：第一條：總統為在自由、民主的原則下，加速國家統一，研究並諮詢有關國家統一之大政方針，特以任務編組方式，設置「國家統一委員會」。第二條：本委員會主任委員由總統擔任。副主任委員三人，除由副總統及行政院長擔任外，另一人由總統聘任。

　　除此外，陳水扁前總統，於 2003 年 8 月 3 日以視訊直播方式於世界臺灣同鄉聯合會第二十九屆年會中致詞，發表轟動一時的「一邊一國」論述，[53]至民進黨 2003 年 9 月 28 日成立第十七週年黨慶時，兼任黨主席的陳水扁公開宣布，將於 2006 年「與兩千三百萬臺灣人民，共同催生臺灣新憲法的誕生」，[54]再到 2006 年 1 月 29 日，春節期間在臺南縣麻豆國中與鄉親歡聚新年團圓餐敘時，有思考「廢除國統綱領」之發言。[55]雖然陳水扁政府極力向世人解釋廢除國統綱領適用不涉及臺海現狀的改變，[56]但一連串相關政策的推動也未停歇，明顯與「四不一沒有」承諾中的「一沒有」相違背；時至 2007年 3 月 4 日晚間出席「臺灣人公共事務會」（FAPA）25 週年慶祝晚宴，更提出「臺灣要獨立、臺灣要正名、臺灣要新憲、臺灣要發展、臺灣沒有所謂左右的問題，只有統獨的問題」的「四要一沒有」宣

---

[53] 「總統以視訊直播方式於世界臺灣同鄉聯合會第二十九屆年會中致詞」（2002 年 8 月 4 日），2010 年 9 月 13 日下載，《中華民國總統府》，http://www.president.gov.tw/Default.aspx?tabid=131&itemid=1311&rmid=514&sd=2002/08/03&ed=2002/08/03。

[54] 陳敏鳳、劉寶傑，「扁：2006 催生臺灣新憲法」，聯合報，2003 年 9 月 29日，第 A1 版。

[55] 「總統與臺南鄉親歡聚新年團圓餐敘」（2006 年 1 月 29 日），2010 年 9 月13 日，《中華民國總統府》，http://www.president.gov.tw/Default.aspx?tabid=131&itemid=11316&rmid=514&sd=2006/01/29&ed=2006/01/30。

[56] 「總統主持國安高層會議」（2006 年 2 月 27 日），2010 年 9 月 13 日下載，《中華民國總統府》，http://www.president.gov.tw/Default.aspx?tabid=131&itemid=11391&rmid=514&sd=2006/02/27&ed=2006/02/27。陳總統於 2006 年2 月 27 日主持國安高層會議，以主席身分裁示作成決議：「國家統一委員會」終止運作，不再編列預算，原負責業務人員歸建；《國家統一綱領》終止適用，並依程序送交行政院查照。陳總統並於該次會議公開宣示：「臺灣無意改變現狀，也堅決反對以任何非和平手段造成此一現狀的改變，並感謝國際社會共同支持維護現狀」、「『國統會』之終止運作及《國統綱領》之終止適用，不涉及現狀之改變，而是基於主權在民之民主原則；只要符合民主的原則，尊重兩千三百萬臺灣人民自由意志的選擇，兩岸未來將發展任何形式的關係，我們都不排除；也堅持任何人不得為臺灣人民的自由選擇預設前提或終極目標」，表達廢除國統綱領不涉及改變臺海現狀的態度。

示；[57]若將「四不一沒有」與「四要一沒有」做一比較，可以獲得如下的印象：

表 2-1　「四要一沒有」與「四不一沒有」對照表

四不一沒有	不會宣布獨立	不會更改國號	不會推動兩國論入憲	不會推動改變現狀的統獨公投	沒有廢除國統綱領與國統會的問題
四要一沒有	臺灣要獨立	臺灣要正名	臺灣要新憲	臺灣要發展	臺灣沒有所謂左右的問題，只有統獨的問題

資料來源：作者自行整理

一、「不會宣布獨立」、「不會更改國號」等兩「不」完全的推翻：
　　四要一沒有中的「臺灣要獨立」、「臺灣要正名」等兩「要」，完全推翻了四不一沒有中的「不會宣布獨立」、「不會更改國號」兩「不」。

二、「不會推動兩國論入憲」承諾的推翻：
　　因第三要的「臺灣要新憲」涉及臺灣制定或修改新的憲法問題，是否將兩國論入憲，顯然在字面上無法明確表達，但若加上前述的「臺灣要正名」與「臺灣要獨立」，及「臺灣沒有所謂左右的問題，只有統獨的問題」的訴求，當然是指將中華民國國號去除，更是明確的指將兩國論或同等意涵的內容入憲，以彰顯臺灣是一個新而獨立的國家，也才能達成「正名」（新國號）、獨立等目的，所以，已明確的將「不會推動兩國論入憲」承諾推翻。

三、「不會推動改變現狀的統獨公投」的推翻：

---

[57]　「總統出席『臺灣人公共事務會』（FAPA）25 週年慶祝晚宴」（2007 年 3 月 4 日）,2010 年 3 月 13 日下載,《中華民國總統府》,http://www.president.gov.tw/Default.aspx?tabid=131&itemid=12424&rmid=514&sd=2007/03/04&ed=2007/03/04。

因「臺灣要獨立」、「臺灣要正名」、「臺灣要新憲」涉及
《憲法》修改國旗、國號、領土等問題，依據憲法增修條文
第一條、第四條、第十二條及《公民投票法》之規定，必須
經由公民投票才得以達成國旗、國號、領土變更的目的。換
言之，要制定或修改憲法（包含更動國旗、國號、疆域之規
定），都必須經由公民投票一途，因此，也實質推翻了「不會
推動改變現狀的統獨公投」的承諾。且將制訂新憲法改變臺
灣當時的國際地位，作為「臺灣要發展」的前提。

四、「沒有廢除國統綱領與國統會的問題」的承諾，早在 2006
年 1 月 29 日發表「終統論」之後就以一連串配套措施推翻。

自 2000 年就職演說表達「四不一沒有」政策，穩定臺灣政局，
轉至其後的一連串政策轉變作為，凸顯陳水扁有關制度認同轉變的
趨向。

中華民國一直在臺灣地區行使主權，但由兩蔣以中國正統自居，
到李登輝以兩國論定位，再到陳水扁進一步要求一邊一國，卻使行使
主權政府的形式澈底改變。至 2010 年，馬英九政府為避免引發臺灣內
部統獨更激烈的爭論，充其量僅是停止臺灣獨立的步伐，而未見有強
力扭轉過去推動臺灣獨立政策餘緒的積極作為。

（四）「在國際社會維持獨立地位」的變更

眾所周知，依國家承認的理論認為，國家的承認有「構成說」
（constitutive theory）及「宣示說」（declaratory theory）之區別，構成
說認為只有承認的行為才能創造國家的定位，而宣示說則認為有客觀
的事實存在就可構成國家，承認只是對客觀事實的確認；一般認為宣
示說比較符合國際實踐的事實；[58]在臺灣的中華民國不僅在宣示說上
具有國家的事實，又在國際上獲得二十餘個國家的承認，所以在構成

---

[58] 廖福特，「特殊憲政關係與國家資格之認定與承認」，黃昭元主編，**兩國論
與臺灣國家定位**，頁 290。

說上亦可以成為一個國家。簡言之，在臺灣的中華民國符合國際法的規定，是一個獨立自主的國家，雖然國際上主要的國家，因政治因素並不做如此的認為，在國際法上亦有「臺灣的國家法律地位未確定」的論調。[59]但是，不論在 1949 之前或之後，不論是主張反攻大陸的蔣中正、提倡三民主義統一中國的蔣經國、提議兩國論的李登輝、推動一邊一國的陳水扁或呼籲不統、不獨、不武及兩岸外交休兵的馬英九各政府時期，中華民國在臺灣，都始終維持國際社會的獨立地位，無論如何，臺灣全體多數住民認為自己是一個獨立自主的國家當無疑義。此種情勢雖無改變，但所追求的目標卻因時空環境變遷及主政者的意念，而具有統一與獨立的不同。

造成臺灣憲政大變動的 1991 年修憲，在憲法增修條文的前言第一句有：「為因應國家統一前之需要」云云，顯然將臺灣與大陸的國家定位為目前尚未統一的狀態。有學者認為該句前言，雖有意說明臺灣與大陸未統一前的憲法舉措，但在對照放棄「動員戡亂臨時條款」的行為，是明確表達了承認中華民國憲法效力不及於中國大陸的事實。此為承認國家「分裂的」狀態，而「分裂國家」（divided states）在經過長期分裂後，是否會發展為法律上的分裂，分裂雙方的主觀意願非常關鍵。[60]檢視過去兩蔣時代到李登輝時代的轉折中，面對國家分裂的態度，正好與此特徵吻合，在李登輝「本土化」後，逐漸將國家統一的堅持拋棄，轉為臺灣應該獨立的國家認同取向，也因此主政者的主觀意圖，導致「分裂國家」最終造成國家的分裂，所以，在 1991 年修

---

[59] 蕭琇安，「對臺灣國際法地位之在省思」，黃昭元主編，**兩國論與臺灣國家定位**，頁 378。

[60] 張亞中，**兩岸主權論**（臺北：生智，1998），頁 54～55。一般認為是指一個國家之內產生兩個法律或政治實體，各自有效控制或管轄一部分人口領土，互相爭取正統之國家代表權，其特徵是：一、因為內戰或國際權力安排導致一國分成兩個或更多國家，二、一國內出現的兩個或多個法律與政治實體，各自宣稱為唯一合法的政府，並在法理上涵蓋實際尚未能有效控制的另一法律或政治實體所管轄的領域，三、屬於長期的對立，分裂各方堅守各自領域，實行有效管轄，現狀難以改變，四、分裂雙方均以重新統一為目標。

憲後，支持臺灣應該獨立者，就認為在修憲後憲法適用上的效果之一，就是造成領土範圍及憲法實行地域的變更，就是與原先國家成為不同的兩個或多個國家之意。[61]但相對的反對者也提出不同的看法，認為：修憲之後，大法官於 1998 年通過的 481 號解釋，提到民國 83 年制訂的省縣自治法 64 條，有「轄區不完整之省」可以由行政院另定政府組織，此「轄區不完整」是間接肯定了「治權縮收而主權未縮收」的通說。或說：高等法院在民國 89 年的一件刑事判決中，說「我國並未放棄對大陸主權，其追訴犯罪之刑事權，自亦不因是事實之障礙而不及於大陸」。另外，由大陸地區人民可依憲法第 10 條主張「入境自由」，證諸各國法律只有同一國家人民才能主張「自由入境」，且大法官在 1998 及 1999 年分別做出第 454 號及 497 號解釋，兩度以憲法第 10 條為基礎審查限制大陸人民入境居留的法令，其實也是間接承認大陸人民的國民身分，只是治權不及於他們而已，所以兩岸關係應該更接近「特殊國內關係」。[62]而馬英九政府不追求台灣獨立立場，使台灣獨立的主觀意願降低，也造成台灣獨立傾向的緩和。

　　1991 年修憲後的中華民國，雖在法理上已與 1912 年成立的「中華民國」不同，但主、客觀因素限制下，又認為當前兩岸並非兩個毫無瓜葛的國家，而是「特殊國內關係」。不論各種政治勢力如何妥協，如明確表示增修條文是國家統一前的作為，中華民國領土是「固有疆域」等，卻又在實際執行面上將國土、國民及有效的國家權力侷限於

61　黃昭元，「兩國論的憲法分析——憲法解釋的挑戰與突破」，黃昭元主編，**兩國論與臺灣國家定位**，頁 14～16。

62　蘇永欽，「兩岸接近『特殊國內關係』」，臺灣主權論述資料選編小組編，**臺灣主權論述資料選編（上）**（臺北：國史館，2001）頁 312～313。蘇永欽就認為：高等法院在民國 89 年的一件刑事判決中，說「我國並未放棄對大陸主權，其追訴犯罪之刑事權，自亦不因是事實之障礙而不及於大陸」。另由大陸地區人民可依憲法第 10 條主張「入境自由」，證諸各國法律只有同一國家人民才能主張「自由入境」，且大法官在 1998 及 1999 年分別做出第 454 號及 497 號解釋，兩度以憲法第 10 條為基礎審查限制大陸人民入境居留的法令，其實也是間接承認大陸人民的國民身分，只是治權不及於他們而已，所以蘇永欽認為兩岸關係應該更接近「特殊國內關係」。

臺、澎、金、馬地區等作為，以及主政者李登輝、陳水扁兩任總統的政治傾向，將處於分裂國家狀態中的中華民國帶上與中華人民共和國不同的兩個國家方向發展，使得中華民國在國際地位維持獨立地位的內涵，由原先與中華人民共和國搶奪中國唯一合法地位到放棄搶奪轉而自立門戶為獨立國家。雖 2008 年臺灣再度發生政黨輪替，新任總統馬英九也僅主張「不統、不獨、不武」，似乎已終止臺灣持續向獨立方向邁進，但至今亦無快速轉向兩岸統一方向的跡象。

依據臺灣國家認同中，有關文化認同、族群認同與制度認同面的變化，雖發現臺灣的國家認同隨時空環境不同與領導人的施政方向改變，而出現不同的面貌，但值得關注的是，是否 3 個環節在中國與臺灣之間的拉鋸中，三個「落點」的關係位置都相同，以致於由 3 個「落點」所呈現的國家認同面成水平狀；在經驗上與理論上都可輕易的發現，3 個「落點」距離不可能完全相同，因此，所呈現的國家認同「面」必然是傾斜而非水平。

若加以細分不難發現，3 個環結中的制度認同「點」，自兩蔣以否認大陸政治、經濟體制為手段，來貶抑中共的合法性或認受性（legitimacy）確保中華民國的合法性起，迄李登輝與陳水扁則分別推動「特殊國與國關係」與「一邊一國」主張，進一步讓兩岸的政治制度分割。所以，在制度認同環節上，兩岸的分離是明確且相隔甚遠，制度認同的轉變，幾乎只需經過主政者以立法手段加以改變並實施，就可達成欲改變認同的方向。以李登輝 1991 年修憲為例，仍將最高民意機關的立法委員來源包含有「自由地區」、「不分區」、「原住民」及「海外」等 4 大來源，在形式上仍藉由「自由地區」（相對於大陸的「不自由地區」）及「海外」兩來源彰顯「中華民國憲法」仍是「代表全中國」。[63]但依據李登輝前述「凍省」是廢除中華民國傳統行政區的論述，及「海外代表」必須放棄僑居地國籍，只能擁有將主權實施範圍侷限

---

[63] Christopher Hughes, *Taiwan and Chinese nationalism* (New York: Routledge, 1997), pp. 65～67.

於臺、澎、金、馬等地區的中華民國國籍來看，顯然「代表全中國」只是聊備一格，無實質的效益。真實的狀況是，自 1991 年修憲後，臺灣已將政府的權力來源侷限於臺澎金馬及附屬島嶼，與大陸無關，其主權不及於大陸，相對的也排除大陸主權的主張。所以自李登輝以降，尤其是在 1991 年修憲後，臺灣所實行的憲法，雖與 1947 年以來所實行的憲法在名稱上都是：「中華民國憲法」，但其權力來源卻大不相同。臺灣人民對這個國家根本大法，及由這個根本大法所形塑出來的國家制度，與大陸的「中華人民共和國憲法」所形塑出來的政治制度，在認同上當然有所不同。而文化認同環節上的「點」，則自蔣氏父子以中華文化守護者自居，[64]經李登輝時代以「本土化」與「去中國化」為

---

64 齊光裕，**中華民國的政治發展**（臺北：揚智，1996），頁 177。一九六六年，大陸發動狂熱的文化大革命，嚴厲地批判傳統文化，國民政府遂決定推動「中華文化復興運動」以資對抗，復興中華文化因此成為更為鮮明的政策方向及政治宣示。當時定國父誕辰紀念日為中華文化復興節，次年（一九六七）成立中華文化復興運動推行委員會，由蔣中正擔任會長，在全省設立分支機構，全力推動中華文化復興運動。蔣經國亦經常公開發言表明維護中華文化的決心：「革命青年，就該以現在為你們的國家歷史、民族文化，來做一連串戰鬥新事業的起點」（1978）（參閱行政院新聞局輯印，**蔣總統經國先生六十七年言論集**，頁27）、「在臺澎金馬的中國人，卻是始終在實踐三民主義、復興民族文化、維護民主憲政、享受自由生活的中國人」（1979）（參閱行政院新聞局輯印，**蔣總統經國先生六十八年言論集**，頁 34）、「確定國家建設的終極目標，在於綿延和發揚中華民族文化」（參閱行政院新聞局輯印，**蔣總統經國先生六十八年言論集**，頁 99）、「傳承以儒家學說為中心的我們民族文化，加以發揚光大，實是我們教育的基本目標。……教育還需負起綿延民族文化的使命」（參閱行政院新聞局輯印，**蔣總統經國先生六十九年言論集**，頁44）、「當前國家建設，大量需要各方面的人才，而各種人才必須對當前時代有中心信仰，那就是實踐三民主義，復興民族文化」（參閱行政院新聞局輯印，**蔣總統經國先生七十年言論集**，頁40）、「教師的責任，更要引導青少年體認中華文化的精深博大、恢弘孔孟學說的義蘊、接受承繼一貫道統的三民主義文化，來實現至善至美的教育目標」（參閱行政院新聞局輯印，**蔣總統經國先生七十年言論集**，頁40）、「希望大家一起來，重振中國人勤勞節儉的傳統美德，回復我們樸實清明的社會面貌」（參閱行政院新聞局輯印，**蔣總統經國先生七十四年言論集**，頁 63）、「期勉全國教師負起傳承與發揚中華文化的責任」（參閱行政院新聞局輯印，**蔣總統經國先生七十五年言論集**，頁145）等等不一而足。

手段來切割兩岸文化關連。到 2000 年政黨輪替後，更在此基礎上進一步分離兩岸文化關連。如陳水扁政府執政 3 年後，宣示其文化政策，就在強調「多元」、「尊重」、「本土」、「國際」、「永續」五大原則下，以臺灣文化菁華為養分，走向以「文化立國」邁向國際的創新臺灣文化為願景，[65]意圖切割兩岸文化臍帶的傾向與作為十分明顯。但因文化所具有千絲萬縷難以切割的特性，如民間信仰、習俗、價值觀、語言等等的難於短時間內割斷，[66]使得文化認同環節上的「點」，相對的與傳統中國相距近而難以分離，甚至無從分別。至於族群認同環節上的「點」，若以純臺灣人認同（指僅僅認為自己是臺灣人，不認為自己是中國人或即是臺灣人也是中國人者）所占百分比為指標，就可發現，雖由李登輝執政初期 1988 年 11 月的約 15%，上升到陳水扁執政的 2005 年 12 月的46.5%，呈不斷升高趨勢，[67]但至國民黨再度執政後是否仍會持續升高，甚或雖升高，但卻僅止於對身分的感情認同，其中的臺獨政治訴求卻降低，如：因與大陸交流，而將臺灣人認同位階定調於類似福建人、廣東人、江蘇人……等認同而已，與統獨立場不相契合，則有待進一步研究。

　　依此推斷，三個環節中的制度認同部分兩岸切割最為完整，其落點最接近臺灣與中國大陸完全分離一端，文化認同僅有部分不同，其落點還很接近中國一端，而族群認同約有 50%不同，其落點約在中國與臺灣兩端的中間位置，因此，現階段由此三點所形成的臺灣國家認同「面」，必然是傾斜而非水平的，若以圖形表示則是：[68]

---

[65]　劉文斌，*臺灣國家認同變遷下的兩岸關係*，頁 324。

[66]　如二〇〇五年九月九日，宜蘭南方澳二十一艘漁船搭載漁民一二九人，在未經臺灣政府許可，不懼臺灣政府究辦，以「避風」為由，擅自從馬祖駛往中國湄洲向媽祖主廟進香。請參閱：「臺『南方澳』21 漁船擅往中國湄洲進香」，2005 年 9 月 10 日下載，《大紀元》，http://www.epochtimes.com/b5/5/9/10/n1047759.htm。又如臺灣普遍崇拜關公、保生大帝、慶祝相同的節慶、使用與福建沿海相同的閩南語、客語、北京語、擁有與大陸相同的姓氏是等等都是文化難以切割的象徵。

[67]　請參閱：「附表十二：民眾對自我認同的看法」，2008 年 1 月 17 日下載，《行政院陸委會》，http://www.mac.gov.tw/big5/mlpolicy/pos/9001/table12.htm。

[68]　劉文斌，*臺灣國家認同變遷下的兩岸關係*，頁 325-326。另，資料顯示，李

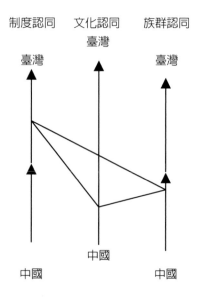

制度認同　　文化認同　　族群認同

圖 2-2　李登輝、陳水扁政府時期臺灣國家認同轉變的實際圖像

資料來源：作者自行製作

　　這種傾斜的推論結果，竟與學者梅麗莎（Melisa J. Brown）所研究兩岸少數民族（臺灣平埔族與湖北土家族）認同因政治因素改變而改變的觀點不謀而合。Melisa J. Brown 認為認同（identity）是在政治領袖與政府主導下，所進行的意識型態形塑，當然，其中無法避免的包含著文化與祖先血緣內涵的糾纏，在臺灣有關認同問題，更是讓這些問題糾纏不清，而不是以社會政治（Sociopolitical）的事實作為基

登輝、陳水扁政府時期，純臺灣人認同約 41%，也未達絕對多數的臺灣住民具有純臺灣人認同等事實得到證明。制度認同比族群認同及文化認同偏向臺灣的趨勢明顯且快速，所以形成制度認同最趨近臺灣，族群認同次趨近臺灣，而文化認同與大陸無法清楚分割的現象。參閱：「附表十二：民眾對自我認同的看法」，2008 年 1 月 17 日下載，《行政院陸委會》，http://www.mac.gov.tw/big5/mlpolicy/pos/9001/table12.htm。

礎的真實認同問題。[69]換言之，政治因素帶領著文化與族群認同的改變，是兩岸所共同呈現的現象。而政治雖可在短期內劃定族群認同，但文化的實踐與改變卻是漫長的過程，因此，傾斜的國家認同發展狀況，確實有事實的支持。

在 2008 年國民黨再度成為中華民國執政黨後，因不再強調臺灣的本土化與臺灣獨立，甚至可能放棄臺灣追求獨立，在對國民的教育與教化內涵上，可能使認同再度轉變。

因此，當前國家認同的轉變，或可以推論如圖 2-3：

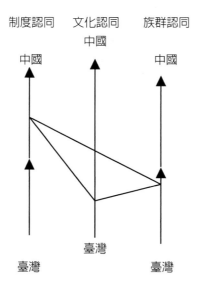

圖 2-3　2008 年國民黨再度執政後臺灣國家認同圖像

資料來源：作者自行製作
說　　明：圖中之「中國」意涵並不等同於「中華人民共和國」，而是與臺獨
　　　　　相對立的概念，係指文化的、地理的、歷史的「中國」。

---

[69]　Brown, Is Taiwan Chinese？, p. 211.

前已述及制度認同的轉變，具有「幾乎只需經過主政者以立法手段加以改變並實施，就可達成欲改變認同的方向」的特性，自 2008 年國民黨再度執政後，並不延續兩蔣時代以中國唯一合法政府自居的政策，以對抗中華人民共和國，也放棄李登輝、陳水扁時代將臺灣帶向與「中國」分離的臺灣認同作為，而是明顯的對大陸強調九二共識、一中憲法。馬英九總統在 2010 年接受媒體專訪時認為，現階段，是爭取一個足夠長的歷史階段，讓雙方能夠深度互動交流，在這個基礎上以中華文化尋找解決的途徑。在這個過程當中，馬英九總統強調我方絕對是在中華民國的憲法架構上，維持「不統、不獨、不武」現狀，並以九二共識作為基礎來進行。[70]而且自 2008 年 6 月起至 2010 年 12 月，前後 6 次海基會與海協會會長級協商的「江陳會」，兩岸共簽署 15 項協議及達成 1 項共識。[71]若依據統合（integration）理論的看法，[72]因兩岸不斷的相互釋出善意，並進行協商與磨合，臺灣的制度與中國大陸的制度有可能因日漸緊密的交流而趨向相似，並導引社會、教育、族群、經濟、地域等等向上或向下的逐漸融合。因此，雖然自 2008 年國民黨再度執政迄 2010 年年中，未見其對中華民國憲法的修訂或更動，讓臺灣現行制度擺脫李登輝、陳水扁所奠下逐漸與「中國」分離的基礎，向「中國」方向快速靠攏，但其他牽涉臺灣政治、經濟、社會生活的制度變化，已使臺灣的制度認同明顯的停止朝向臺獨，甚至可能逐步朝向「中國」轉變。

---

[70] 江慧真、陳嘉宏、仇佩芬、單厚之、呂昭隆，「本報專訪　馬：爭取夠長時間　兩岸深度交流」，**中國時報**，2010 年 9 月 1 日，第 A1 版。

[71] 「兩岸兩會正式簽署『兩岸經濟合作架構協議』與『兩岸智慧財產權保護合作協議』，並就後續協商規劃達成共識（海基會新聞稿）」（2010 年 6 月 29 日），2010 年 9 月 3 日下載，《行政院陸委會》，http://www.mac.gov.tw/ct.asp?xItem=85508&ctNode=6740&mp=111。「第六次『江陳會談』順利完成，有效保障個人健康權益（陸委會新聞稿）」（2010 年 12 月 22 日），2010 年 12 月 25 日下載，《行政院陸委會》，http://www.mac.gov.tw/ct.asp?xItem=91352&ctNode=6839&mp=113。

[72] See s.v. "integration"，last visited Sep., 3, 2010,《Vikepedia》，http://en.wikipedia.org/wiki/Integration。

　　這種發現，或可推論制度認同的轉變，除法律上有形的轉變外，領導階層意念的轉變，並依據其主觀意念推動的各類政策轉變，亦可能形成制度認同的轉變。如 2008 年國民黨再度執政後，雖未進行法律或憲法的修訂，但卻落實原本既有的兩岸兩會制度性協商而簽訂多項協議，讓兩岸在政治議題上日漸緩和，在經濟事務上日趨緊密，又因兩岸日漸緊密的關係，進一步促成兩岸各類更緊密法令的制訂（如陸生三法的制訂、ECFA 的簽訂等等），在事實上造成兩岸聯合防制臺獨的效果。

　　若將臺灣人民的國家認同上推至日據時代皇民化運動，臺灣民眾在日本殖民政府的教育與教化影響下逐步走向對日本的效忠，在經過二戰結束，臺灣歸還中華民國，又經歷臺灣本土化運動，再到 2008 年國民黨再度執政，使臺灣民眾的國家認同轉變，將呈現如圖 2-4 現象：

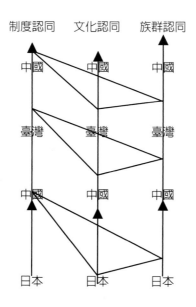

圖 2-4　近代臺灣國家認同轉變圖像

資料來源：作者自行製作

　　雖然外國學者梅麗莎（Mellissa J. Brown）曾在對臺灣原住民平埔族研究中，提出族群認同並不隨文化認同轉變，甚或說，文化認同轉變與族群認同轉變沒有強烈關係的論證，更認為文化認同與族群認同可以切割，[73]但卻又在研究中發現，平埔族人在族群認同改變成為漢（閩南）人認同後，才改變其宗教認同。[74]梅麗莎對於認同轉變的論證中，所謂文化認同與族群認同可以切割的論述，顯然是平埔族人在僅吸收漢族的文化形式，卻仍保有其平埔族認同的狀況下，當然顯現文化與族群認同可以切割，如：族人由以女性為中心的招贅婚形式，轉變成為如漢人以男性為中心的嫁娶婚形式，但在初期卻未轉變其本身平埔族人的認同等。更何況其調查也發現，在族群認同改變後，才將屬於文化認同一環的宗教認同改變，顯示，族群認同先於文化認同轉變的特性。而眾所周知且常被學術界引用的 Benedict Anderson 民族起於想像（imagined political community）論點，也可衍生成族群的改變只要轉變族人的想像即可達成，而不是其文化形態，顯然在特定氛圍中改變其族群想像，要比改變其文化內涵容易得多。梅麗莎在後續的研究中也發現，平埔族人漢化的過程中，亦有長期（long route）與短期（short route）的區別；短期的認同轉變，重在宣示或官方登記成為漢人的形式，長期的認同轉變則是在短期轉變後帶動的文化型態轉變。[75]這種論述，更可由 1990 年中期後，因臺灣原住民運動的興起，而逐漸回復平埔族認同，但其生活形態卻仍停留在漢（閩南）人形式獲得印證。[76]梅麗莎更認為此種轉變係因 1986 年臺灣政治自由化所引起的結果，[77]且認為在平埔族後人勇於承認自己具有原住民血統，不再擔心遭受漢人歧視後，雖在生活型態與文化都尚停留在漢（閩南）人方式，是否能變回原住民方式都未可知的情況下，族人已對平埔族

---

[73] Brown, *Is Taiwan Chinese ?*, p. 94.
[74] Brown, *Is Taiwan Chinese ?*, p. 111.
[75] Brown, *Is Taiwan Chinese ?*, pp. 163-164.
[76] Brown, *Is Taiwan Chinese ?*, p. 127.
[77] Brown, *Is Taiwan Chinese ?*, p. 130.

認同逐漸增加。[78]由這些觀點，可加深前述制度認同快於族群認同的轉變，族群認同又快於文化認同轉變的合理性與正確性。

　　台灣在 2008 年後，因制度認同停止向獨立一端移動，甚至轉變成認同一個中國，使得兩岸關係也隨著改變，成為國家認同改變後最顯著的現象。

第二節　制度認同的拉動與純化

　　制度認同轉變後會拉動族群認同與文化認同跟隨轉變，同時在政治因素的要求下，又會要求 3 種認同不斷純化（purify）其過程與機轉值得詳細討論，以明瞭兩岸關係轉變的真實狀況。

　　理論上，國家認同的一致必先於民主化的發生，但是臺灣在 1987（1986 年 9 月 28 日民進黨成立）年開始，因兩大陣營對國家認同的爭論，使臺灣與其他國家在同一國家認同下爭論民主化狀況不同，而面臨了民主化與國家認同尖銳對立的窘境，也造成當前臺灣最大的問題。[79]

　　對於國家認同的討論，西方的學者認為其面向太多，但最基本的國家認同需求，必須具有：[80]

　　一、一個歷史的領土或國家（homeland）。

　　二、共同的神話或歷史的記憶。

　　三、共同的大眾文化。

　　四、共同擔負的法律權利與義務。

　　五、休戚與共的經濟利益。

　　這種以一個民族作為一個國家基礎的論述，屬於民族主義的國家認同範疇，甚至有研究將民族主義國家認同歸納為二個條件，分別是：

[78] Brown, *Is Taiwan Chinese？*, pp. 127-128.

[79] Alan M.Wachman, *Taiwan-National Identity and Democratization*（New York：An East Gate Book, 1994）, pp. 4, 6。

[80] Anthony D. Smith, *National Identity*（Las Vegas：University of Nevada, 1991）, p. 14.

對同一群體的忠誠及同一群體與主權領域的相互結合。[81]但以美國的
國家認同為例，美國國家認同的形成，與傳統國家認同因子卻極不相
同：第一，美國沒有共同的宗教。第二，美國人沒有一個祖先自無法
記憶的世代以來就辛苦耕耘、並且埋葬於斯的歷史領土。第三，美國
沒有特有的文化和精神元素，而僅有與母國——英國牢牢綁在一起的
語言、文化、法律和文學，其追求獨立的合理化基礎，竟然是為了成
就英國的憲政精神。但美國國家認同無疑是成功的，其中的奧秘是因
為美國的民主體制的驕傲。[82]在多元族群的新加坡，其國家認同與美
國相近似，也是依據人民對於國家政治體制的認同，達成對於國家認
同的目的。

　　若依新加坡及美國的制度認同狀態推論，國家建構時所揭櫫的理
想與建國目標，就成了國家認同中「制度認同」此一環節最重要的因
素。依此角度來看，人民認同或不認同一個國家的制度，是依據該制
度是否被人民所接受所認可為基礎，若該制度不被人民接受、認可，
並轉化成強烈的支持，則國家的認同程度自然減弱，這種以人民自由
意志為制度認同基礎的情況，就是「自由主義」所最標榜的情境。

　　雖然有論者認為，民族主義關心的是以民族利益為出發點，主張
為追求民族的自主尊嚴，個別成員應約束自己的意志以完成大我，而
自由主義則尊重個體自主性為第一原則，強調政治社會不能任意侵犯
個人享有的種種權利，但近年卻也興起民族主義與自由主義相互結合
的傾向；[83]甚至有學者在研究中國大陸的政治議題中，支持大陸的民
族主義者為追求中國的富強甚至比其他各種理論支持者都強烈支持中
國大陸民主化的論點；[84]從另一角度看，亦有學者主張，自19世紀以

---

[81] Martha L. Cottam and Richard W. Cottam, *Nationalism ＆ Politics*, p. 17.

[82] 吳乃德，「自由主義和族群認同：搜尋臺灣民族主義的意識型態」，徐火
炎編，**臺灣族群政治專題（臺灣政治學刊創刊號）**（臺北：月旦，1996），
頁24。

[83] 江宜樺，**自由主義、民族主義與國家認同**，頁53～56。

[84] Christopher R. Hughes, *Chinese Nationalism in the Global Era*（New York:
Routledge, 2006），p. 113.

來，諸多證據顯示，個人的完全自由與自我實現，可透過民族的復興而獲得，[85]因此，民族主義與自由主義似亦並非相互排斥而可相容。

國家認同中既有以民族主義為基礎的論述，以民族與文化的與生具來與堅定立場，做為國家認同的基礎；也必須要有依據自由主義為基礎的論述，以個人私利為出發點，建構足夠防衛他人侵犯的憲政機制的立場，做為國家認同論述的基礎，且依這種立場可以變動的觀點看，國家認同不僅在論述基礎上，且可在特定的時空背景下進行改變，而這種改變就自然牽涉到兩個問題：

一、如何發動改變？

學者古祿（Raymond Grew）認為國家認同的內涵，其面向很廣，其中不僅是國家領域的確定，更牽涉到政治與社會歷史的建構，也包含對民眾表達需求、強化某些行為並排除某些行為、發展經濟、文化傳承等等。[86]這種強化或排除人民某些特定行為，當以國家發展的展望為標準，國家所欲發展者，當然希望人民強化，而國家所不欲發展的方向，當然希望人民的行為不被強化，甚至希望其弱化，所以，國家認同已儼然成為當政者追求某些政治目的的工具。

二、改變的目標為何？

顯然，不論是蔣氏父子時代，以統一做為國家認同中未來發展方向的企圖，或李登輝、陳水扁時代，以臺灣獨立做為國家認同中未來發展方向的企圖，都希望以政治教化的力量，「拉動」國家認同朝統一或獨立方向前進，而轉變的目標當然是「上下一心」、「絕無二意」。到

---

[85] Martha L. Cottam and Richard W. Cottam, *Nationalism ﹠ Politics*, p. 34.

[86] Raymond Grew, "The Construction of National Identity", in Peter Boerner, ed.,*Concepts of Nationalism-An Interdisciplinary Dialogue*(Germany: Auflage, 1986), p. 39.

馬英九政府時期已然停止台獨傾向甚至轉向兩岸終極統一的方向，則在各類政策向一個中國方向挪移時，當然也「拉動」族群與文化認同方向的轉變。

依據前一節之論述，國家認同中的制度認同變化快，族群認同次快，而文化認同變化最慢，形成傾斜性的國家認同「面」，因此，發動改變自然由最容易改變的制度認同下手，改變的目標，則必須配合政治目的方向前進，而發動改變與改變目標的混合，自然衍生出兩個面向：

（一）拉動（Pull）

由可以人為操作、較易變遷的「制度認同改變」作為國家認同改變的切入點，再設法「拉動」文化與族群認同的改變以支持制度認同改變的結果。

古典制度主義學者認為，制度的存在，不僅提供了行為者做出特定思維與行動的平臺，也約制了行為者的表現。[87]雖然新制度主義者對此論述修訂認為，政治領導者在引導民意的能力上，比古典制度主義者所認定的能力更強，[88]但不論新舊制度主義的觀點，都無法否定制度約束與引導人民行為的能力。就如同日本殖民臺灣其間禁止漢人婦女纏足，使臺灣婦女與原本就不纏足的原住民（平埔族）婦女，在外觀上無法區別，最後造成兩族進一步融合，其實質則是認同的改變一般；而此禁制令的推行，促成族群認同改變的力道比漢族與原住民

---

[87] 陳家剛，「全球化時代的新制度主義」，（2007 年 7 月 6 日），2010 年 9 月 13 日下載，《中國選舉與治理》http://www.chinainnovations.org/read.asp?type01=1&type02=3&type03=1&articleid=1169。該文「摘要」中論述「新制度主義分析的實踐意義在於：制度創新、制度變遷是影響社會經濟發展過程人類行為的決定性因素之一，制度建構具有優先性」，凸顯制度決定人類行為的重要因素之一。

[88] James G. March and John P. Olsen, "The New Institutionalism: Organizational Factors in Political Life", *The American Political Science Review*, Vol. 78, No. 3(Sept. 1984), pp. 742, 739.

（平埔族）通婚與文化認同改變的力道還強。[89]其他如清朝改變原住民與漢人的稅率，促使原住民為享受較低稅賦而認同融入漢族的意願也隨之降低等，都具有相同意義。[90]

依據這種觀點，可推論出制度的設定將會使得在此制度下運作的人民，做出符合制度設定精神的反應。因此，以支持臺灣獨立者的立場看，將制度設定為與大陸明確分離，臺灣獨立於中國之外，那麼必然約制臺灣人民的行為，使支持臺灣獨立。相反的，以支持統一者的立場看，若制度設定是將與大陸統一，則也將約制臺灣人民的行為支持與大陸統一。

如前述學者古祿（Raymond Grew）所指稱的，國家認同的內涵多樣，包含發展經濟、對民眾表達需求、強化某些行為並排除某些行為、文化傳承及政治、社會與歷史的建構等等。這些強化或排除某些特定行為，甚或維持或廢止特定文化傳承、政治、社會與歷史建構等的行為，在資源掌握不均的狀況下，掌握政治資源的統治者，自然比較容易依特定目的操縱被治者。因此，這種強化、排除、維持、廢止等作為，就變成了主政者追求某些政治目的的手段。這種現象在臺灣尤其明顯。

陳水扁政府在李登輝政府「獨臺」政策基礎上，於兩千年接任總統後，將中華民國的定位向臺灣獨立更進一步前進，其間又經歷以「分割理論」及「分解理論」解釋兩岸地位的轉折；[91]而仔細分析「分解理論」與「分割理論」在兩岸地位詮釋的運作略呈現如下狀況：[92]

1.「分割理論」

是在國家分割成兩個主權獨立國家時，被分割國家除了主權涵蓋範圍不及於分割出去的國家外，其國際法人資格不變。用在兩岸關係

---

[89] Brown, *Is Taiwan Chinese？*, p. 67.
[90] Brown, *Is Taiwan Chinese？*, p. 49.
[91] 張亞中，**兩岸主權論**，頁 73。
[92] 張亞中，**兩岸主權論**，頁 62～65。

上，就成了中華人民共和國自原來的中國（中華民國）分割出去，並獲得國際法人地位，而原來的中國（中華民國）只能將主權限定於臺、彭、金、馬地區。

2.「分解理論」

是指一個國家因戰爭、國際條約或各方協定，分解為兩個或多個主權國家，原有國家的國際人格消失，如一戰後的奧匈帝國消失，分解為奧地利、匈牙利與捷克等主權國家，或是阿拉伯聯邦共和國在1960年分解為埃及與敘利亞兩國，原來的阿拉伯聯邦共和國消失。

用在中國問題上，就是指1949年10月後，兩岸分為兩個國家，原來的中華民國已經消失。

民進黨對於兩岸關係基本態度絕不會是國民黨兩蔣時代所主張的，以「一個中國」為思維主軸，相互否定對方的國際法人資格的「內戰理論」（因內戰分裂一方指對方為叛亂團體，己方為合法團體）、「同一性理論」（指被分裂與分裂雙方「同一」，具有完整的國際法人地位）或「完全同一理論」（分裂雙方稱自己的主權涵蓋對方），[93]而是根本否定中國大陸與臺灣有任何瓜葛，做為兩岸思維及施政的主軸。其基本態度是：[94]

(1) 以「分割理論」作為基礎，即承認中華人民共和國，自1949年起自中國（中華民國）分割，並存在於中國大陸領土上，是一個主權獨立的國家；相對的臺灣亦在臺、澎、金、馬地區成為一個主權獨立的國家，不論其國名為何，都與中華人民共和國不相干，臺灣也因此無須再宣布獨立。

(2) 就未來而言，民進黨希望以「分解理論」來定位兩岸關係，即1912年成立的中華民國在1949年時即已消失，為中華人民共和國所取代，其殘餘以「外來政權」方式統治臺灣，1952

---

[93] 張亞中，**兩岸主權論**，頁57～60。
[94] 張亞中，**兩岸主權論**，頁73。

年的舊金山對日和約，及 1952 年的中日和約，均未決定臺灣的主權歸屬，因此，臺灣必須成為自己的主人，「一中一臺」（或其他任何相類似名稱）應是兩岸關係的定位。

(3)　在顧及現有政治體制及人民意願下，以「臺灣住民自決」作為統一或獨立的先決條件。

所以，在 2000 年政黨輪替後，民進黨握有巨大行政資源的同時，進一步將臺灣的定位排除在中國影響力之外，以便在「分割理論」的基礎上，進一步推動「分解理論」的實踐，並與中華人民共和國各自取得國際法人對等地位，而支持這種轉變的關鍵，就在於推動國家認同的轉變，讓主流民意支持民進黨政府的選擇。

相對的，在 2008 年因政黨再輪替，不支持臺灣獨立的國民黨再度執政，以馬英九所標榜的「不統、不獨、不武」，甚至加強與中共進行經貿、文化、人員交流，並提倡建立兩岸軍事互信機制與政治談判，則又代表著國民黨再度執政後，面對兩岸僵持，雖不明確表達臺灣將與大陸終極統一，但至少停止持續推動臺灣獨立的運作；或可進一步闡釋是由「分解理論」回溯至「分割理論」階段，作為處理兩岸關係的理論基礎。

不論兩蔣、李登輝、陳水扁或馬英九各政府的作為如何改變，其中以政治力改變，做為「拉動」國家認同改變的動力，都極為明顯。

（二）純化（Purify）

依據特定的政治目的，主政者不斷透過各種作為，將制度、族群與文化認同往該目標方向純化。

顯然，不論是將日本化的臺灣再中國化的蔣介石，或是延續收復大陸失土政策的蔣經國，還是以推動本土化落實獨臺的李登輝，亦或是明確主張臺灣必須獨立的陳水扁，在施政的現實舉措中，都毫不遮掩的先以制度設定國家認同的位階與指標，再以政治力量教化全民，意圖「拉動」文化與族群認同轉向，以支持渠等為特定政治目的而持有的制度設定，讓全體臺灣住民透過制度、族群與

文化的認同轉變，使整體的國家認同朝統一或獨立方向前進，而全民「上下一心」、「絕無二意」、「純淨」的支持特定的國家認同方向，就是這幾階段領導人所設定國家認同的總目標，這種不斷統一全國意志向特定政治目的前進的過程，基本上就是國家認同「純化」的過程。

在臺灣統獨爭辯激烈的環境中，依據這種「純化」的概念來看待國家認同的發展，臺灣內部自然會有因主政者不同，而向統或獨方向純化，但因統、獨的任何一方，都無法完全消滅另一方，因此，這種競爭至今勝負未定。

以支持臺灣獨立的立場看，國家認同的發展，不論族群認同，文化認同及制度認同的任何一個領域中，都期望臺灣全體住民朝向臺灣與大陸完全沒有關係的方向純化；以支持兩岸統一立場看，則期望兩岸在制度、文化、族群上都與大陸逐漸合併，最終讓兩岸成為一個國家；兩種過程，對於族群、文化與制度的「純化」發展，可以檢視如下：

1.族群認同的純化

支持臺灣獨立者，期望臺灣族群的認同，能擺脫中華民族的牽絆，使臺灣住民成為「臺灣民族」，更期望透過民族植基於想像（imagined political community）的理論途徑，[95]讓臺灣民族與世界其他民族做出分隔，尤其是與在大陸的「中華民族」分庭抗禮，使臺獨的力量因為族群認同的純淨而壯大，更希望以單一的「臺灣民族」建立獨立的臺灣國（或其他任何名稱），以強化國家的能力。

而支持統一者則希望所有臺灣住民都認為自己是中華民族，並在兩岸同是中華民族認同上，穩固與大陸早日統一的基礎，這個過程則是盡力排除任何否定臺灣住民是中華民族一份子的雜音，這種

---

[95] Benedict Anderson, *Imagined Communities: Reflection on the Origin and Spread of Nationalism* （London: Verso, 1991）, pp. 5～6.

純化臺灣住民為中華民族一份子的目標，是支持統一者所戮力追求的。

有關民族的純化與國家能力的關係，國外學者 Martha L. Cottam 與 Richard W. Cottam 的研究曾加以證明：

表 2-2　民族國家與非民族國家的控制與能力比較表

態樣	民族國家	非民族國家
價值觀	民族主義者價值觀：獨立、團結、聲望、全民、福利	對各自認同的初級團體（primary group）福利熱中
內部的挑戰：沒有危機	普通而正常的控制；功利的控制	普通而正常的控制；功利的控制
內部的挑戰：有危機	普通而積極的控制；具民族主義象徵者可有效操做	高壓；特殊認同等同威脅；具（民族）象徵性的操作沒有效果
外部的挑戰	國家的能力高：決策自由度高；自發動員；奉獻犧牲；同仇敵愾	國家的能力低：決策自由度低；靠高壓手段動員；無法向仇敵愾；內部團體有與敵人私通之虞

資料來源：Martha L. Cottam and Richard W. Cottam, *Nationalism & Politics: The Political Behavior of Nation States* (Colorado: Lynne Rienner, 2001), p. 159

依據表 2-2 顯示，愈是單一的民族所成立的國家，其國家凝聚力愈強。運用於兩岸關係上，則表示若「臺灣民族」認同純化至足以與「中華民族」認同對抗，則台灣獨立的基礎將更為穩固；反之，若兩岸同樣趨近於中華民族認同，則兩岸分離就顯不易。

2.文化認同的純化

對於民族的研究有「每日公民投票」（a daily plebiscite）以維繫民族存在與昌盛的說法，主張民族是依靠該民族文化，才使得該民族的組成份子，猶如進行每日公民投票般的認可繼續團聚組成民族。[96]

---

[96] Ross Poole , *Nation and Identity*（New York: Routledge, 1999）, p. 35.

以支持臺灣獨立者的觀點看，文化認同最後發展成「僅對臺灣文化認同」，希望達成：「確認臺灣文化的主體性」及「文化決定政治」使臺灣獨立於中國之外的目標。[97]

以支持兩岸統一者的立場看，則期望臺灣文化充其量只是比大陸文化多加一層國際化的色彩而已，[98]希望現行臺灣文化，能愈與傳統中國的文化契合，使愈有助於推動兩岸的統一。

統獨雙方，各自期望以文化認同的純化，及依此純化結果所引起的「每日公民投票」來鞏固中華民族或臺灣民族的認同。

顯然，在3個認同環節中的國家認同變革，統、獨雙方的主政者都希望，以統一或獨立的制度安排，來約制、影響、主導、拉動臺灣人民在族群、文化的認知與行為，不斷朝統或獨方向「純化」，才足以使國家認同愈趨穩定。這種相互意圖朝不同方向的「純化」卻因相互拉扯而無法全部變革完成的情況，也形成了臺灣國家認同的混亂或「不純」的局面。這種混亂或「不純」的局面，正是當前臺灣國家認同的寫照。

在臺灣國家認同中，可以發現，文化認同的純度不易推動，尤其是在全球化的浪潮中，文化的相互滲透更是司空見慣，不論統獨方向的文化認同純化都相對不易獲得成果。而族群認同的變化，臺灣確實在過去李登輝、陳水扁主政期間，不斷朝此方向前進，在2008年國民黨再度執政後，或許會有不同結果的呈現。若往後，主張臺獨者再主政，其趨勢必將是持續往兩岸文化認同不相隸屬方向加快「純化」；反之，若往後由主張統一者執政，必會利用行政力量，反方向「純化」臺灣人民為中華民族認同，這種趨勢可以被大膽的預測。

---

[97] 劉文斌，**國家認同變遷下的兩岸關係**，頁324。
[98] 請參閱：「臺灣的故事──文化篇：在中與西、傳統與現代之間」，2008年1月17日下載，http://www.gio.gov.tw/info/taiwan-story/culture/down/3-3.htm。在蔣氏父子時代甚且為因應中國大陸的文化大革命，還由政府大陸推動中華文化復興運動，將確保中華文化的重責視為己任。

在臺灣國家認同中的文化與族群層面純化不足,而相互拉扯與爭鬥的情況下,目前也唯有共同反對中共統治的制度認同面,才足以維繫基本的國家認同於不墜。李登輝與陳水扁政府時代大力推動正名制憲、廢除國統綱領與主張兩岸終極目標是統一之聲浪相互抗衡未歇,[99]也代表著在相對穩定的制度認同中早有「不純」的因素,如何將最易表現與觀察的制度認同以「純化」(不論統獨)的方式呈現讓全民認同,並拉動族群與文化認同的跟隨,將是主政者所最在意之處。換言之,當為滿足政治需求,而在制度認同上進行國家認同拉動時,就會讓「族群認同」與「文化認同」跟隨「制度認同」的方向前進,就臺灣當前局勢而言,當政治上認為制度認同必須朝臺灣獨立方向前進時,其他兩個認同必然會逐步配合移動並逐步純化;反之,若朝統一方向拉動時,其他兩種認同也會朝統一方向移動並純化,在可見的未來,臺灣國家認同的發展與變遷,就是以這種形式擺盪呈現。

國家認同中的「純化」與「拉動」概念,十足令人印象深刻。

第三節 兩岸關係起伏

兩岸交流熱絡的情況,不論在民進黨執政或 2008 年國民黨再度執政後,都呈現不斷增長趨勢。若再往前追溯,中共對臺加強交流的意願始終不絕如縷,雖然在兩蔣時期因意識型態的堅持,而拒絕與中共往來形成兩岸交流的中斷,在蔣經國執政後期開始逐步開放與大陸進行交流,使兩岸關係改善,後經李登輝及陳水扁時期以「戒急用忍」甚至宣揚臺灣獨立為政策主軸,使兩岸關係降至冰點,後又經馬英九政府時期再度恢復交往,且其盛況已超越前面任何一個時期。若將對對方工作指導性文件依發布時間接近性並列排比,可發現其中的針鋒相對與相互唱和如下:

---

[99] 前總統李登輝不斷強調正名制憲,前總統陳水扁則於二〇〇六年春節表示認真考慮廢除國統綱領與國統會,國民黨主席馬英九於二〇〇六年初,也公開表示國民黨的終極目標是兩岸統一。

表 2-3 兩岸對對岸綱領性文件重要內容比較表

中共		臺灣	
文件名稱與發表時間	重要內容	文件名稱與發表時間	重要內容
1979 年《告臺灣同胞書》	一、儘快結束目前分裂局面。實現祖國統一。 二、在解決統一問題時尊重臺灣現狀和臺灣各界人士的意見，採取合情合理的政策和辦法，不使臺灣人民蒙受損失。 三、寄希望於一千七百萬臺灣人民，也寄希望於臺灣當局。 四、停止對金門等島嶼的炮擊。 五、雙方儘快實現通航通郵，以利雙方同胞直接接觸，互通訊息，探親訪友，旅遊參觀，進行學術文化體育工藝觀摩。 六、相互之間應當發展貿易，互通有無，進行經濟交流。	1979 年三不政策	1979 年，美國與中華人民共和國正式建立外交關係後，蔣經國主政的中華民國政府對中華人民共和國採取不接觸、不談判、不妥協的三不政策。
1981 年《有關和平統一臺灣的九條方針政策》（葉九條）	一、中國國民黨與中國共產黨兩黨可以對等談判； 二、雙方在通郵、通商、通航、探親、旅遊及開展學術、文化、體育交流達成協議； 三、統一後的臺灣可保留軍隊，作為特別行政區，享有特別自治權； 四、臺灣社會、經濟制度、	1982 年成立「三民主義統一中國大同盟」	蔣經國為回應中共 1979 年葉劍英發表《告臺灣同胞書》等作為後的反制作為，先於 1980 年 6 月提出用「三民主義統一中國」的主張，其後，此一主張並成為中國國民黨第十二次全國代表大會的政治綱領，至於三民主義統一中國大同盟則是此一主張在社會上的具體落實。

	生活方式與同其他外國的經濟、文化關係不變；私人財產、房屋、土地、企業所有權、合法繼承權和外國投資不受侵犯； 五、臺灣政界領袖可擔任全國性政治機構領導，參與國家管理； 六、臺灣地方財政有困難時，可由中央政府酌予補助； 七、臺灣人民願回大陸定居者，保證妥善安排、來去自如、不受歧視； 八、歡迎臺灣工商界人士到大陸投資，保證合法權益與利潤； 九、歡迎臺灣各界人士與團體，提供統一的建議，共商國是。		
1982 年「一國兩制」	鄧小平：「一國兩家，兩種制度」，兩制是可以被允許的，他們不要破壞大陸的制度，我們也不要破壞他那個制度。		
1983 年「鄧六條」	一、臺灣問題的核心是祖國統一。和平統一已成為國共兩黨的共同語言。 二、制度可以不同，但在國際上代表中國的，只能是中華人民共和國。 三、不贊成臺灣「完全自治」的提法，「完全自治」就是「兩個中國」，而不是一個中國。自治不		

	能沒有限度，不能損害統一的國家的利益。 四、祖國統一後，臺灣特別行政區可以實行同大陸不同的制度，可以有其他省、市、自治區所沒有而為自己所獨有的某些權力。司法獨立，終審權不須到北京。臺灣還可以有自己的軍隊，只是不能構成對大陸的威脅。大陸不派人駐臺，不僅軍隊不去，行政人員也不去。臺灣的黨、政、軍等系統都由臺灣自己來管。中央政府還要給臺灣留出名額。 五、和平統一不是大陸把臺灣吃掉，當然也不能是臺灣把大陸吃掉，所謂「三民主義統一中國」不現實。 六、要實現統一，就要有個適當方式。建議舉行兩黨平等會談，實行國共第三次合作，而不提中央與地方談判。雙方達成協定後可以正式宣布，但萬萬不可讓外國插手，那樣只能意味著中國還未獨立，後患無窮。		
1995《為促進祖國統一大業的完成而	一、堅持一個中國原則。 二、對於臺灣同外國發展民間性經濟文化關係，我們不持異議。但是，反	1996年9月14日，前總統李登輝宣示	1996年8月14日，前總統李登輝在國民大會答覆國大代表國是建言時稱「以中國大陸為腹地建設亞太營運中

| 繼續奮鬥》（江八點） | 對臺灣以搞「兩個中國」、「一中一臺」為目的的所謂「擴大國際生存空間」的活動。

三、進行海峽兩岸和平統一談判。在一個中國的前提下，什麼問題都可以談，包括臺灣當局關心的各種問題。

四、努力實現和平統一，中國人不打中國人。

五、要大力發展兩岸經濟交流與合作，以利於兩岸經濟共同繁榮，造福整個中華民族。應當採取實際步驟加速實現直接「三通」，促進兩岸事務性商談。

六、中華文化始終是維繫全體中國人的精神紐帶，也是實現和平統一的一個重要基礎。兩岸同胞要共同繼承和發揚中華文化的優秀傳統。

七、臺灣同胞不論是臺灣省籍，還是其他省籍，都是中國人，都是骨肉同胞、手足兄弟。我們歡迎臺灣各黨派、各界人士，同我們交換有關兩岸關係與和平統一的意見，也歡迎他們前來參觀、訪問。

八、我們歡迎臺灣當局的領導人以適當身分前來訪問；我們也願意接受臺 | 對大陸投資必需「戒急用忍」 | 心的論調必須加以檢討」。同年 9 月 14 日，李登輝即提出「戒急用忍」主張，之後並明確界定：「高科技、五千萬美金以上、基礎建設」三種投資應對大陸「戒急用忍」，以免臺灣喪失研發優勢以及資金過度失血。 |

	灣方面的邀請前往臺灣。中國人的事我們自己辦，不需要藉助任何國際場合。		
		1999 特殊兩國論，或稱「兩國論」	1999 年 7 月 9 日下午，前總統李登輝接受德國之聲專訪時，表示臺灣與中國大陸之關係，在 1991 年修憲之後，臺灣和中國大陸的關係早就已經是「國家與國家」，或「至少是特殊的國（state）與國（state）的關係」，而非「一合法政府、一叛亂政府」，或「一中央政府、一地方政府」的「一個中國」內部關係。
		2002年8月2日提出「一邊一國」	2002 年 8 月 2 日，前總統陳水扁於在日本東京舉行的世界臺灣同鄉會第二十九屆年會上，透過視訊會議發言向與會人士提出，指兩岸是一邊一國。
2008 年 12 月 31 日《攜手推動兩岸關係和平發展、同心實現中華民族偉大復興》（胡六點）	一、恪守一個中國，增進政治互信。維護國家主權和領土完整是國家核心利益。世界上只有一個中國，中國主權和領土完整不容分割。 二、推進經濟合作，促進共同發展。兩岸可以為此簽定綜合性經濟合作協定，建立具有兩岸特色的經濟合作機制，以最大限度實現優勢互補、互惠互利。 三、弘揚中華文化，加強精神紐帶。中華文化源遠	2008年5月 20 日宣示「不統、不獨、不武」政策	2008 年 5 月 20 日，馬英九總統就職演說中強調兩岸必須在不統、不獨、不武狀況下進行交流。

| | 流長、瑰麗燦爛，是兩岸同胞共同的寶貴財富，是維繫兩岸同胞民族感情的重要紐帶。
四、加強人員往來，擴大各界交流。我們將繼續推動國共兩黨交流對話，共同落實「兩岸和平發展共同願景」。我們希望民進黨認清時勢，停止「臺獨」分裂活動，不要再與全民族的共同意願背道而馳。只要民進黨改變「臺獨」分裂立場，我們願意作出正面回應。
五、維護國家主權，協商涉外事務。對於臺灣同外國開展民間性經濟文化往來的前景，可以視需要進一步協商。對於臺灣參與國際組織活動問題，在不造成「兩個中國」、「一中一臺」的前提下，可以通過兩岸務實協商作出合情合理安排。
六、結束敵對狀態，達成和平協議。 | |

資料來源：作者自行整理製作

　　中共對臺綱領性文件的內容呈現如下特性：
　　一、兩岸統一與一國兩制的精神貫穿所有文件。[100]

---

[100] 1979 年《告臺灣同胞書》中提出「解決統一問題時尊重臺灣現狀」，1981 年《有關和平統一臺灣的九條方針政策》（葉九條）中提出「統一後的臺灣可保留軍隊，作為特別行政區，享有特別自治權」，1982 年「一國兩制」明確

二、加強各類交流的精神貫穿所有文件。

三、以中共為核心、臺灣為附屬心態貫穿所有文件。

其中 1979 年的《告臺灣同胞書》是中共改革開放後，將其政策重心轉移至經濟建設，以全力提升綜合國力的議題之後，對臺的第一個重要綱領性文件。因中共改革開放、提升國力的環境未變，以致其後的數個重要對臺文件，也以《告臺灣同胞書》為基調，並呼應當時時空環境做出對臺的政策指示，前後相互比較，發現中共連串的重要對臺綱領性文件，都有其連貫性與不變性，但在面對臺灣對大陸政策綱領性文件變化後，形構不同時期的兩岸關係。雖然中共各重要綱領性文件具有前後貫穿的精神，但中共對臺政策的轉變，也因時空的不同而做出些許的調整，若以最早的《告臺灣同胞書》，與最近的「胡六點」所強調的一、一中原則是兩岸政治互信基石；二、兩岸可以簽定綜合性經濟合作協定；三、加強兩岸文化教育交流；四、繼續推動國共兩黨交流，只要民進黨改變臺獨立場，大陸願做出正面回應；五、避免涉外事務不必要內耗，臺灣參與國際組織活動可協商；六、兩岸可探討未統一情況下政治關係，也可探討建立軍事互信機制。[101]相互比較，就發現其間明顯的轉折，「胡六點」尤其延伸出許多回應現勢的內容，包含：

一、具體回應臺灣主政者的要求，同意簽訂兩岸綜合性經濟合作協議。

二、回應臺灣政局的變遷，加入與民進黨對談的呼籲。

三、回應臺灣主政者的呼籲，同意與臺灣協商臺灣的國際活動空間問題。

提出，1983 年「鄧六條」提出「臺灣特別行政區可以實行同大陸不同的制度」，1995《為促進祖國統一大業的完成而繼續奮鬥》（江八點）中提出「一、堅持一個中國原則。二、對於臺灣同外國發展民間性經濟文化關係，我們不持異議」等，是一國兩制精神的表現或直接表達「一國兩制」的政策，「胡六點」雖未言明一國兩制，但胡錦濤於 2009 年 10 月 1 日中共建政 60 週年典禮致詞，及 2009 年 12 月 31 日新年賀詞中，仍對港澳提出一國兩制訴求。

101 胡錦濤，「攜手推動兩岸關係和平發展　同心實現中華民族偉大復興——在紀念《告臺灣同胞書》發表 30 周年座談會上的講話」（2009 年 1 月 1 日），2010 年 5 月 3 日下載，《人民網》，http://politics.people.com.cn/GB/1024/ 8611414.html。

四、回應臺灣主政者的要求，同意兩岸結束敵對狀態，達成和平協議的簽訂。

由「胡六點」一面保有中共對臺政策的一貫精神，一面回應當前時空環境的變化發現，中共對臺政策愈來愈務實，愈來愈具有可操作性的傾向，更是將過去對臺的政治性喊話轉變成具體可行的政策，也使中共對臺政策的企求更為明確。

依據「胡六點」所提建議，其中第二點，已於 2010 年 6 月兩岸簽署「兩岸經濟合作架構協議（ECFA）」達成，[102]第一、三、四點則在 2008 年國民黨再度在臺灣執政後持續累積中，第五點在臺灣順利加入世界衛生大會（WHA）為觀察員後也已實現，[103]並可能持續擴張，第六點因涉及高度政治意涵，故尚待突破。顯然大陸方面對兩岸關係的做法，當前著重在「先經濟、後政治」，要求「擱置爭議」、「求同存異」、「共創雙贏」，「胡六點」不僅單純的總結現階段兩岸問題，更提出兩岸中長期的願景。

當前中共對臺政策仍無法跳脫鄧小平所設定的架構，成了第四代領導人還在服膺「故人政策」（dead man's policy）的狀態，無法創新，也使兩岸的僵局無法有效化解。[104]這種服膺「故人政策」的特性，至今長存於中共領導階層中，依據中共鬥爭歷史經驗，其歷屆領導人毛澤東、鄧小平、江澤民等未被政治鬥爭犧牲者所提出的重要政策，多被後繼者推崇為重要的政策依據或參考，不僅使政策得以延續，更是繼承者向世人宣示繼承正朔，獲取統治合法性的重要根據，因此「胡六點」不僅目前具有傳承中共歷屆領導人對臺「統一」思維，更具有對胡錦濤之後的統治者約束，且必須遵循的綱領意義。因此，「胡六點」成為中共官方對臺政策的重要指導性文件之地位，將難以於短期之內動搖。

在中共對臺政策前後一貫的特性下，臺灣對大陸政策卻發現如下特點：一、兩蔣（尤其是到蔣經國主政前半段）與大陸由漢賊不兩立

---

[102] 2010 年 6 月 29 日經第五次江陳會簽訂。

[103] 2009 年 4 月 30 日臺灣以「中華臺北」名稱加入 WHA。

[104] Richard C. Bush, *Untying the Knot* (Washington D.C.: The Brookings Institution Press, 2005), p. 198.

的爭鬥，到蔣經國以三民主義統一中國的緩和。二、到李登輝後期轉
向「兩國論」及陳水扁的「一邊一國」。三、再到馬英九政府以不統、
不獨、不武緩和兩岸關係。顯見臺灣對大陸政策的起伏不定，兩岸對
對方的政策在馬英九與胡錦濤主政之前，都無法相互契合。

　　隨著時空背景的轉換，當兩岸政策相互契合必然可共創歷史性的
局面似成命定，就在「胡六點」主張兩岸加強交流，馬英九政府也持
續善意回應之下，兩岸都同意「文化大交流、經濟大合作、人員大往
來」，果然形成歷史機遇期，兩岸相互善意政策，使兩岸各類交流日益
密切的趨勢無法避免。

　　若以中共因應臺灣國家認同情勢，以「統戰」作為角度的選擇來
看，兩岸熱絡交流中的大量人員交流，將有助於文化認同與族群認同
的相互滲透、交往與瞭解，進而相互認同，而大量的經貿交流，則與
人員交流可達相輔相成的效果，綜合兩岸經貿與文教交流趨勢，可發
現如下的結果：

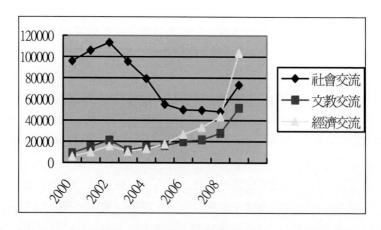

圖 2-5　大陸社會、文教、經濟人員來臺統計圖（2000～2009.2）

資料來源：「自開放以來截至 99 年 2 月兩岸交流統計表」，2010 年 5 月 5 日
　　　　　下載，《行政院陸委會》，http://www.mac.gov.tw/big5/statistic/ass_lp/
　　　　　0a/9902/4.pdf。

　　依據圖 2-5 的數據顯示，2000 年臺灣雖然發生政黨輪替，由主張
臺灣獨立的民進黨執政，但兩岸交流依然呈現日漸熱絡的現象。社會
交流人員，由 2000 年的九萬五千多人，上升至 2001 年十萬五千多人
及 2002 年的十一萬三千多人。2002 年 8 月 3 日「一邊一國」提出，
及隨後因 2003 年爆發 SARS 疫情，與兩岸關係的日益緊張，才使交流
人員日漸下降，直至 2008 年 5 月後由國民黨重新執政，使兩岸關係緩
和，大陸來臺進行社會交流人數又再度回升，至 2009 年升至七萬三千
多人。而為文教交流與經濟交流來臺的大陸人員，則呈現逐步上升趨
勢，其中因經濟事務來臺人數，更在 2009 年衝破十萬三千人，兩岸交
流日益密切，似乎難以阻擋。

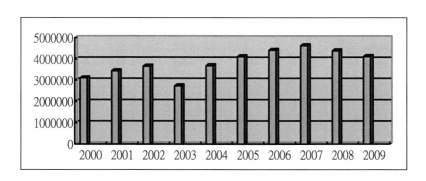

圖 2-6　臺灣地區人民進入大陸人數統計圖（2000～2009）

資料來源：「自開放以來截至 99 年 2 月兩岸交流統計表」，2010 年 5 月 5 日
　　　　　下載，《行政院陸委會》，http://www.mac.gov.tw/big5/statistic/ass_
　　　　　lp/0a/9902/4.pdf。

　　依據圖 2-6 資料顯示，臺灣人民因各種理由赴陸人數，自 2000 年
起迄今，除 2003 年 SARS 疫情影響人數下降至兩百七十餘萬人外，約
略由三百一十萬餘人逐步上升至四百一十萬餘人，[105]臺灣地區赴大陸

---

[105] 「自開放以來截至 99 年 2 月兩岸交流統計表」，2010 年 5 月 5 日下載，《行
　　政院陸委會》，http://www.mac.gov.tw/big5/statistic/ass_lp/0a/9902/4.pdf。

地區的人數顯然比大陸來臺人數要多出許多，且呈現穩定狀態。在兩岸持續交流的熱絡氣氛中，因臺灣預設每日開放陸客 3,000 人來臺觀光，而實際來臺人數，由2009年的60萬至2010年預估將達120萬（2010年 1 至 6 月的大陸來臺旅客總量約為 84 萬人，平均每日來臺觀光人數約 3,400 人，已超過每日 3,000 人的目標配額），2011 年預估達 200 萬人次。[106]但隨著兩岸關係的日益緊密，2010 年 12 月 21 日第 6 次江陳會在臺北舉行時，兩會更達成自 2011 年元月 1 日起，每日開放大陸旅客 4,000 人來臺，並於 2011 年上半年試辦大陸旅客臺灣自由行項目的共識，[107]因此，往後來臺人數將比預估的 200 萬人次更多。大陸地區人民來臺的數量巨幅增加，對促進雙方人民的相互了解，並進一步緩和兩岸的敵對狀況，可被高度期待。

臺海兩岸貿易總額估計，近年來除 2009 年全球金融風暴外，都呈現不斷上升現象：

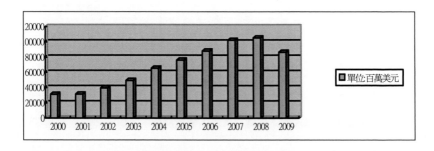

圖 2-7　近年兩岸貿易估計圖

資料來源：「表6兩岸貿易金額之估算」，2010 年 9 月 7 日下載，《行政院大陸委員會》，http://www.mac.gov.tw/public/Attachment/0810946458.pdf。

---

[106] 許高慶，「陸客來臺觀光全面開放後對臺灣的影響分析」（2010 年 9 月 3 日），2010 年9月8日下載，《國家政策研究基金會》，http://www.npf.org.tw/post/3/8040。

[107] 湯斌、陳宥臻，「陸客自由行　明年凸全臺」，中國時報，2010 年 12 月 22 日，第 A1 版。

　　縱使兩岸在文化、經濟領域的交流日益密切，有效化解敵意，但臺灣人民對臺灣民主、自由的政治制度認同高於對大陸極權、專制的政治制度認同是完全可以理解，也可在諸多民意調查資料中獲得證明。更何況，在 1980 年代末期至 1990 年代初期的東歐劇變、大陸天安門事件及蘇聯的瓦解，更代表著共產主義不如資本主義（三民主義），所以臺灣人民更有能力強調臺灣所行的資本主義（三民主義）制度優於大陸的共產主義制度，臺灣的資本主義（三民主義）制度更足以成為臺灣民眾認同的制度，所以臺灣更應與大陸分離，縱使一時不能分離，但至少臺灣也不能被統治於欠缺民主、自由、法制與法治精神的共產主義制度之下。[108]

　　若從兩岸在國際活動空間的競逐領域檢視兩岸關係之嬗替，更能為兩岸關係勾勒出問題的核心，其中以臺灣積極尋求參與國際活動空間與中共的積極抵抗這兩個變數，可呈現如下關係：

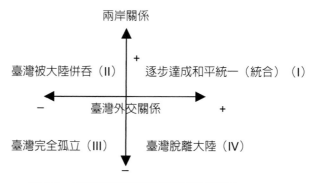

圖 2-8　兩岸關係與臺灣外交關係關聯圖

Data source: In Yung Wei's "Unification or Separation: Assessment of Relations
　　　　　　between the two Chinese Political Systems through the Concept of

---

[108] 「陸委會：高度民意肯定兩岸制度化協商有助於兩岸關係和平穩定」（2010年5月7日），2010年9月8日下載，《行政院陸委會》，http://www.mac.gov.tw/ct.asp?xItem=79399&ctNode=5649&mp=1。行政院陸委會，於 2010 年 5 月 7 日公布的例行性民調，顯示：臺灣主張「廣義維持現狀」的民眾仍占絕大多數（88%），維持相當的穩定性，換言之，與大陸做政治性的統一或獨立，仍不被臺灣多數民意所接受。

Multi-System Nations. ”(Paper delivered at Conference on China's Constitutional Systems, International Affairs Building, Columbia University, April 29, 1994) cited by Wei Yung,“USA - ROC Relations and the Partition of China Parameters and Variables”,in Marie-Luise Näth ed., *The Republic of China on Taiwan in International Politics* (Germany：Peter Lane, 1998), p. 85.

以中共的立場看，當然必須著重在執行第Ⅲ象限讓「臺灣完全孤立」，進而迫使臺灣接受第Ⅱ象限的「臺灣被大陸併吞」，至於第Ⅰ與第Ⅳ象限，則涉及兩岸關係最無法取得相互信任的結果，中共擔心因信任臺灣，讓臺灣爭取國際活動空間，不僅無法使臺灣「回歸」，甚至最終造成臺灣的獨立，臺灣則不信任中共會在封鎖國際活動空間後，仍會給臺灣最好的統一待遇，這種互不信任的惡性循環，是造成兩岸對峙的重要因素。[109]

臺灣不同於西方國家之國家認同先於民主化出現的相對單純狀況，而是面臨民主化與國家認同兩個問題同時出現的窘境，對於國家未來的發展方向更應謹慎處理。既然追求立即統一或獨立的選項，都被主流民意所排除，臺灣主政者實在不需要在國內與國際活動中突顯臺灣獨立的意志，而讓中共不斷的認為臺灣參與國際活動是在追求臺灣獨立，是在意圖實現第 Ⅳ 象限的結果。若模糊臺灣獨立意向，則至少讓中共有機會「忽視」或在不受挑釁的狀況下，認為臺灣在發展國際關係的同時，仍有追求第Ⅰ象限兩岸統一的可能，而減少對臺灣國際活動的打壓，對臺灣的國際活動就有極大的幫助。

依據學者 Wei Yung 的看法，過去美國克林頓政府的對中國大陸的政策，約略可以彙整如下：[110]

---

[109] George W Tsai, “Cross-Strait Relations: Bilateral Strategies and Tactics”, in Martin Edmonds, Chyungly and Greg Mills ed(s), *Preveting Insecurity: Lessons From and For East Asia* (South Africa: The South African Institute of International Affairs press, 2003), p. 75.

[110] Wei Yung,“USA - ROC Relations and the Partition of China Parameters and Variables”,in Marie-Luise Näth ed., *The Republic of China on Taiwan in*

一、吸納中國進入世界體系而不是圍困。

二、持續鼓勵中國大陸開放市場。

三、防止中國大陸散播傳統與核子武器。

四、吸納中國大陸進入 WTO 並要求其遵守國際經貿規則。

五、美國與中國大陸共同防止北韓核武與戰略武器發展。

六、要求中國大陸保護智慧財產。

七、歡迎中共參加太平洋經濟合作理事會（APEC）、東南亞國協
（ASEAN）等地區論壇或地區經濟組織。

這種將中共不斷吸納入國際體系的作為，至今看來似乎沒有改
變，甚至更要求中共在提升國力的同時，應該在國際事務上扮演「負
責任的利害關係者」(responsible stakeholder)。[111]在某種程度上也是在
要求中國大陸必須遵照國際規矩辦事的意思，那麼臺灣問題是應該依
據國際上多數認可的臺灣是中國的一部分的規則辦事，還是依據美國
的臺灣關係法規則辦事？兩強必然又有不同的見解。在此夾縫中，中
華民國或許應該接受 Wei Yung 的看法，就是當中華民國面對中華人民
共和國的壓力時，中華民國應該講求兩岸制度的對抗，而不是兩國的
對抗，以延緩中共對此問題攤牌的時點，讓美國設計的以時間化解兩
岸的差異戰略，更容易獲得應有的成果。[112]而且這種定位兩岸不同制
度對抗，而不是兩國對抗的戰略，將有效化解中共面對臺灣發展外交
關係時，是否在追求獨立的疑懼（如圖 2-8 第IV象限所陳述），疑懼臺
灣會因拓展外交關係而獨立，最後達成「以拖待變」，讓中共的質變使
臺灣更能接受，或許是可被選擇的一個方法。[113]

International Politics(Germany：Peter Lane, 1998), p. 19.

[111] State's Zoellick, *"United States Urges China To Be Responsible World Citizen"*,
（2005/9/25）last visited Sep., 13, 2010,《**Washintob File**》,http://news.findlaw.
com/wash/s/20050922/20050922120813.html。

[112] Yung,"USA - ROC Relations and the Partition of China Parameters and
Variables", p. 79.

[113] Jean-Pierre Cabestan, "Taiwan-Mailand China: Reunification Remain More
Impossible Than Ever", in Marie-Luise Näth ed., *The Republic of China on*

　　兩岸的協商交流，與停止刺激中共及中共停止刺激臺灣，才能發展互信，如此作為，也可協助保有美國對臺海問題的模糊戰略，讓臺灣問題的解決更具彈性。[114]

　　總之，自李登輝至陳水扁政府時代，臺灣的政治領袖要求臺灣民眾認同臺灣「這個國家」，不認同大陸「那個國家」的企圖，[115]使兩岸關係是以兩個國家的對抗為思維依據；而之前的兩蔣時代，政治領袖要求臺灣民眾認同「國民黨統治下的中國」，不認同「共產黨統治下的淪陷區」，那時兩岸則是以「正朔」為競爭的標的；顯然李、陳與兩蔣時代的兩岸競爭，在「質」上有極大的差別。2008年國民黨再度執政後，積極化解兩岸敵對，求同存異追求雙贏，卻又保持各自的獨立政策，兩岸關係不僅放棄了「國家」或「正朔」的競爭，更改以「制度」作為競爭的核心，這些政策的轉變猶如天壤，而這些不同政策也發展出不同的兩岸關係面貌。

Taiwan in International Politics, p. 69.

[114] Nancy Bernkopf Tucker, "Strategic Ambiguity or Strategic Clarify", in Nancy Bernkopf Tucker ed., *Dangerous Strait* (New York: Columbia University press, 2005), p. 210.

[115] 到了陳水扁以總統身分，在2002年8月3日以視訊會議方式，參加在東京舉行的「世界臺灣人同鄉會」時，提出「一邊一國」論，這種企圖更加明顯。

第參章　中共即將民主化？

　　若兩岸關係以制度區別與競爭做為核心，那麼此制度所指為何？

　　兩岸甚或國際學術界與臺灣政壇，都有意無意的抱持著一國經濟發展將造成該國民主化的西方觀點，並以此觀點加諸於中國大陸的政治發展預測上，同時也將此預測作為兩岸關係的規劃依據。因此，連總統馬英九都公開稱，我們在政治上要凸顯民主機制、深化民主，並且要彰顯臺灣的自由，這不僅攸關臺灣的生存發展，也是我們在兩岸交往上的軟實力。[1]馬英九總統的觀點似乎一方面表達臺灣優於大陸的政治制度，一方面卻又表達在臺灣不追求獨立的前提下，可等待中國大陸的政治能因經濟持續發展而進入與臺灣類似的政治發展境況，使兩岸關係獲得進一步的緊密或緩和。也難怪，德國知名歷史學者戈雷博士（Stefan Wolle），於 2010 年 10 月間，接受臺灣媒體專訪時表示，目前兩岸統一條件還不成熟，臺灣人民對大陸的政治體制仍有極大疑慮，並認為大陸正往民主化的道路發展，如大陸採行民主制度，兩岸統一的時程可能會加速。[2]大陸出身的耶魯大學終身教授陳志武，也從金融學的角度認為，在中國大陸持續經濟發展後，要進一步的提升其經濟發展位階，就必須進行制度的改革，並稱，當今世界上決定一國際競爭優勢的已不再是自然資源的多少、土地是否肥沃寬廣，而是取決於制度機制是否有利於市場的發生、使交易成本最低。[3]陳志武也認為只有自由、民

---

[1]　「總統主持 98 年上半年陸海空軍將官晉任布達暨授階典禮」（2008 年 12 月 30 日），2010 年 10 月 5 日下載，《中華民國總統府》，http://www.president. gov.tw/Default.aspx?tabid=131&itemid=14579&rmid=514&sd=2008/12/29&ed=2008/12/30。

[2]　羅印冲，「德學者看兩岸／了解、需要才能消除敵意」，聯合報，2010 年 10 月 3 日，第 A4 版。

[3]　陳志武，沒有中國模式這回事（臺北：八旗文化，2010），頁 156。

主、法治才是國債金融市場的基本條件，公（國）債市場對政府權力的制衡既持續又具體，[4]且全球化的結果，也使人們的政治意識、生活方式以及經濟發展模式趨同。[5]換言之，中國大陸的發展，包含政治發展，為求國強民富，也必然走向西方社會的自由、民主與法治制度。此種論點不僅充分展現前述國內、外對於中共政治發展的預期，更在某種程度上對中共因經濟發展最後被逼迫走上西方式的民主，抱持極度樂觀的態度；這種預期雖與中共當前事實上並沒有朝西方式民主大步前進有極大的差距，但幾乎成為世人對中共政治發展預判的主流，頗不令人意外。

若中共的發展不持續朝西方式民主前進，則兩岸的制度競爭，是否因此臺灣永遠優於大陸？兩岸是否永遠無法以和平方式統一？或大陸的政治發展永遠無法吸引支持臺灣獨立者的青睞？甚至連支持統一者都裹足不前？或說，以中共的政治發展，卻能吸引支持臺灣獨立者的青睞，終至轉變甚或放棄追求臺灣獨立的立場，又或說，臺灣認為中共的制度雖不符合西方民主的標準卻是被不分統獨的臺灣民眾所青睞，而造成兩岸關係的進一步緩和甚或統一，那麼，中共的制度運行，該成何種態樣？具有何種魅力？這些問題頗值得令人深思。

第一節　經濟發展與民主化的壓力

隨著中共的改革開放、逐步與世界接軌、及經濟建設日漸有成，使外界對中共即將逐步進入西方式民主抱有高度期待，但就在中共對外開放、對內改革及經濟建設被世人稱羨的同時，中共領導人亦對外宣稱：社會主義民主與法制不是悖離的。民主、法制、自由、人權、平等、博愛，這不是資本主義所特有的，這是整個世界在漫長的歷史過程中共同形成的文明成果，也是人類共同追求的價值觀。社會主義民主歸根結底是讓人民當家做主，這就需要保證人民的民主選舉、民主決策、民主管理

---

[4]　陳志武，沒有中國模式這回事，頁 200。
[5]　陳志武，沒有中國模式這回事，頁 248。

和民主監督的權利；就是要創造一種條件，讓人民監督和批評政府；就是要在平等、公正和自由的環境下，讓每一個人都得到全面的發展；就是要充分發揮人的創造精神和獨立思維的能力。民主制度同任何真理一樣，都要接受實踐的考驗，任何地區和國家，民主制度的狀況、優劣，都要以實踐為標準，[6]但中共所謂的民主、法制與西方所定義標準是否完全一樣，有待進一步釐清。更何況中共卻也因改革開放的深化，使其統治合法性或認受性（legitimacy）遭受日趨嚴重的挑戰，而中共面對此種挑戰，卻經常選擇以提倡民族主義或愛國主義動員民眾愛國心的方式，轉移國內民眾注意力，掩飾其統治合法性的缺陷。因此有西方輿論認為，當前中共已陷入一方面必須面對全球化（逐步融入世界體系）的挑戰，一方面又要提倡民族主義或愛國主義（強調中國的特殊性）的兩難。如 2005 年，中共有意無意讓一連串民眾抗議日本事件發生，卻一方面又必須仰賴日本的經濟支援以成就中共更好的經濟發展一般。更有學者認為，中共當前領導人繼承毛澤東思想，以愛國心、國家統一、反霸作為其統治合法性的核心，致使其對外政策與內政的一致性愈來愈難。[7]因此，2010 年 9、10 月間，中國大陸因與日本的釣魚臺領土糾紛，引發兩國一連串外交關係緊張，最終引致中國大陸是否將「稀土（rear earth elements）」當成戰略武器，禁止出口至日本問題，引發美國、日本等對「稀土」依賴甚深的先進國家恐慌並企圖反制，使中共對外關係再度緊繃就不足為奇了。

　　中共所面臨外交上必須全球化，內政上必須以民族主義或愛國主義堅固其統治合法性的兩難，是否最終中共將屈服於全球化的壓力，走向西方式的政治變遷道路，成為西方式的民主國家？或因為統治合法性不斷的挑戰，只好不斷的強調民族主義與愛國主義，要求人民為大我犧牲人權、自由、民主等小我，或利用鎮壓等不民主的手段，延續其主

---

[6]　「『皇甫平』解讀溫家寶『社會主義初級階段』說」（2007 年 3 月 18 日），2010 年 9 月 27 日下載，《中國評論新聞網》，http://www.chinareviewnews.com/doc/1003/3/0/4/100330430.html?coluid=7&kindid=0&docid=100330430。

[7]　Christopher R. Hughes, *Chinese Nationalism in the Global Era*（New York: Routledge, 2006），pp. 151-152.

政地位？或因大陸不斷的開放與民主，反而在自由的氛圍中，促成民族主義可肆無忌憚的橫流，終使中共無法維持理性的行為？[8]又或，中共將摸索出當前學理與過去經驗所無法理解的發展路線？至今無所定論。

依據政治學者道爾（Robert A. Dahl）的多元化（Polyarchy）觀點認為，極權政治有創造經濟快速發展的能力，而經濟快速發展後，卻激勵人民進一步要求多元化，多元化將衝擊極權政治的統治。[9]依據道爾的看法，認為自動自發、相互競爭與進取的多元社會，才適合先進的經濟發展，而高層次發展的經濟，將使極權社會架構難以承受，所以共產國家的經濟愈發展，愈危及其單一、集權的政體運作，[10]若以圖形加以表示則如圖3-1：

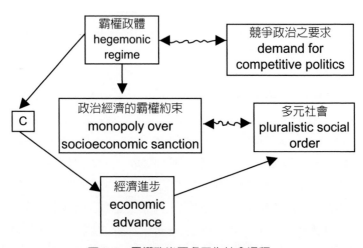

圖 3-1　霸權政治至多元化社會過程

資料來源：1.Robert A. Dahl, Polyarchy（New Haven: Yale University press, 1971），p. 79.
　　　　　2.C 代表原因（cause）
　　　　　3.直線箭頭代表因果關係；曲線箭頭代表衝突關係

[8]　Hughes, *Chinese Nationalism in the Global Era*, p. 56.
[9]　Robert A. Dahl, *Polyarchy* (New Haven: Yale University press, 1971), p. 79
[10]　Dahl, Polyarchy, p. 78.

面對中共 1979 年改革開放以來，經過多年的經濟快速成長，是否將因此走上多元化與民主化？若依據前述圖形的描述，似乎應該如此。但是，對於中共領導一切的專政地位，至今仍無動搖跡象；而另一方面大陸內部因不斷的經濟發展所引起的不斷增長的政治參與壓力下，迫使中共只能以不斷的經濟成長，改善內部人民生活，來換取中共的統治合法地位，且是唯一可用的合法手段。[11]但經驗上，經濟正成長不可能永遠維持，甚至可能因成長過度又處置不當而產生嚴重問題，因此，中共的經濟成長若不伴隨政治的改革，當經濟成長發生預料之外的不良後果（如貧富差距不斷擴大、城鄉差距無法彌平、犯罪率不斷上升、污染無力解決……等等），可能會對現有一黨專制的統治態樣造成重大的衝擊。同時隨著冷戰後期全球意識型態的低落，中國大陸內部也發生對專家政府而非革命政府的需求，[12]換言之，隨著經濟的成長，中國大陸人民所需要的是專家政府的善於規劃甚或變革，而不是革命政府所提倡的革命熱情，以掩蓋因經濟發展所帶來的其他問題，如此走向，將使中共的統治作為發生進一步的改變。

中共改革開放、經濟發展後，創造了大量的私有企業，雖然中共至今仍強調對於公有體制的堅持，但私有化趨勢高漲仍無法避免。[13]依據道爾的說法，認為私有化的增加對於以競爭為本質的民主政治確有幫助，[14]道爾將這種關係以圖形 3-2 加以表示：

---

[11] Bluce Gilley, *China's Democracy Future*(New York: Columbia University, 2004), pp. 21, 37.

[12] Gilley, China's Democracy Future, p. 87.

[13] 夏樂生，「從『國退民進』及『國進民退』現象看大陸民營企業之發展」，**展望與探索**，第 5 卷第 10 期（2007 年 10 月），頁 20～27。另依據中共 2009 年鑑之統計資料顯示，截至 2009 年底，全大陸時有企業 971.46 萬戶（含分支機構），比上年底增加 7.49 萬戶，其中私營企業 657.42 萬戶，比上年增加 54.37 萬戶，增長 9.02%。請參閱：中華人民共和國年鑑社，**中華人民共和國年鑑（2009）**（北京：中華人民共和國年鑑社，2009 年 12 月），頁 452。

[14] William R. Reisinger, "Choices Facing the Builders of a Liberal Democracy", in Robert D. Grey ed., *Democratic Theory and Post-Communist Change* (New Jersey: Prentice Hall, 1997), p. 31.

圖 3-2　私有制與社會多元關係圖

資料來源：Robert A. Dahl, *Polyarchy* （New Haven: Yale University press, 1971）, p. 57.

　　依據圖 3-2 的流程，道爾認為「競爭政治」將引發「多元的社會秩序」、「競爭經濟」及「私有制」等一連串連鎖反應，當爾也認為其連鎖反應，不僅表示由前至後的影響關係，更可翻轉成由後至前的影響關係，即是「私有制」需要「競爭經濟」，「競爭經濟」需要「多元的社會秩序」，而「多元的社會秩序」需要「競爭政治」的配合加以理解。[15]

　　雖然道爾的多元化主張，強調經濟建設的成功，會引發人民對於民主化的要求，但道爾也強調，經濟失敗也可能造成極權政治的復辟，以掌控因經濟失敗所引發的社會秩序混亂。[16]

　　但就當前中共的政治與經濟發展情勢觀察，短期內經濟建設失敗造成社會動盪的可能性不高，但在經濟建設仍持續成功的過程中，共產黨仍保有一黨專政卻是實情。就整體而言，中國共產黨要持續一黨專制將承受極大壓力；部分學者就估算認為，中共現階段縱使每年保持 9%～10%的經濟成長率，也僅能勉強創造出每年約 2,400 萬個新的工作機會，來滿足其內部求職的需要；[17]若無如此高的經濟成長率，中國大陸內部社會的動盪壓力將難以想像，換言之，中共必須以強勁的經濟成長率來滿足普羅大眾維持保有工作、獲得收入、養家活口的需求，並將人民對生活的滿意度，轉換成支持中國共產黨的統治合法

---

[15]　Dahl, *Polyarchy*, p. 57. footnote 9th。
[16]　Dahl, *Polyarchy*, pp. 78～80.
[17]　James Kynge, *China Shakes the World* (New York: Houghton Mifflin Company, 2006), p. 52.

性與政治、社會的穩定，就猶如過去日本自民黨必須不斷以刺激經濟成長來維持統治地位一般。[18]這種態勢，造成中共必須保證經濟持續成長，以維持統治的穩定，但經濟的成長，卻又讓人民的慾望增加，讓社會更多元，卻又危及中共的一黨專制統治；另一個角度更認為，若經濟成長造成社會多元化後，因社會多元成為常態，將形成政府容忍異議行為的成本降低，政府的統治地位就愈安全，不用過度擔心遭異議份子推翻；換言之，因社會多元已經成為常態，則政府鎮壓異議勢力的成本就愈高，對鎮壓異議勢力愈有所顧忌，將使異議勢力有恃無恐而愈敢於對抗政府，不怕被鎮壓；[19]當政府對於異議分子、集團或異議言行的鎮壓成本高於容忍成本時，將使鎮壓異議分子或集團的工作不易推行（或不願推行），更進一步說，愈多元的社會，可能造成政府既無法鎮壓，也不用鎮壓，就能維持國家與政府的正常運行，如此情勢，又促成社會進一步多元，其相互關係可如圖3-3表示：

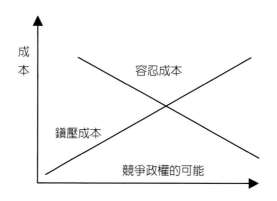

圖3-3　競爭性政權對異議份子的鎮壓成本與容忍成本關係圖

資料來源：Robert A. Dahl, *Polyarchy*（New Haven: Yale University press,1971），p. 16.

---

[18] 蔡增家，**日本轉型**（臺北：五南，2004），頁81～82。
[19] Dahl, *Polyarchy*, pp. 15～16.

　　或許短期內，專制政府與多元社會的增長可以共存，但時間日久可能因進一步多元化使鎮壓不易，此將使異議力量持續不斷增長；因異議力量的增長，又造成鎮壓成本的更高，相互影響的最終結果，就讓鎮壓難以作為持續統治的最佳選項，因此社會的多元化趨勢就難以被限制。

　　在中國大陸的發展歷程中，經濟的改革雖起於鄧小平的主導，是由上而下的推動，但後期卻逐漸變成民間的自主作為，使經濟發展逐漸脫離政府的掌握，[20]形成上下結合，甚至是由下而上的推動過程，而加速了大陸的自由化。依據前述道爾的多元化觀點，經濟發展的結果必然造成多元化，而多元化又與社會的自由化息息相關；就民主化的觀點來看，有法治化不一定帶來民主化，但有自由化就有民主化的希望，[21]那麼因經濟發展所造成的多元化與自由化，就將成為民主化的濫觴；而經濟的進一步發展，又直接衝擊中共一黨專政政治體制，將迫使中共必須深思該拋棄多少毛澤東型態的統治型態、拋棄多少國家社會主義、拋棄多少計劃經濟、准許多少私有化、又必須忍受多久互不相容「社會主義」與「市場經濟」衝突，[22]而不是持續堅持其傳統意識型態與一黨專政，尤其是面對多元的經濟與社會，中共僵化的政治體制已然難以應付的當下，中共政治體系如何適當回應內外的變化，將決定中共目前所強調和平發展的成敗。[23]中共為維持其統治地位，唯有「與時俱進」並「落實科學發展觀」實事求是，吸納民意作為施政的依據，才能讓中共保有更長時間的社會穩定，並進而促成其持續主政狀態。

[20] Kynge, *China Shakes the World*, p. 12.

[21] Gilley, *China's Democracy Future*, p. 6.

[22] Thomas P. Bernstein and Xiaobo Lü, *Taxation without Representation in Contemporary Rural China* (New York: Cambridge University Press, 2003), p. 2.

[23] Zhengxu Wang, "Hybrid Regime and Peaceful Development in China"，in Sujian Guo ed., *China's "Peaceful Rise" in the 21st Century* (Burlington: Ashgate, 2006), p. 117.

　　若以全球化（globalization）的角度看待中共的政治發展，亦發現全球化無可避免的將中共捲入其中；有學者認為全球化的發展趨勢，是自16～19世紀的經濟自由化，意即從命令、限制和地位與階級壟斷中解放出來；發展到19～20世紀的政治民主化，也就是權力分散；再到21世紀的文化普遍化，使抽象的價值和標準達到非常高度普遍性的結果。[24]全球化的路徑更是由經濟、政治向文化方向的統合前進，如圖3-4：

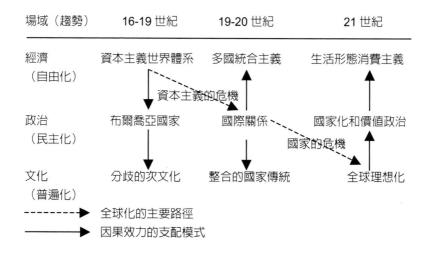

圖3-4　全球化的路徑

資料來源：Malcolm Waters，徐偉傑譯，**全球化**（臺北：弘智，2000），頁253。

　　依此全球化的發展途徑推演，中國大陸將難逃世界潮流所指向的：經濟必須自由、政治必須民主、普遍的抽象價值和標準（如人權、法治等）必須接受的潮流襲擊；雖然有部分大陸的學者仍抱持工人階級推翻資產階級的革命理想，而認為全球化有利於共產黨以工人為基

---

[24] Malcolm Waters，徐偉傑譯，**全球化**（臺北：弘智，2000），頁252。

礎的組織形式，有利於全球化的過程爭取工人革命的成功，[25]但就整個世界發展的趨勢看，以全球工人階級聯合推翻資產階級的主張，似乎離人類發展的目標愈來愈遠；而有更多的大陸學者認為，全球化必然提振「契約」精神，迫使中共未來的政治發展朝向以「契約」為主軸，進而形成與現代市場經濟的內在邏輯和精神相一致的政治構造。[26]因治者與被治者共同遵守「契約」，就可理順國家與社會、政府與市場關係、政黨與政權關係、議（立法機關）行（執行機關）關係及中央與地方關係。[27]為因應全球化，就必須實行法治，建設社會主義法治國家，使民眾廣泛參與、影響與支配立法、真正反應意志和利益的、具有公開性的立法民主化。[28]有部分學者認為，這種說法與西方民主政治的契約關係有所差異但也已相去不遠，[29]甚至有大陸學者更直接認為，在政治意義上而言，全球化在政治上可以說是民主化的同義詞。[30]

　　胡錦濤在十七屆中央委員選出後的第一次全體會議中（2007 年 10月），曾再度重申保證繼續推進中國的改革開放和社會主義現代化建設，[31]使中共在隨後的 5 年或更久接受全球化的立場更加堅定。事實上，也只有更開放更融入世界體系中，才能使中國大陸持續發展。[32]中

---

[25] 賈仕武，**全球化與共產黨**（香港：大風出版社，2006 年 11 刷），頁 151～158。

[26] 徐勇、增峻，「全球化、契約與政治發展」，胡元梓、薛曉源主編，**全球化與中國**（臺北：創世文化，2001），頁 76。

[27] 徐勇、增峻，「全球化、契約與政治發展」，頁 84。

[28] 李林，「全球化背景下的中國立法發展」，胡元梓、薛曉源主編，**全球化與中國**，頁 103。

[29] 鄭永年，「中國和諧社會要求重建社會契約」（2006 年 12 月 25 日），2006年 12 月 25 日下載，《**聯合早報**》，http://www.zaobao.com/cgi-bin/asianet/gb2big5/g2b.pl?/special/forum/pages4/forum_zp061225.html。

[30] 劉軍寧，「全球化與民主政治」，胡元梓、薛曉源主編，**全球化與中國**，頁 71。

[31] 王銘義、朱建陵、林克倫，「胡錦濤連任總書記　提 6 項『一定』保證」，**中國時報**，2007 年 10 月 23 日，第 A13 版。

[32] Guoli Liu, "The Dialectic Relationship between Peaceful Development and China's Deep Reform", in Guo ed., *China's "Peaceful Rise" in the 21st Century*, p. 20.

共為保持經濟持續成長，而持續改革開放，使得中共進一步接受全球化的吸納，獲得進一步的保障，也使前述因經濟發展促成政治民主化的趨勢預期獲得一定程度的保證。

以中共內部的發展觀點看，中共內部的各類發展，尤其是經濟發展所帶動的社會多元化，確實具有逼迫中共轉向民主化的基礎，若以全球化的角度看，則認為國際社會的整合已難以避免，中共必須與世界重要的國家相互合作才可以創造出對中共有利的條件，但中共同時也必須對其他國家創造出有利的條件，其他重要國家才會接納中共的作為，兩者相輔相成不可偏廢。因此，國際間相互學習與尊重他國的行為就成為國際關係的重要行為模式。當然，中共不民主的特質，也將受到其他國家的適度尊重，才能維持國際社會的持續運行。所以，中共在改革開放後，其不民主的統治形式，也難於一夕之間推翻；但是，外國學者認為，國力強盛國家，對於相對弱勢國家的影響、引誘使其納入既有國際規範的效果較強，[33]以簡單的圖形表示如下：

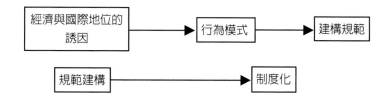

圖 3-5　國際規範對國家行為的管控

資料來源：Jennifer Kibbe, Richard Rosecrance and Authur A. Stein, "Conclusion", in Richard Rosecrance ed., *The new Great Power Coalition-Toward a World Concert of Nations* (Maryland: Rowman and Littlefield Publishers, 2001), p. 376.

---

[33] Jennifer Kibbe, Richard Rosecrance and Authur A. Stein, "Conclusion", in Richard Rosecrance ed., *The new Great Power Coalition-Toward a World Concert of Nations* (Maryland: Rowman and Littlefield Publishers, 2001), p. 376.

當前，中共綜合國力顯然不如西方先進國家，因此，中共與國際社會不斷交往，就必須不斷被迫融入既有國際社會，將是未來中共無法逃避的選擇。甚至為了經濟利益與國際地位的提升，也必須學習相對國勢較強的西方國家行為模式，並在相互折衝中，與西方國家共同建構新的國際制度，如：不斷的學習提升透明度、不斷加強保障人權、不斷與他國家進行聯繫合作，並持續建構更自由與更法治（rule of law）的社會，這不僅是中共在提升國家地位與獲得經濟利益中必須接受的新挑戰，更是中共在追求國際地位提昇與經濟利益擴張的過程中，必須付出的「代價」。

就全球民主化的趨勢而言，1974 年起於葡萄牙理斯本橫掃全球的第 3 波民主化，自 1995 年起似乎已經停滯或終了，甚至開始令人懷疑，全球民主化的發展是否進入第 3 波民主化之後的回溯期。[34]第 3 波民主化的提倡人杭廷頓（Samuel P. Huntington），更認為第 3 波民主化進行到現在，為鞏固新興的民主政體，並維持民主化的發展，就必須使經濟得以持續發展，同時讓非西方文化政體持續進入民主。[35]更有學者認為亞洲與非洲是下一波民主化的重點，[36]中共既屬於亞洲地區國家，又是非西方文化國家，其經濟發展至今也依然強勁，使得各界對於中共持續民主化都寄以厚望。若以中共近期對於政府更透明、更融入國際社會等角度看，中共進一步民主化實在應該可以被高度期待。

統合以上的各類觀點，總結起來就是經濟發展造成了政治民主化，而政治民主化卻也進一步促進了經濟的更快速自由化。杭廷頓（Samuel P. Huntington）的研究也認為，在 70 年代年平均國民生產毛額，若按 1960 年代的幣值計算，應該是 500 至 1,000 美元之間，會促

---

[34] Larry Diamond, "The End of the Third Wave and The Start of the Fourth", in Marc F. Plattner and Joao Carlos Espada ed(s)., *The Democracy Invention* (Maryland: Johns Hopkins University press, 2000), pp. 15, 23.

[35] Samuel P. Huntington, "The Future of the Third Wave", in Marc F. Plattner and Joao Carlos Espada ed(s)., *The Democracy Invention*, p. 26.

[36] Diamond, "The End of the Third Wave and The Start of the Fourth", p. 27.

成政治民主化的發生，甚至可推算出在 1970 年代中期，國民生產毛額在 1,000 至 3,000 美元間，則民主化幾乎無法抵擋的結果。[37]中共至 2008 年國民生產總值達 302,853.4 億元人民幣，[38]以地區區分每人年均收入，則呈現東部地區 20,965.49 元人民幣（以 2008 年約 1：7 匯率兌換約美金 2,995.07 元），中部地區 14,061.73 元人民幣（以 2008 年約 1：7 匯率兌換約美金 2,008.8 元），西部地區 13,917.01 元人民幣（以 2008 年約 1：7 匯率兌換約美金 1,988.14 元），及東北地區 14,162.02 元人民幣（以 2008 年約 1：7 匯率兌換約美金 2,023.15 元）的狀況。[39]若換算個別經濟發達省市將達更高所得，如早在 2006 年，上海已達 57,310 元人民幣（以 2006 年約 1：6.831 匯率兌換約 8,389 美元左右）、北京達 49,505 元人民幣（以 2006 年約 1：6.831 匯率兌換約 7,274 美元）、福建達 21,152 元人民幣（以 2006 年約 1：6.831 匯率兌換約 2,395 美元左右）、浙江達 31,684 元人民幣（以 2006 年約 1：6.831 匯率兌換約 4,638 美元左右）及廣東達 28,077 元人民幣（以 2006 年約 1：6.831 匯率兌換約 4,110 美元左右），[40]早已超過杭廷頓所提年均國民生產毛額的標準。雖杭廷頓並未推論出 21 世紀的國民年均所得與民主化的關係，但以臺灣 1981 年國民平均生產毛額達 2,728 元美金，[41]臺灣卻早

---

[37] Samuel P. Huntington，劉軍寧譯，第三波（臺北：五南，1994），頁 65、67。

[38] 中華人民共和國國家統計局，「1-2 國民經濟和社會發展總量與速度指標」，2010 年 9 月 28 日下載，《中國統計年鑑 2009》，http://www.stats.gov.cn:82/tjsj/ndsj/2009/indexch.htm。

[39] 中華人民共和國國家統計局，「9-8 東、中、西部及東北地區城鎮居民家庭基本情況（2008 年）」2010 年 9 月 28 日下載，《中國統計年鑑 2009》，http://www.stats.gov.cn:82/tjsj/ndsj/2009/indexch.htm。

[40] 中華人民共和國年鑑編輯部，中華人民共和國年鑑（2007）（北京：中華人民共和國年鑑社，2007 年 12 月），頁 1092。人民幣換算成美元以中共中國人民銀行 2009 年 4 月 17 日人民幣兌換美元 1 比 6.831 為準，「人民幣匯率中間價圖表」（2009 年 4 月 17 日），2009 年 4 月 17 日下載，《中國人民銀行》，http://www.pbc.gov.cn/huobizhengce/huobizhengcegongju/huilvzhengce/renminbihuilvjiaoyishoupanjia.asp?page=1&col=&fromyear=&frommonth=&fromday=&toyear=&tomonth=&today=。

[41] 「國民所得統計年報（96 年）」，2009 年 4 月 17 日下載，《中華民國統計資

在 1977 年就發生中壢事件，臺灣的民主運動就已然成燎原之勢作為參考架構，當前中國大陸有夠高的國民年均所得，但大規模的西方式民主化變革理應出現卻未出現，依此論證，顯然與杭廷頓所主張：要成功達成西方式民主化的變革，非單一以經濟發展為唯一條件相符。[42]除經濟發展因素外，杭廷頓認為，民主化與經濟發展造就許多有統治能力的人（中產階級）有關，也認為與擁有高度民主思想但卻沒有經濟發展而貧困的廣大人民群眾有關，[43]更可能與外國壓力及中共當前主政者面對大陸民眾民主化要求的反應有關。

中國大陸經濟發展造就大量中產階級，又為統治合法性而大肆宣傳共產黨支持民主，促使一般民眾也因此具有民主思想，使當前大陸具有各項都符合杭廷頓所主張的民主化條件。當前中國大陸內部民眾對於民主化的要求，縱使尚未達到燎原之勢，但因經濟發展，所造成民主化的需求，至少讓中共承受極大的民主化壓力，尤其是沿海高所得地區更是如此。若然，則中共統治就必須符合民主的基本要求：讓人民形成共識、表達共識，並要求政府依據人民的喜好施政，[44]才得以緩和民主化的壓力。而人民喜好的糾集又必須極大程度的依賴政黨的運作，以政黨的組織統合力量爭權位、求利益。[45]若此態勢成形，那麼將與中共現行憲法「序言」中有關：「中國各族人民將繼續在中國共產黨領導下……把我國建設成為富強、民主、文明的社會主義國家」，及「中國共產黨領導的多黨合作和政治協商制度將長期存在和發展」等，保證中國共產黨占有政治領導地位的宣示，發生衝突。依此，中共在面對因經濟發展所造成的多元社會，如何「維護憲法」持續其獨占的統治地位，並維持其統治的利益，將是中共當前所必須戮力以赴的所在。

訊網》，http://www.stat.gov.tw/public/Attachment/812301405271.xls。

42　Huntington，劉軍寧譯，第三波，頁 67。

43　Huntington，劉軍寧譯，第三波，頁 70。

44　劉文斌，「中共政治發展與兩岸關係」，展望與探索，第 7 卷第 3 期（2009年 3 月），頁 31。

45　s.v.「政黨（Political Parties）」，雲五社會科學大辭典（第三冊政治學），（臺北：臺灣商務印書館，1971）。

中共因改革開放，經濟建設有成，形成民主化與維持一黨專政的衝突，何去何從各有牽扯難下定論，有加以進一步釐清之必要。

第二節　中共可能進入西方式民主的環境

分別用理論與現實的角度看待中共可能進入西方式民主的環境，可呈現如下的景象：

一、理論層面

杭廷頓（Samuel P. Huntington）在第三波（The Third Wave：Democratization in the Last Twentieth Century）一書中，以比較政治學的觀點，將全球的民主化過程加以整理，並從中發掘民主化的規律。認為前兩波的民主化，在經過回溯之後，第 3 波民主化再起於 1974 年的里斯本。[46]依據杭廷頓第 3 波的論述，第 3 波民主化的過程可以分成三類，分別是：一、變革（transformation），執政的菁英帶頭實現民主；二、置換（replacement），反對派帶頭實現民主，威權政治因而被替換；及三、移轉（transplacement 或 ruptforma），是執政者與反對派聯手推動民主。[47]依據杭廷頓的觀點，不論是執政或反對陣營的政治菁英對於民主的態度與推動，對於民主化與否都具有決定性的影響力。而第 3 波民主化時期，是否可能回溯？何時回溯？作者都無定論；該本著作另一個有趣的論述是認為，第 3 波民主化的過程包含各種方式，這些方式有以下幾項：[48]

　　1. 輪迴型 a－d－a－d－a－d
　　2. 二次嘗試型 A－d－a－D
　　3. 間斷民主型 A－D－a－D

---

[46] Huntington，劉軍寧譯，**第三波**，頁 1。
[47] Huntington，劉軍寧譯，**第三波**，頁 128。
[48] Huntington，劉軍寧譯，**第三波**，頁 48。

4. 直接轉度型 A－D

5. 非殖民化型 D/a－D

依據杭廷頓的說法，以小寫的 a 和 d 表示比較不穩定與不持久的民主（democracy）與威權（authority），以大寫的 A 和 D 代表比較穩固與比較持久的民主與威權。依此推論，民主的轉化過程不論是小的不穩定的轉變，或一步到位的大的穩定的轉變，威權體制終究要因為向民主方向嘗試轉變，最終才造成民主的確立。

而依據杭廷頓對有關人類歷史發展以來，已經歷了 3 波民主化浪潮的說法，分別是：第 1 次民主化浪潮於 1828 年至 1926 年發生，1922 至 1942 年回溯，第 2 次民主化於 1943 年至 1962 年發生，1958 年至 1975 年回溯，1974 年則開始第三波民主化，[49]可以圖形加以表示如下：

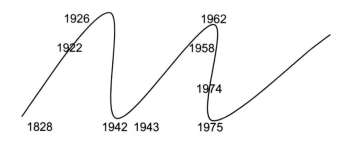

圖 3-6　第三波民主化波浪圖

資料來源：1. 作者自行整理。
　　　　　2. Huntington 對於第每一波民主化的發生與回溯，時間點有相互重疊現象，因此，在兩波的高峰期之前就已開始出現回溯，而在兩波低峰期也開始出現另一波民主化徵兆。

依據杭廷頓這種民主波浪起伏說法，有外國學者認為，中共早年在第 2 次民主化的浪潮中曾經民主化，但最終卻回溯成極權政體。[50]其

---

[49] Huntington, 劉軍寧譯，第三波，頁 13。
[50] Gilley, *China Democratic Future*, p. 20.

理由是：中共於 1921 年成立，於 1949 年建政，毛澤東尚且於 1940 年 1 月發表《新民主主義論》，並於 1949 年 6 月 30 日國共內戰快取得勝利之際，同時為慶祝中國共產黨創立 28 周年發表《論人民民主專政》，兩者都強調了「民主」。但在 1949 年底建政之後，從緊隨而來的連年政治鬥爭卻讓中共回溯到非民主境地的歷史軌跡看，中共經歷第 2 波民主化浪潮而民主化，卻又回溯成非民主國家的論證，確實不是空穴來風。隨著時空的轉變，當第 3 波民主化升起，就有學者主張中共也受其衝擊，[51]並認定 1989 年天安門民運就是因第 3 波民主化浪潮的影響所致。[52]既然中共政治狀況係民主化與回溯成波浪式的進行，那麼中共仍有機會再跟隨世界民主化潮流進入民主化境地。

美國學者弗里德里（Carl J. Friedrich）與布里辛斯基（Zbigniew K. Brzeninski），在 50 年代初期，提出集權主義六大特徵的經典論述，稱集權主義是：[53]

一、一個有系統的官方規定，政府是唯一合法的真理解釋者，真理只能掌握在政府手裡。

二、一個有廣大人民參與的唯一政黨，由一個富有英雄主義的人，及少數統治集團領導。

三、以恐怖統治為手段的國家。

四、通過高科技壟斷或近乎壟斷所有的通訊出版及大眾傳播媒介。

五、通過高科技壟斷或近乎壟斷所有的武器。

六、一個由中央控制領導的計劃經濟，使一切個人及社團的物質需要完全操縱在中央政府手中。

依此六大特徵檢視中共現有狀況，確有部分鬆動，雖然中共當前政權仍不脫離集權政府範疇，但似乎有可能因進一步鬆動，而漸入佳境。

---

[51] Gilley, *China Democratic Future*, p. 83.

[52] Gilley, *China Democratic Future*, p. 23

[53] Carl J. Friedrich and Zbigniew K. Brzeninski, *Totalitarian Dictatorship and Autocracy* (MA: Harvard University Press,1965, 2nd ED.), p. 22.轉注自：孫哲，**獨裁政治學**（臺北：揚智，1995），頁 209。

中共目前主張和諧世界、和諧社會，依一般的看法，認為和諧不爭鬥的世界環境與內部環境，對於中共發展經濟有極大的幫助。而和諧與穩定，在某種程度上卻又有相似的意義，就是政權的穩定，若然，政權的穩定又相當程度代表著「國家內部沒有挑戰」與「政權的內外行為都保持一致且可以被預測」。[54]若以國家內部沒有挑戰的需求而言，中共面臨的內部異議勢力，可能必須不斷的以各種方式化解或鎮壓才得以達成。[55]為了化解與鎮壓，對輿論的控制自然不能鬆動。

獨裁政權以最大的能力控制社會輿論是其特性，[56]若無法控制社會輿論，則獨裁政權將難以維繫。中共自獨裁政權逐步演變成威權體制的過程中，也面臨同樣的問題。因此，輿論的自由度與政策的透明度，就代表著中共政治發展的態樣；中共對外改革開放數十年，訊息的流通趨勢已無法逆轉，面對此一情勢，中共似乎只有更加對人民透明與開放，才足以更穩固的擁有統治地位，更何況，依據相關研究認為，有兩個原因也促使中共必須接受逐漸走向透明：[57]

一、因為中國儒家傳統要求政府必須愛民如子的思想，及改革開放後，學習到西方先進國家的透明，才能成為「好政府」的潛在影響。

二、資訊不透明造成無可彌補損失的經驗教訓，也讓中共理解必須以更透明的方式才能化解改革開放後所帶來的種種危機，如過去隱瞞 SARS 疫情與松花江污染實情，卻造成更重大的損失等案例。

---

[54] Baogang Guo, "China's Peaceful Development, Regime Stability and Political Legitimacy", in Sujian Guo ed., *China's "Peaceful Rise" in the 21st Century*(Burlington: Ashgate, 2006), p. 41.

[55] Andrew Wedeman, "Strategic Repression and Regime Stability in China's Peaceful Development", in Sujian Guo ed., *China's "Peaceful Rise" in the 21st Century*, pp. 90～91.

[56] 孫哲，獨裁政治學，頁 74。

[57] Zhengxu Wang, "Hybrid Regime and Peaceful Development in China", in Sujian Guo ed., *China's "Peaceful Rise" in the 21st Century*, pp. 128～129.

中共對於公眾事務顯然有更加透明化以穩定執政地位的動機，但卻不敢大膽施為。

研究認為，威權體制所最擔心的是人民間的相互信任，因為相互信任就可以進行串連與威權體制對抗，反過來說，民主社會就是基於人民間的相互信任才得以長存，[58]訊息的公開與自由讓人民選擇與理解，自然對於相互信任有一定的幫助。自江澤民所主導的 3 個代表、持續堅持市場經濟、與時俱進等作為以來，雖已讓中共體質獲得轉變，但至今中共依然對民主仍保持口惠而實不至的狀態。[59]惟隨著時空的往前推移，似乎已迫使中共必須逐漸由革命黨向執政黨方向邁進。[60]若中共逐漸向執政黨方向靠近，則傾聽人民的偏好（preference，民意）將無可避免，而將事實讓人民知道，卻是讓人民形成偏好的第 1 步。

若以蘇聯戈巴契夫及臺灣蔣經國都深切體認必須讓社會的多元力量得到相對的安排，而有計劃的伴隨輿論的自由化推動民主化，導致延續了威權體制的統治時間之經驗來看，中共若在共產黨的領導下進行有競爭的選舉，則對於中共領導地位的確保或有延續的作用。[61]依據前述弗里德里與布里辛斯基的集權主義六大特徵論述，可以輕易的看出對於資訊的解放，相對於其他五項特徵：放棄政府掌握真理地位、放棄唯一執政地位、放棄以恐怖手段控制人民、放棄壟斷武器及放棄計畫經濟等，顯然要容易達成。而資訊的解放卻可能引發其他五項特徵的瓦解，中共的極權統治地位也將獲得改善，並逐步走向民主。

---

[58] Kristen Hill Maher, "The Role of Mass Value", in Robert D. Grey ed., *Democratic Theory and Post-Communist Change* (New Jersey: Simon and Schuster, 1997), p. 90.

[59] Guo, "China's Peaceful Development, Regime Stability and Political Legitimacy", p. 54.

[60] Guo, "China's Peaceful Development, Regime Stability and Political Legitimacy", pp. 48～49.

[61] Gilley, *China's Democratic Future*, p. 134.

　　專研中共民主化的學者基里（Bruce Gilley）認為，在專政政權面臨不斷挑戰後，群眾的串聯抗爭，才是推翻專制政權的重要手段。[62]當前中共所面臨各類個人或群眾的陳情抗議事件，顯然與民眾追求自身權利有關，或與中共個別精英推動批判當權者有關。但目前必須承認的是大陸的群眾尚欠缺串聯行動的能力，也因此維持了中共一黨專政的局面。中共所面臨的雖是尚未串聯的群眾運動，但可以確定的是中共目前仍持續承受全球激盪澎湃的民主化浪潮壓力，因此，對於大陸地區所面臨的問題與中共的可能走向，就必需回到民主（democracy）這個被不斷討論的領域裡尋求答案。

　　所謂民主，各種說法並存已是不爭的事實，傳統的說法可以是：「民主就是人民支配政府」，[63]雖然近代著名民主理論學家 G. Sartori（薩托利）認為當前是民主混亂的年代，其特徵之一就是人們不再知道或不想弄清楚「民主不是什麼」，[64]只想不斷的詳論民主到底是什麼，卻因民主複雜多元的特性，終究難以周延，而呈現定義不明，論述欠缺的現象。但薩托利卻也同意「民主就是受討論的統治」的說法，[65]又似乎想詳論民主到底是什麼，致使想糾正學界的混亂者，自己也陷入混亂中。當然更多的說法認為，民主是不斷的進步與完善的過程，任何民主都會遭受不同的問題與定義不完善的問題，民主是進行式，不是完成式。民主必須依賴不斷的發明，[66]所以民主至今沒有固定形式，杭廷頓更認為，在第 3 波民主化後的國際民主發展（或稱為第 4 波），是植基於經濟的發展與非西方文化國家對於民主的接受程度。[67]至於

[62] Gilley, *China's Democratic Future*, p. 106.
[63] s.v.民主（democracy），雲五社會科學大辭典（第三冊政治學），（臺北：臺灣商務印書館，1971）。
[64] G. Sartori 著，馮克立、閻克文譯，民主新論（北京：東方出版社，1998 年12 月），頁 15。
[65] G. Sartori 著，馮克立、閻克文譯，民主新論，序言頁 3。
[66] Marc F. Plattner and João Carlos Espada, "Introduction", in Marc F. Plattner and João Carlos Espada ed(s)., *The Democracy Invention*, p. xi.
[67] Samuel p. Huntington, "The Future of the Third Wave", in Marc F. Plattner and

經濟發展造成民主發展的原因是：一、經濟發展造成都市化、中產階級及城市工作階級；二、團體與私人擁有和政府對抗的資源；三、政府無力完全掌控；四、獨立山頭林立；五、更均等的收入創造民主的環境等。[68]而中共既屬於非西方文化國家，更是經濟持續發展的國家，其經濟發展又與杭廷頓所論述各民主化理由相近，因此，中共正是被視為第 4 波民主化國家的重點地區；杭廷頓更強調，若民主化可使現有領導者獲利，則更易得到現有領導者的支持與推動。[69]若中共因推動民主化又可維持其統治地位，則對中共的誘因自然增加。不論如何，民主必須是讓人民形成共識、表達共識，並要求政府依據人民的喜好施政，才是民主必須具備的要求，簡單的說，民主就是指以民意為主，且民意可以駕馭施政的政治生活型態。以道爾（Robert A. Dahl）的觀點說，就是人民要擁有「形成偏好」（formulate Preference）、「表達偏好」（Signify Preference）及「政府同等重視各類偏好」（Have Preference Weight Equally in Conduct of Government）的機會。而政府就必須提供人民有結社自由、表達自由、自由而公平的投票、政治領袖競相拉攏民眾支援、消息來源不被封鎖、被選舉出任公職、政府依人民偏好施政等保證（guarantees）。[70]若中共為延續其統治而提供這些保證，卻也保證了中共將因民意高漲而喪失一黨專政地位，進而走入民主的結果。

中共於 2001 年底加入世界貿易組織（WTO），進一步與世界經濟體系接軌，且接軌密合度，似也與日俱增難以回溯。而依據 WTO 的規範，WTO 基本理念與規範準則有「不歧視原則」、「漸進式開放市場」、「對關稅與非關稅措施予以約束」、「促進公平競爭」及「鼓勵發展與經濟轉型」，達到向 WTO 全部會員國開放市場、與全球各國經濟地位逐步平等、相互公平競爭。更重要的是：WTO 貿易與發展委員會

João Carlos Espada ed(s)., The Democracy Invention, p. 4.

[68] Huntington, "The Future of the Third Wave", p. 5.

[69] Huntington, "The Future of the Third Wave", p. 9.

[70] Dahl , Polyarchy, P. 3.

亦提供技術協助給開發中國家及正進行轉型至市場經濟之國家，[71]促進其經濟轉型與發展，這使得中共與世界各經濟體更緊密接軌。若依據馬克思關於下層建築變動影響上層建築的經典說法，中共維持統治的上層建築，將因下層建築與世界進一步接軌，所引起的生產力與生產關係變化而起巨大的變化，就如同中共近幾年打破視法律為對付階級敵人工具的傳統觀念，逐漸轉變成防制行政弊端的觀念，[72]並進行大量法律改革，設立行政、智慧財產、經濟、海洋、青少年、不動產、涉外等特殊法院與法律，[73]甚至以反革命罪處罰的案例都不斷下降一般。[74]這種變化不僅只有法律，最終將涉及財政、政治結構等。[75]雖然這種多方面的變革，無法等同於中國共產黨喪失統治地位，但卻可大膽的推論中國共產黨必須做出與現今不同的統治模式、方法與統治思維，才足以應付整個大環境的改變。

就當前學術上對於民主化過程的研究雖多如牛毛，但歸納成：一、現代化理論途徑（modernization approach），強調許多有關現行民主或成功民主化所必須的社會與經濟要素；二、轉型理論途徑（transition approach），強調政治過程及菁英的主動與選擇，以解釋從威權統治邁向自由民主的緣由；及三、結構理論途徑（structure approach），強調有利於民主化的權力結構變遷，[76]等 3 個理論取向後卻發現，不論是

71　「WTO 簡介」（2003 年 11 月 5 日），2010 年 10 月 1 日下載，《經濟部國貿局 WTO 入口網》，http://cwto.trade.gov.tw/webPage.asp?CuItem=11546。

72　Sonny S. H. Lo, "Public Maladministration and Bureaucratic Corruption", in David C. B. Teather and Herbert S. Yee ed(s)., *China in Transition*(New York: ST. Martin's Press, 1999), p. 49.

73　Carlos W. H. Lo, "Legal Reform in the Quest for a Socialist Market Economy", in Theater and Tee ed(s)., *China in Transition* , P. 78.

74　Lo, "Legal Reform in the Quest for a Socialist Market Economy", p. 51.

75　Ting Wai, "Sino-American Relations in the Post-Cold War Era", in Davia C. B. Teather and Herbert S. Yee ed(s)., *China in Transition*, p. 112.

76　David Potter, 王謙等譯，「民主化的解釋」，David Potter 等編，王謙等譯，民主化的歷程（臺北：韋伯，2000 年 5 月），頁 13. 並請參閱：William R. Reisinger, "Establishing and Strengthening Democracy", in Grey ed., *Democratic Theory and Post-Communist Change*, pp. 52～73, 有關後共產主

中共逐漸向世界開放、人民生活水平日益提高、社會日趨多元、胡錦濤強調民主建設、當前欠缺如毛澤東、鄧小平等強人的堅持等，都顯示中國大陸必然走向民主化。縱使有學者主張社會主義民主（socialist democracy）仍是共產黨管制下人民參政的方式，[77]但在改革開放、日漸自由化的情況下，已然提供了大陸追求各種訴求的民間團體橫向聯繫機會（串連），[78]造就了與極權政府對抗的力量。且中共對外開放愈多、接軌愈密切，則中共在經濟、財政、政治等體系的改革就必須愈多，[79]這使中共更無法逃脫進一步民主化的壓力。即使朝民主化的進程不如人意，且其民主型態也可能因應中國的國情而有別於西方國家，就如同許多學者研究所得一般，[80]但中共統治模式必須愈來愈接近「民治」，愈來愈讓民眾反映意見並依民意的制約施政，卻是中共維持統治合法性所必須選擇的途徑。

中國大陸人民，雖然至今都無法享受西方式的民主生活，但自1978年北京之春以來，中國大陸內部的民主呼聲縱然不足以對中共統治產生威脅，但卻始終不絕如縷未曾中斷。[81]在大陸之外，中共似乎也很難逃離第3波民主化的衝擊，尤其是夾雜民主在內的全球化浪潮又已逼近的現在更是如此。以推動全球自由化、民主化為職志的世界重要民間組織「自由之家」為例，就公開表示其成立宗旨是，支持與推廣自由於全世界，而自由只能存在於民主的政治體系內，這個體系必須對其人民負責，必須法治化（rule of law）；同時必須擁有出版、

義國家對於民主政權建立與鞏固的途徑論述。

[77] Michael Waller, "Voice, Choice and Loyalty: Democratization in Eastern Europe", in Geraint Parry and Michael Moran ed(s)., *Democracy and Democratization* (Londen: Routledge, 1994), p. 133.

[78] Flemming Christiansen, "Democratization in China: Structual Constrain", in Parry and Moran ed(s)., *Democracy and Democratization*, p. 159.

[79] Wai, "Sino- American Relations in the Post-Cold War Era", p. 112.

[80] Reisinger, "Choice Facing the Builders of a Liberal Democracy", p. 43.

[81] s.v."Chinese democracy movement", last visited Jun., 11,2008，《**Wikipedia**》，http://en.wikipedia.org/wiki/Chinese_democracy_movement.

結社、和對少數民族與婦女權益維護的保證。「自由之家」始終不放鬆
監看包括中國大陸在內的全球各國民主化進程，並糾合全球各民主力
量，對各非民主自由國家，尤其是中國大陸施加壓力，促其自由與民
主。[82]而美國政府至今仍以其超強影響力，大力推動全球的出版自由、
言論自由，美國小布希總統更認為推廣自由於全球是世界和平的希望
（The best hope for peace in our world is the expansion of freedom in all
the world），[83]對中國大陸的壓力可想而知，更遑論其他類似以推動民
主自由與法治的各類組織，[84]不間斷的向全球各個國家灌輸自由、民
主與法治的觀念，中共實在難以自外於這個巨大的浪潮衝擊。

面對全球化的自由與民主浪潮，反映在中國大陸的日常生活中，
就是大陸上的一般民眾不斷的在依法爭取權益、菁英份子不斷的要求
中共依法行政、最高領導人也已開始承認民主與人權的普世價值。若
依杭廷頓以菁英領導民主，及基里（Bruce Gilley）以群眾串聯推倒專
政的論述，觀察中國大陸當前局勢的發展，最終菁英與群眾兩相結合，
迫使中共進一步民主化、法制化、自由化，同時進一步保障人權，似
乎已不可避免。雖然，中共當前仍不願大幅度的往民主、人權、法治、
自由方向邁進，甚至不斷的出現阻攔現象，如貪官污吏的從中作梗，
及中共仍不放鬆宣傳機構的掌握，[85]但其效果能有幾稀，實在令人懷

---

[82] "About Us", last visited Jun., 11, 2008,《**Freedom House**》，http://www.
freedomhouse.org/template.cfm?page=2。

[83] "Democracy Dialogues", last visited Jan., 11, 2008，《**美國聯邦政府
UNIFO,STATE.GOV**》，http://www.democracy.gov/。

[84] 如國際特赦組織（amnesty international）、聯合國、亞太人權基金會、愛爾
蘭人權組織──等等。

[85] 「中國廣電總局宣傳管理司新聞通氣會紀要」（2007 年 4 月 21 日），2010
年 10 月 1 日下載，《**亞洲時報**》，http://www.atchinese.com/index.php?option=
com_content&task=view&id=32609&Itemid=64。2007 年 1 月 12 日星期五上
午，中共中宣部宣傳管理司副司長王丹彥在廣電總局大樓所主持的會議，
決議：一、兩會前，主流頻道黃金時段報導計畫要提前報審，要求在今（2007）
年「兩會」前，新聞、專題和文藝節目的報導主題要突出展示十六大以來
取得的成果；在確保宣傳導向正確的同時，要抓好文化娛樂節目，促進文
化事業的繁榮，弘揚主旋律；要統籌規劃，合理安排歷史題材作品，以群

疑。縱使有學者認為中國大陸至今仍瀰漫著不願意革命、害怕革命，所有改革都極力避免革命而改以將現有體制更加合理化的方式進行，[86] 所以激烈而突然的民主化不容易出現，但中共在面臨統治危機而維持其一黨專政，除了經濟的不斷成長是重要支柱之外，營造和平、穩定的環境，讓經濟可以持續成長，將更是關鍵。尤其是許多經濟成長都由地方政府負責推動的現在，中央政府必須維持穩定、和平以換取統治合法性更是明顯。[87]滿足與安撫人民與菁英份子的要求，就是維持穩定、和平的重要手段，而滿足與安撫人民與菁英份子的要求，就是進一步回應民意的要求，就是進一步靠近民主，因此，若法制、法治、民主與自由的要求進一步進逼，則中共的一黨獨大是否可以維持？

　　整體看來，在理論架構層次，中共因經濟發展因素，使其逐漸進入西方民主形式政治安排的機會極大。

二、現實層面

　　中國大陸雖然尚未能出現要求民主的大規模、足以與共產黨競爭的群眾組織，或說大陸上的人民維權運動仍處於偶發、各自為政階段，尚未組織起來，但維權運動的諸多領導人，卻已呈現反對運動異議團體的領袖雛形。檢視中國大陸的政治菁英，會發現這些菁英推動民主化的跡象已經顯露，似乎與杭廷頓主張由菁英帶領推動民主的論證相

眾喜聞樂見的方式，開展中國現代史和中共黨史的教育。主流頻道的黃金時間段的報導計畫，要提前一個月上報審核。二、警惕出版界「闖紅燈」趨勢並點名批判：上海文藝出版社等八家出版社違反規定，屬於嚴重的政治錯誤。三、近期宣傳內容需注意的問題。內容有：1、要營造迎接十七大的氛圍，唱響主旋律，歌頌社會主義好。2、涉及軍隊題材要慎重，不能過分渲染武器裝備，防止迎合西方的「中國威脅論」等 20 個。

[86] Wei-Wei Zhang, *Transforming China* (New York: St. Martin's Press, 2000), p. 148.

[87] Vivienne Shue, "Legitimacy crisis in China?", Peter Hays and Stanley Posen eds., *State and Society in 21st-century China*(New York: RoutledgeCurzon, 2004), p. 29.

符；甚至於中共領導階層也倡言民主，如胡錦濤於 2006 年訪美時公開說：「我們一貫認為，沒有民主就沒有現代化」「我們從改革開放以來，不但實施經濟方面的改革，也在積極穩妥地推進政治體制的改革，我們一直在擴大公民的民主權利」；[88]中共中央政治局前常委、中央黨校前校長曾慶紅，於 2007 年 3 月 1 日，在中央黨校春季開學典禮上講話主張，「黨內民主建設是黨的根本性建設、關鍵性建設，對於實現科學決策、增強黨的團結統一、激發黨的創造活力、確保高效執政和廉潔從政、減少和預防腐敗，具有不可替代的重要作用。……。要根據中央的部署和要求，紮實推進黨內民主建設，進一步發揮各級黨組織和廣大黨員的積極性、主動性、創造性，進一步增強黨的團結統一和蓬勃活力」；[89]又如被外界視為中共領導人胡錦濤智囊的中共中央編譯局副局長俞可平，於 2007 年初公開發表《民主是個好東西》文章，認為雖然實行民主有諸多負面的效果，但仍強調：「……對於我們來說，民主更是一個好東西……。馬克思主義經典作家說過，沒有民主，就沒有社會主義。……我們不照搬國外的政治模式。我們的民主政治建設，必須密切結合我國的歷史文化傳統和社會現實條件。只有這樣，中國人民才能真正享受民主政治的甜蜜果實」、「只有貪官污吏不喜歡民主」。[90]這些言行，都凸顯中共主政陣營與異議陣營的精英開始著力於要求表達其對民主的偏好（preference）；俞可平的《民主是個好東西》呼籲，更讓外界解讀為胡錦濤雖有意推動民主以澄清吏治，打擊貪瀆，但卻遭中共掌管宣傳等部門的各級幹部抵制，以保護包含自身在內的各級貪瀆，迫使俞可平只能在中共非主流媒體上發表該文，再由主流媒體轉載；而俞可平在文章中表明只有貪官污吏不喜歡民主云云，凸

---

[88] 「我們一貫認為，沒有民主就沒有現代化」，2008 年 1 月 11 日下載，《星島環球網》，http://www.singtaonet.com:82/global/hjt/hjt4/t20060421_195864.html。

[89] 「曾慶紅強調以迎接十七大為主線全面加強黨的建設」，2007 年 3 月 1 日，《中華人民共和國中央人民政府》，http://big5.gov.cn/gate/big5/www.gov.cn/ldhd/2007-03/01/content_539034.htm。

[90] 「民主是個好東西」，2007 年 1 月 8 日下載，《新華網》，http://news.xinhuanet.com/comments/2007-01/08/content_5578110.htm。

顯胡錦濤除了決心打擊貪瀆外，外界更有人推論胡錦濤可能發動新的政治邏輯論述，作為中共重構馬克思主義的方向和基礎。更重要的是中共開始不忌諱的注重民主與人權的發揚與保障，[91]以更加務實的態度面對其層出不窮的問題，並尋求解決之道。就如同 2007 年 3 月間，在重慶所發生的人民與建築公司爭產，人民堅決不退讓的「最牛釘子戶事件」，所引發的個人利益與城市建設發展公共利益的衝突問題，最終必須依靠法律與民主的共識才得以解決一般。[92]中共也意圖在因經濟發展所帶來的混亂中，尋求治者與被治者的共識，來解決問題，依此態勢，極端重視集體領導、集體主義的中共，終究被迫必須重視法治與民主的存在與需要，中共必須轉變的訊息也悄悄浮現。

至於中共宣傳機關，甚至整個社會對於人權與民主的轉變，也朝正面方向發展，學者史天建就以 1978 年以來的《人民日報》報導內容進行抽樣分析研究證實了這種趨勢。根據史天建的研究發現，1978 年至 1988 年，人民日報根本沒有「人權」字句的出現，1988 年後開始出現「人權」，但卻認為「人權」是階級性與資產階級的用語，至 2002 年後，中共才開始認為「人權」具有普世價值；至於「民主」，雖然 1978 年就以各種社會主義形式的民主出現，但卻不斷被強化成社會主義民主比資本主義民主優越，其中民主內涵中最重要的「程序性競爭」（如選舉等）卻欠缺不全，到 1995 年才開始出現民主的程序概念，至 2002 年胡錦濤主政後，開始承認民主是其追求的目標，開始將民主「作為好東西」來承認，對民主的概念也呈現正面的反應，如今中共對於民主有了根本的改變。[93]

中國共產黨第十七次全國代表大會 2007 年 10 月 21 日通過了關於《中國共產黨章程（修正案）》的決議，一如預料，大會同意將胡錦濤

[91] 郭立青，「中共智囊建立合法性新論述背後」，**亞洲週刊**，（第 21 卷，第 2 期，2007 年 1 月 14 日），頁 26～32。

[92] 許志永，「唯民主才能界定公共利益」，**亞洲週刊**，（第 21 卷，第 13 期，2007 年 4 月 8 日），頁 36。

[93] 郭立青，「中共智囊建立合法性新論述背後」，頁 29。

所提倡的「科學發展觀」寫入黨章。依據過去中共黨章的修訂軌跡，可以發現每次代表大會都有彰顯總書記個人特殊主張或反映當時時空背景特殊需求的現象，[94]十七大把胡錦濤的「科學發展觀」寫入黨章，除凸顯「科學發展觀」對當前中共的重要性外，也宣示胡錦濤已取得對共產黨牢固統治的地位。

對於「科學發展觀」，有學者認為必須追溯至 1986 年的胡耀邦任中共總書記時代。在胡耀邦主導下，1986 年分別於中國共產黨第十二屆中央委員會第六次全體會議通過的「中共中央關於社會主義精神文明建設指導方針的決議」，與 1986 年首屆中共全國軟科學大會上所作的「決策民主化和科學化的政治體制改革的一個重要課題」，強調社會主義的民主與法治、保障決策民主化和科學化，對政策研究、決策研究也要執行「百花齊放、百家爭鳴」的方針，反對把政治問題上的不同意見理解為「反黨」、「反社會主義」、「反革命」等，[95]主張隨著時空的演進，對於政策制訂必須做出適切的調整，不能再行專制或一言堂的統治，必須反映民意，甚至直指必須以民主化做為決策依據，胡耀邦的這些主張，也遭當時中共左派胡喬木、鄧力群等人將其列為胡耀邦罪狀之一，而迫其辭去中共總書記一職。[96]胡錦濤在事隔 20 餘年

---

94 「十七大‧資料：中國共產黨 25 年 5 修黨章」，2007 年 10 月 21 日下載，《新華網》，http://news.xinhuanet.com/newscenter/2007-10/21/content_6918636.htm，如：1982 年 9 月召開的中共十二大通過現行黨章時，因結束毛澤東與四人幫時代，而第一次明確規定了黨必須在憲法和法律範圍內活動、禁止任何形式的個人崇拜；十三大黨章修改中，突出實行差額選舉制度；十四大黨章修改中，把社會主義初級階段和黨在這一階段所執行的「一個中心、兩個基本點」的基本路線寫入黨章；十五大黨章修改中，把鄧小平理論確立為黨的指導思想；十六大黨章修改中，把江澤民的「三個代表」思想寫入黨章。

95 紀鴻鵬，「中共十七大新亮點」，鏡報（總第 359 期，2007 年 6 月），頁 5～6；「中國共產黨新聞」，2007 年 11 月 1 日下載，《人民網》，http://www.people.com.cn/GB/shizheng/252/5089/5104/5201/20010429/455518.html；「田紀雲同志談萬里：積極推進民主法制建設（下篇）」，2006 年 05 月 30 日下載，《人民網》，http://npc.people.com.cn/BIG5/15017/4418708.html。

96 紀鴻鵬，「中共十七大新亮點」，頁 5。

後再提科學發展觀，同樣牽涉及民主、法治等因素，但不僅未見被鬥爭，甚至被寫入黨章之中，成為全中國共產黨奉行的準繩，正也凸顯出如下特色：

一、時空背景的轉換，讓中共必須接受不同的政治訴求。

二、民主、自由、法治無法違逆，縱使中共不願執行也必須以此作為宣傳，以加強統治基礎。

又依據學者研究認為，中共最近 10 年的威脅不是來自國外，而是來自國內，因此面對國外挑戰也必須做好內政，[97]這些內外同時發生的壓力，使中共必須同時對內、外壓力處置得宜，致使政體屬性進一步走向民主的希望變得濃厚。

政治民主化的質變，絕非中共領導階層所能獨力阻擋。因此，2007年 10 月 15 日，胡錦濤在中共十七大會議上所提政治報告，其中強調了「發展社會主義民主政治」，與持續改革開放進行經濟建設。[98]這種報告內容除表明中共對於未來政治發展的規劃外，更在某一種程度上回應中國大陸內部民眾對於未來中國大陸發展方向的意願，以提升中國共產黨在大陸民眾中的執政地位。

有論者認為，獨裁國家或其他非民主國家向民主國家的演進規律，約有如下的理由：[99]

---

[97] Li Qingsi, "The International Conditions of China's Peaceful Rise: Challenges and Opportunities", in Guo ed., *China's "Peaceful Rise" in the 21st Century*, p. 154.

[98] 「十七大開幕　胡錦濤作政治報告（全文）」，2007 年 10 月 15 日下載，《中國評論新聞網》，http://www.chinareviewnews.com/doc/1004/6/9/2/100469260.html?coluid=45&kindid=0&docid=100469260&mdate=1015124425。該報告重要章節則包含：一、過去五年的工作（成績）；二、改革開放的偉大歷史進程；三、深入貫徹落實科學發展觀；四、實現全面建設小康社會奮鬥目標的新要求；五、促進國民經濟又好又快發展；六、堅定不移發展社會主義民主政治；七、推動社會主義文化大發展大繁榮；八、加快推進以改善民生為重點的社會建設；九、開創國防軍隊現代化建設新局面；十、推進「一國兩制」實踐和祖國和平統一大業；十一、始終不渝走和平發展道路；十二、以改革創新精神全面推進黨的建設新的偉大工程等。

[99] 孫哲，**獨裁政治學**，頁 243～244。

一、演變的根本原因在於市場經濟的蓬勃發展。

二、演進的突破是打破鎖國，進行開放政策。

三、演進的推力雖有領袖的主張，但民眾的推動不可磨滅。

四、世界環境的影響極大。

依此論點，十七大後因為胡錦濤定調了持續的「加快推進以改善民生為重點的社會建設」及「改革開放的偉大歷史進程」，讓經濟建設與世界的影響力，至少在胡錦濤任中共領導人期間不斷的進入中國大陸。加上大陸民眾與社會菁英份子對於民主的企求，[100]及中共對於經濟要求於 2020 年時比 2000 年多四倍（翻兩番），與「三步走」戰略的急速發展經濟，經濟總量發展到世界第 4，進出口總額發展到世界第 3 的期許與現實，[101]將使中共投入大量精力於經濟建設之中。

因經濟建設的不斷擴張，社會因而更加多元，整個社會也隨改革開放更深化，引進更多異於馬列的西方文化與政治哲學思想，中共若能「滿足人民新期待」、「健全民主制度」落實對民意訴求的反應，[102]則

---

[100] 如大陸學者俞可平公開發表「民主是個好東西」文章，強調：「……對於我們來說，民主更是一個好東西。馬克思主義經典作家說過，沒有民主，就沒有社會主義。……我們不照搬國外的政治模式。我們的民主政治建設，也必須密切結合我國的歷史文化傳統和社會現實條件。只有這樣，中國人民才能真正享受民主政治的甜蜜果實」、「只有貪官污吏不喜歡民主」，2007年 1 月 5 日下載，《新華網》，http://news.xinhuanet.com/comments/2007-01/08/content_5578110.htm；且大陸農村，為抵抗地方政府亂攤派，人民也興起以民主監督、透明財物等方式交換接受攤派的作為，Bernstein and Lü, *Taxation without Representation in Contemporary Rural China*, p. 209.

[101] 見十七大政治報告「二、改革開放的偉大歷史進程」部分。

[102] 如胡錦濤 2007 年 6 月 25 日在中央黨校講話的第四項：滿足人民新期待。其講話內容來源係，胡錦濤在中共中央領導幹部吳邦國、溫家寶、賈慶林、曾慶紅、吳官正、李長春、羅幹等人陪同下，於中共十七大召開前的 2007年 6 月 25 日在中共中央黨校省部級幹部進修班發表講話，以依慣例於是先透露中共十七大的工作報告內容，同時肩負有試探外界反應之功能，其講話重點包括：一、面對新形勢新任務，要堅持以鄧小平理論和「三個代表」重要思想為指導，深入貫徹落實科學發展觀，繼續解放思想，堅持改革開放，推動科學發展，促進社會和諧，為奪取全面建設小康社會新勝利而奮鬥。二、中國特色社會主義，是當代中國發展進步的旗幟，是全黨全國各

中共的一黨專政必倍受衝擊。但中共若不持續健全民主建設，就無法滿足人民因經濟建設成功所帶來的各項要求，[103]尤其是包含其中的政治參與的權利要求，則最終中共統治方式可能被迫遭致革命性的改變，而喪失其唯一執政黨特權。

中共在 1979 年改革開放至今，成功的經濟發展及更緊密的與世界接軌，甚至中國共產黨所依恃的意識形態，也因改革開放引進更多的

族人民團結奮鬥的旗幟。三、改革開放，是解放和發展社會生產力、不斷創新充滿活力的體制機制的必然要求，是發展中國特色社會主義的強大動力，必須堅定不移地加以推進。科學發展，社會和諧，是發展中國特色社會主義的基本要求……。全面建設小康社會，是我們黨和國家到 2020 年的奮鬥目標。四、全面把握我國發展的新要求和人民群眾的新期待，認真總結我們黨治國理政的實踐經驗，科學制定適應時代要求和人民願望的行動綱領和大政方針。五、改革開放是發展中國特色社會主義、實現中華民族偉大復興的必由之路。六、全黨同志特別是黨的高級幹部，必須牢記社會主義初級階段基本國情，認清全面建設小康社會、實現基本現代化、鞏固和發展社會主義制度的重要性、長期性、艱巨性。七、必須科學分析全面參與經濟全球化的新機遇新挑戰。八、黨的十六大以來，黨中央繼承和發展黨的三代中央領導集體關於發展的重要思想，提出了科學發展觀。科學發展觀，第一要義是發展，核心是以人為本，基本要求是全面協調可持續，根本方法是統籌兼顧。九、貫徹落實科學發展觀，……始終堅持「一個中心、兩個基本點」的基本路線。十、要堅持和完善公有制為主體、多種所有制經濟共同發展的基本經濟制度，……。要深化財稅、金融、計畫體制改革，形成有利於科學發展的宏觀調控體系。……形成經濟全球化條件下參與國際經濟合作和競爭新優勢。十一、要堅持黨的領導、人民當家作主、依法治國有機統一，不斷推進社會主義政治制度自我完善和發展。要繼續擴大公民有序政治參與，健全民主制度，豐富民主形式……；發展基層民主……；全面落實依法治國基本方略，……；加快行政管理體制改革，強化政府社會管理和公共服務職能。十二、加強社會主義文化建設是不斷滿足人民群眾日益增長的精神文化需求的需要，是全面實施黨和國家發展戰略的需要。十三、加強社會建設，要以解決人民最關心、最直接、最現實的利益問題為重點，使經濟發展成果更多體現到改善民生上。十四、我們黨要帶領人民奪取全面建設小康社會新勝利，開創中國特色社會主義事業新局面，關鍵是要抓好黨的自身建設。十五、各級黨委要充分認識反腐敗鬥爭的長期性、艱巨性、複雜性，把反腐倡廉建設放在更加突出的位置。

[103] Habert S. Yee and Wang Jinhong, "Grassroots Political Participation in Rural China", in Theater and Tee ed(s)., *China in Transition*, p. 30.

政治理論而不斷低落，且中共對於內部經濟建設的成功，不斷帶給人民更高的經濟生活水平，對中共統治的要求也不斷嚴苛，因此，中共可能進行西方式的民主化變革，無法完全排除。

第三節　中共不進入西方式民主的反思

分別以理論及現實的角度看待中共不進入西方式民主的可能，可呈現如下景象：

一、理論層面

雖然有那麼多的跡象顯示，中共可能因改革開放及經濟建設有成，而走向西方式的民主，然而至 2010 年，中共仍不被國際認定為民主自由國家，卻是個無從否認的事實。[104]近期內要成為西方式民主國家的機會，似乎也不大。

中國大陸雖有令人欽羨的經濟成長，但其國力是否如外界所想像中的堅實，早被外界質疑。以 2008 年初一場遍及大陸 20 個省市區的大規模降雪與冰封：外界稱「雪災」，所造成的傷害為例，竟然讓中國大陸的路、空交通幾乎全部停擺，完全顯露出中國大陸仍是一個具有「易受損、且過度負荷的硬體建設」的發展中國家（developing nation with vulnerable, overtaxted infrastructure）；[105]再以 2010 年第二季中共 GDP 達 1.377 兆美元，超越日本同期的 1.377 兆美元，成為全球僅次於美國的第 2 大經濟體，但成長快速的表面下，卻隱藏著如下可能引發經濟危機的隱憂：[106]

---

[104] 「Map of Freedom: Asia-Pacific」, last visited Sep., 28, 2010，《**Freedom House**》, http://www.freedomhouse.org/uploads/fiw09/MOF09_AsiaPacific.pdf。

[105] Simon Elegant, "China On Ice", *Time*,2008,2,11, pp. 30～33.

[106] 魏艾,「中國大陸成為全球第二大經濟體的需與實」,**展望與探索**, 第 8 卷第 9 期（2010 年 9 月）頁 11～13。

一、以低廉土地成本與工資換來出口成長；

二、以國家控制力量調控經濟，使其喪失應有的經濟效益；

三、因國際分工使外資熱錢流入；

四、因美元貶值造成其他以美元計價國家 GDP 下降，中國大陸
　　GDP 相對上升假象；

五、若以 13 億人口平均計算，人均 GDP 將非常低落；

六、2009 年 1.5 億人口未超過聯合國 1 天 1 美元收入的貧困標準；

七、固定投資偏高帶動的 GDP 上升，一般民眾並未受益；

八、技術創新不足、城鄉差距日大、區域發展失衡、貧富差距擴
　　大（2008 年中國大陸基尼係數達 0.415）。等等

　　若中國大陸的經濟成長，未能嘉惠所有人民讓人民利用財富帶來
民智的提升，卻反而帶來可怕的隱憂，則中共就欠缺西方觀點所認為
的，經濟發展將帶來民主化的條件。

　　依據中共國務院於 2005 年 10 月 19 日發表的《中國的民主政治建
設》白皮書，強調中共的持續統治優於一切，更稱「若照搬西方資本
主義政治制度，是一條走不通的路」，[107]因此，中共真的會因內部多元
壓力逐步走向民主化，或透過改革開放引進新的統治技術，而逐步緊
縮對大陸的控制，甚至更加專制不民主？

　　不論民主的形貌為何，執政者政策推動必須接受民意的駕馭，卻
是各種民主形貌的核心；而西方國家所標榜的民主、自由與法治大致
被認可為具有政府接受民意駕馭的制度設計，但中國大陸的制度還在
爭論法大還是政大？堅信槍桿子出政權，甚至將共產黨的領導寫入憲
法做為全民遵守不可逾越的法則，使得執政者接受民意監督的架構不
足，因此不被西方民主國家甚至中國大陸內部部分知識分子認為足夠
支撐民主的發展。中共在經歷改革開放 30 年之後，是該因勢利導接受
因改革開放所帶來與大部分國家相同的民主、自由與法治等普世價

---

[107] 「中國民主政治建設白皮書（全文）」，2009 年 3 月 9 日下載，《國際在線》，
　　 http://gb1.chinabroadcast.cn/8606/2005/10/19/146@744130.htm。

值？還是為維持共產黨的統治地位，而忤逆這種大趨勢，另創造出至今仍無法明確界定的民主、自由、法治內涵，或又重返姓「社」姓「資」的爭論，[108]甚至根本不接受民主、自由、法治，目前尚難定論，也為中共將何去何從投入不可知的變數。

檢視中共當前社會狀況，可以發現，對於人民形成偏好、表達偏好及政府以同等態度對待這偏好的機會上明顯不足，人民連提出被西方社會視為理所當然的自由、人權保障都被中共封殺。如《○八憲章》的推動，其內容僅包含：「修改憲法」、「分權制衡」、「立法民主」、「司法獨立」、「公器公用」、「人權保障」、「公職選舉」、「城鄉平等」、「結社自由」、「集會自由」、「言論自由」、「宗教自由」、「公民教育」、「財產保護」、「財稅改革」、「社會保障」、「環境保護」、「聯邦共和」、「轉型正義」等，[109]中共現行憲法所明文保障的內容，都遭中共鎮壓，發動《○八憲章》連署運動的劉曉波，更被中共以「煽動顛覆國家政權罪」判刑 11 年，雖上訴，至北京高級法院二審，仍於 2010 年初維持原判。[110]中共顯然無法於短期內接受西方所認定的普世價值，並因此蛻變成西方式的民主。

中共無法於短期內走向民主，持悲觀論的學者認為其理由是：

一、中共未來的發展將持續在經濟事務與政治事務上對外開放，雖其發展難以逃避混亂或垮臺；但認為在經濟發展、與國際社會日益緊密結合之際，仍可維持中共一黨專政 25 年到 30 年之久。[111]

二、南韓與臺灣在經濟發展的過程中，因為美國的強力施壓，促成了該兩國的民主化，但美國對於中國大陸的壓力，卻因美

---

[108] 紀碩鳴，「普世價值之爭學者上書叫停」，亞洲週刊（2008 年 12 月 28 日），頁 42。

[109] 「零八憲章全文」（2008 年 12 月 10 日），2010 年 5 月 13 日下載，《苦勞網》，http://www.coolloud.org.tw/node/31858。

[110] 大陸新聞組，「維持原判 劉曉波：我無罪」（2010 年 2 月 11 日），2010 年 9 月 28 日下載，《視界新聞網》，http://www.worldjournal.com/view/full_news/6023586/article-%E7%B6%AD%E6%8C%81%E5%8E%9F%E5%88%A4-%E5%8A%89%E6%9B%89%E6%B3%A2%EF%B8%B0%E6%88%91%E7%84%A1%E7%BD%AA?instance=m2b。

[111] James Mann, *The China Fantasy* (London: Penguin Books, 2007), p. 10.

國政治菁英中滿布親中國大陸的勢力而難以發揮。[112]以致中共無法同臺灣、南韓一般，在經濟發展的同時，也受美國壓力而向民主化轉型。

三、超強且領導民主趨向的美國學界與政府各階層官員，對中國大陸都抱持著在任內或退休後，藉過去與中共建立的關係而從中獲利的心態，因此對於中共不願批判，造成美國欠缺督促中共進一步民主化的驅動力。[113]

四、雖然中共的民主化有減低與美國衝突的可能，[114]但中共不民主卻可以擺脫各種反對勢力糾纏，就可壓低外商在大陸的經貿成本，因此，中共不民主顯然對美國有利，[115]當然中共不民主也對其他先進國家的經濟作為有利（如：不用考慮工人抗爭、環保等問題），所以，世界先進國家或許反而希望維持中共的不民主，以利其經濟利益的攫起。

除這些讓引領全球化民主風潮的美國與各先進國家對中共影響力可能自我設限的理由外，在中共所提倡的民主意涵，原就與西方世界不同。以中共過去領導人毛澤東所提倡的民主是中國共產黨代表人民行一黨專政，中共的領袖地位絕不容許團體的挑戰，鄧小平時代雖然進行改革開放，但維持一黨專政的思維如故。[116]有研究顯示，毛澤東對於西方世界可能和平演變其專政制度早有所警覺，而成為其早期推動鎖國政策的考量因素之一，[117]在面對無可避免的中國大陸內部改

---

[112] Mann, *The China Fantasy*, p. 13.

[113] Mann, *The China Fantasy*, p. 61.

[114] Mann, *The China Fantasy*, p. 22.

[115] Mann, *The China Fantasy*, pp. 66～67.

[116] Kuo-Hsing Lee, John F. Copper, Ralph Rossum, "Democracy: How it is Discussed and Understood in the U.S., Taiwan, and Mainland China", in Bruce Herschensohn ed., *Across the Taiwan Strait-Democracy: The Bridge between Mainland China and Taiwan*（Lanham：Lexington Books, 2002）, pp. 12～13.

[117] Wen-hui Tsai, "New Authoritarianism, Neo-Conservatism, and Anti-Peaceful Evolution: Mainland China's Resistance to Political Modernization", in Bih-Jaw Lin ed., *Contemporary China and the Changing International*

變，中共元老陳雲甚至提倡以太子黨作為交班的對象，以免中共的革命成果被全盤否定。[118]

依據共產主義的發展理論，逐步由社會主義初級階段走進共產主義，最後引發國家與政黨的全部消亡。就以現階段中共的政治發展加以定位並觀察發現，目前中共所處的隨著改革開放與經濟建設的成功，中共或許已從鐵板一塊的極權主義（totalitarian），逐漸轉變成威權主義（authoritarian）或新威權主義（new-authoritarian），但目前尚不及西方國家所接受的民主境界，甚至極力抵擋民主化進一步的發展是不爭的事實，或許有諸多學者，在衡量中共的發展特性後，認為新威權主義適用於當前中國的環境，而新威權主義適用於中國大陸的假設是：[119]

一、安定的社會與政治情況有利於經濟的發展；

二、亞洲四小龍的成功與其他發展中國家的失敗經驗，顯示強勢政府的必要性；

三、大陸人民因欠缺教育也尚未準備妥當，因此不適用分權；

四、文革時以人民主政的混亂經驗不能再重蹈覆轍。

五、中國大陸的改革不能建構在民主政體上，而必須建立在威權政治體系內。

學者的研究認為，雖然新威權主義有助於穩定整合政治經濟秩序，但卻是個不穩定的制度，因新威權主義強調政治事務，追求權利的個人化又缺乏有力的監督，由此而產生的便是權力與政治的腐化。[120]中共的政治發展，從毛澤東時代以個人特質，促使黨的組織與成員絕對服從，到八〇年代改革開始後，逐漸建立權力移轉、公務員、

Community(Taipei: Institution of International Relations, 1993), p. 252.

[118] Tsai, "New Authoritarianism, Neo-Conservatism, and Anti-Peaceful Evolution: Mainland China's Resistance to Political Modernization", p. 258.

[119] Tsai, "New Authoritarianism, Neo-Conservatism, and Anti-Peaceful Evolution: Mainland China's Resistance to Political Modernization", p. 249.

[120] 蕭功秦、朱偉，「痛苦的兩難抉擇」，齊墨編，新權威主義（臺北：唐山，1991 年 10 月 30 日初版 1 刷），頁 16～17。

接班群選拔的制度，到胡錦濤時代傾向增強法律與制度的規範，建立更有效的、以黨的組織為主的權威控制。[121]雖然時空環境改變，讓中共的政治發展，逐步由人治向法治方向轉變，但中共仍以中國共產黨專政的態度主掌國家機器的運作，至今不願走向西方所認定的民主體制，縱使面對腐化與個人崇拜的危險也在所不惜。更重要的是，當前不民主的現象，等於保障了中國共產黨的絕對統治權力，也等同於保障了中國共產黨領導人的利益，那麼中共領導幹部實在沒有放棄利益以追求民主的理由。因此，中國大陸民主化，實在不容外人樂觀。

雖然新威權主義可能是政權過渡到民主或退回更為保守落伍的中介，[122]但大陸學者孫哲認為，中共在中國大陸實行「絕對的紅色專制」，只有被中共認為非敵人的「人民」才享有民主，被認定為敵人的「非人民」則成為專政的對象。即使這種有限制的「民主」，人民的利益也必須與黨的利益相符合，決不允許西方式的自由表達、多頭競爭等出現；中共給予人民「民主」的目的，只是為了更能動員人民群眾，調動人民的積極性和聰明才智，為黨的目標奮鬥而已。[123]因此，當前被諸多學者或中共本身所推崇的新威權主義的統治模式，轉向民主的機率似乎不高，這也表現出中共對於任何不在共產黨掌握之中的任何社會動態，都必須加以嚴肅掌控的現象。

雖然中共可能因經濟建設逐步發展及遭受全球化的衝擊，使中共即將民主化的看法被部分學術界注意，但近年中共努力維持其一黨專政態勢，卻也引發中共是否因經濟發展促使中共民主化的諸多質疑。多位學者甚至直言，中共就是能避免這種因經濟發展引發民主化的結果，至少讓外界不敢大膽的預測中共必然因為經濟的發展而走向民主

[121] 丁望，「中共『十七大』與權力景觀──以解構的視角分析政治局強勢競爭者」，陳德昇編，中共「十七大」政治菁英甄補與地方治理（臺北：印刻，2008），頁95～96。
[122] 蕭功秦、朱偉，「痛苦的兩難抉擇」，頁17。
[123] 孫哲，獨裁政治學，頁292。

化，[124]甚至可能因為經濟的發展成為更加專制的國家。部分專家更爭辯經濟發展與民主化沒有必然的關係。[125]

　　對於經濟發展不必然造成自由民主的說法，國際觀察自由民主發展的「自由之家」（Freedom House）也在近年全球自由度觀察中印證了這種說法。在「自由之家」公布 2009 年全球自由民主趨勢中，發現全球自由化程度已連續倒退 3 年，[126]而 2009 年自由化倒退的原因，除明指薩哈拉沙漠以南諸國及前蘇聯各共和國的倒退外，還特別點名中國大陸是由主政者強力主導反對自由民主的國度，更是 2009 年世界自由民主進程倒退重要的因素之一。[127]這種陳述，正代表著中共自由化不足，而自由化程度遭限縮，縱使經濟持續發展，對於中國大陸的民主仍無抱持樂觀的理由。研究中共民主化的學者基里（Bruce Gilley）也認為，中國大陸是否真的會如一般預期會因經濟發展、對外改革開放、網路盛行及人民積極爭取利益等，而不斷的朝民主化前進，最終將民主化？其結果令人懷疑，甚至只能依賴時間來證明一切。[128]

　　更何況，因中國大陸的幅員廣大人口眾多，使得中共當前的經濟發展雖形成巨大的對外經貿結構，但卻低個人所得的情形，[129]學界也多半同意，中共可能呈現於 2010 年成為世界最大經濟體，但卻有數億人民仍然貧窮的矛盾現象。[130]「自由之家」更持續在 2010 年度報告中，

[124] See James Mann, *The China Fantasy* (New York: Penguin Group, 2007) and Bruce Gilley, China *Democracy Future* (New York: Columbia University Press, 2004)等書。

[125] See Francis Fukuyama, *State Building* (London: Profile Books LTD, 2004) 一書。

[126] Arch Puddington, "Freedom in the World 2009: Setbacks and Resilience", late visited Jan., 16, 2009,《*Freedom House*》, http://www.freedomhouse.org/uploads/fiw09/FIW09_OverviewEssay_Final.pdf

[127] "Freedom in the World 2009 Survey Release", last visited, Sep., 28, 2010, 《*Freedom House*》, http://www.freedomhouse.org/template.cfm?page=445。

[128] Gilley, *China Democracy Future*, p. 246.

[129] Juwono Sudarsono, "China as an Econonmic Power: A Regional View", in Chan Heng Chee ed., *The New Asia-Pacific Order*(Singapore: Institute of Southeast Asian Studies, 1997), p. 93.

[130] Sudarsono, "China as an Econonmic Power: A Regional View", P. 100.

再度提出，認為過去一年全球不自由國家數增加，而中國大陸被評鑑
為不自由國度；並稱在全球有二、三十億人生活在基本政治與公民自
由未被尊重的社會中，中國大陸就占一半。[131]連續兩年遭「自由之家」
點名為不斷緊縮自由或自由未見改善的國度，也凸顯中共政治發展未
向民主自由方向前進的趨勢。顯然，中國大陸的政治發展預期，與西
方觀點認為，經濟發展帶給多數人民財富進而帶動民主自由的不同。

　　再就馬克思主義運用的觀點看，中共所謂的社會主義初級階段
論，是由資本主義社會在經過適度的革命作為後，進入共產主義的初
級階段之謂。學者高輝將各種社會主義的初級階段的論證過程，彙整
成如下的幾個流程圖表：

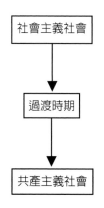

圖3-7　社會主義直接過渡至共產主義

資料來源：高輝，社會主義再認識——中共「初階論」之研究（臺北：永業
　　　　　出版社，1991），頁20。

---

[131] "Freedom in the World 2010: Global Erosion of Freedom"（Jan. 12, 2010），
May, 13, 2010,《**Freedom House**》, http://www.freedomhouse.org/template.
cfm?page=70&release=1120。Not Free: The number of countries deemed to be
Not Free increased to 47, or 24 percent of the total number of countries. Over
2.3 billion people live in societies where fundamental political rights and civil
liberties are not respected. China accounts for half of this number.

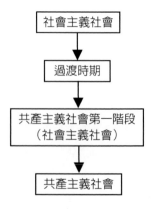

圖 3-8　社會主義分階段過渡至共產主義

資料來源： 高輝，**社會主義再認識——中共「初階論」之研究**（臺北：永業
出版社，1991），頁 20。

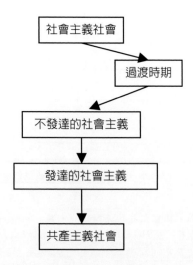

圖 3-9　社會主義經過渡時期再分階段過渡至共產主義

資料來源：高輝，**社會主義再認識——中共「初階論」之研究**（臺北：永業
出版社，1991），頁 22。

　　依據社會主義初級階段論的提法，或說依據共產主義發展預估的詮釋，中共在社會主義初級階段之後，不論是否分階段，都將逐步進入共產主義，根本就不是進入當前西方民主盛行的資本主義社會。甚至在共產黨的理論認知中，資本主義社會已經落後於社會主義的發展。中共往後的政治發展趨勢，實在不能說將因為經濟發展到達某種程度後，再回頭成為資本主義社會，並因應資本主義社會，形成西方式的民主主義制度。

　　另依據馬克思與恩格斯在《共產黨宣言》裡的說法，認為：「如果說無產階級在反對資產階級的鬥爭中一定要聯合為階級，如果說它通過革命使自己成為統治階級，並以統治階級的資格用暴力消滅舊的生產關係，那麼它在消滅這種生產關係的同時，也就消滅了階級對立和階級本身的存在條件，從而消滅了它自己這個階級的統治」；毛澤東在《論人民民主專政》一文中，更表明：「消滅階級，消滅國家權力，消滅黨，全世界都要走這樣的一條路的，問題是時間和條件」。[132]若說社會主義最終將成為共產主義社會，依據馬克思主義的觀點，認為：[133]

　　國家必將隨著階級的完全消滅而消亡。國家伴隨著階級的產生而出現，也必將隨著階級的完全消滅而自行消亡。所謂國家的消亡，指的是無產階級的國家。無產階級國家對無產階級和廣大勞動群眾實行真正的民主，對極少數剝削者和反社會主義分子實行專政；它要消滅一切剝削制度和剝削階級，消滅一切階級差別和社會差別，使社會從社會主義向共產主義過渡；為此，它致力於社會主義的經濟的、政治的、思想文化的建設，大力發展生產力，建設高度的物質文明和社會主義精神文明，為國家的消亡準備條件。無產階級國家已不是原來意義的國家，在一定意義上說，無產階級國家的建立，就是國家消亡的開始。由於作為階級的剝削階級被消滅後，階級鬥爭仍在一定範圍內

---

[132] 「論人民民主專政」，**毛澤東選集第四卷**（北京：人民出版社，1966年），頁1405。

[133] 「國家隨著階級的完全消滅而消亡」，2010年10月1日下載，《**馬克思主義研究網**》，http://myy.cass.cn/file/200512082666.html。

長期存在，而且社會主義全面建設的任務十分艱巨；由於帝國主義時代經濟政治發展不平衡規律的作用，社會主義將較長期地處於資本主義的包圍之中，無產階級國家的對內和對外職能仍然存在，因此，國家機器還必須鞏固和加強。強化國家機器是為了國家的最後消亡，這是歷史的辯證法。

　　依據這些共產主義的經典著作論述，共產主義最終將造成國家的消亡，若國家機器都已消亡，又何來西方式民主的政黨政治？

　　或說中共在經濟發展壓力下的政治發展，將成為參與式民主（participatory democracy），就是維持威權但接受民眾參加，同時聽取民意的統治方式，猶如新加坡的統治模式一般。[134]但不論是參與式民主或黨內民主，都絕不是當前世界所普遍接受的、西方式的民主。因此，當溫家寶近年來一連串的政治改革說法被外界注意之際，卻也同時伴隨著劉曉波獲頒 2010 年諾貝爾和平獎事件。中共強烈指責諾貝爾委員會所在地的挪威政府，與悍然拒絕西方各先進國家要求中共釋放劉曉波的聲音，且代表社會先進力量的北京知識界，多對劉獲獎感到莫名其妙，認為西方給劉曉波諾貝爾和平獎，只說明諾貝爾和平獎「墮落」，公信力蕩然無存，[135]就不足為奇了。

　　中共當前的發展，一般認為無法一蹴即成的成為西方式的民主，中共知識界更基於：一、蘇聯的垮臺；二、政府內部資本主義階級或資本糾集幹部興起；及三、民族主義的興起等 3 個因素，促使新保守派學者力量興起。這些新保守派學者對於中共的政治發展，拒絕快速民主化的作為，而是抱持必須採取漸進主義式的演變態度，而此種態度仍具有強烈民族主義性格，且其思想主宰中國大陸當前的學術思想，[136]使中國大陸的思想界，在敵視西方的氛圍與現實考量雙重影響

---

[134] C. Fred Bergsten, Bates Gill, Nicholas R. Lardy and Derek Mitchell, *China: The Balance Sheet* (New York: Public Affairs, 2006), pp. 56-57.

[135] 亓樂義「中共批違諾貝爾宗旨封鎖消息」，**中國時報**，2010 年 10 月 9 日，第 A2 版。

[136] Meissner, "New Intellectural Currents in the People's Republic of China", in David

下，難以有效的在大陸境內推動西方式的民主制度。有學者就視這種漸進式的政治演變，為中共民主化的不利因素之一，並認為這種不敢一步到位的演變策略，是新威權主義（neo-authoritarism）的展現；[137]前已述及新權威主義可能不利於民主化的發展，若進一步言，可發現新威權主義雖可阻擋一時的民主化劇變，但以新威權主義的觀點看在中國大陸的發展，也可能以如下的方式轉變：

表 3-1　新威權主義在中國的可能轉變模式

傳統	轉變	未來
計畫經濟	通貨膨脹危機	市場經濟
威權政治	腐敗	民主化
文化同一	信心危機	多元化
人治	混亂	法治

資料來源：Werner Meissner, "New Intellectual Currents in the People's Republic of China", in David C. B. Theater and Herbert S. Tee ed(s)., *China in Transition* (London: Macmillan Press, 1999), p. 17.

依此推論，縱使中共抵抗民主化並轉型為新威權主義，最終都難以避免進入民主化，只是時間上的差別而已。但時間必須拖上多久？在當前的學術研究中，似乎無人敢於提出，甚至是否能保證在相當時間過後，必然依據新權威主義或經濟建設帶動政治民主化的推論，認為中共必然民主化，至今都仍被學界高度質疑。更何況，新權威主義也無法回答，若新的強勢領導人執意要轉回威權統治，將會發生何種結果？及如何保證防止這種情勢的發生問題。[138]若依據新威權主義的觀點及「初階論」的提法認為必須維持社會主義初級階段一百年，那麼是否間接說明，共產黨必須掌權一百年，再視當時的情況，改變政

C. B. Theater and David C. B. Teather and Herbert S. Yee ed(s)., *China in Transition*, p. 19.與鄭永年，*政治漸進主義*（臺北：吉虹文化，2000），頁 19～20。
[137] 趙建民，*當代中共政治分析*（臺北：五南，1997），頁 279～280。
[138] Meissner, "New Intellectual Currents in the People's Republic of China", in Teather and Yee ed(s)., *China in Transition*, p. 17.

治運作模式，且不保證會採用西方式的民主運作方式？若然，則西方式的民主，對中共的政治發展而言，必然如鏡花水月，飄渺而不可及。

部分研究者認為，當中共對內統治力相對於過去衰落，又必須面對如此龐大多樣與矛盾的國內政局，中共只能採用蛻變控制（graduated control）模式進行統治。簡言之，中共協助有益於中共統治的團體儘量活動，但嚴密監控或壓制可能挑戰中共統治的各類團體，[139]前者如商業團體，後者如政治異議團體等，[140]以持續中共的統治。

有學者更認為政治（或統治）的合法性（legitimacy），就是對政府具有統治權力的信念，也是一種治者與被治者關係的表現；[141]中共統治合法性近年因經濟發展與對外改革開放而不斷被質疑，早已非新鮮事物。一旦政治合法遭受質疑，為了確保政治的穩定與政權持續，其結果可能採取壓制的手段，或發生深遠的政治變革，讓政治制度發生重大的改變。[142]中共在經濟持續發展且對外維持開放的情況下，西方式的民主壓力不易消除，面對如此局勢，中共極力修補其備受衝擊的統治合法性是理所當然的選擇，但其選擇，並不必然等同於接受西方式民主，讓社會多元的各個力量組織成政黨並相互競爭，使這些政黨終並成為執政黨或積極參與政治活動，讓各自的訴求得到滿足。中共的作為反而可能是加強壓制各多元勢力，爭取執政權利得以延長的機會。如：中共全國政協主席賈慶林，2009 年 1 月間，在中共重要理論刊物《求是》雜誌上，以《高舉中國特色社會主義偉大旗幟，把人民政協事業不斷推向前進》為題，撰文明白表示：「要始終堅持正確的

---

[139] Kan Xiaoguang and Han Heng, "Graduated Controls: The State-Society Relationship in Contemporary China", *Modern China*, vol. 34, No.4(2008/1), p. 38.

[140] Xiaoguang and Heng, "Graduated Controls: The State-Society Relationship in Contemporary China", pp. 40～49.

[141] Rodney Barker, *Political Legitimacy and the State*（New York: Oxford University Press, 1990），p. 27.

[142] Andrew Heywood, 楊日青等譯，政治學新論（臺北：韋伯文化，2002 年 3 月），頁 337～338。

政治方向，堅定不移地走中國特色社會主義政治發展道路」、「築牢抵禦西方兩黨制、多黨制、兩院制和三權鼎立等各種錯誤思想干擾的防線」，[143]就是為中共極力抵禦西方式民主浪潮壓力，並為中共當前統治合法性辯護的明確跡證。

　　一般更認為中共因經濟發展造成過去賴以維持政權的意識形態低落，必須以其他意識形態取代過去共產主義的作為，而新興的意識形態是民族主義，[144]才足以維持其統治合法性於不墜。而民族主義與愛國主義兩者雖有其差別，但經常被混用，[145]更有甚者，民族主義（或愛國主義）的支持者對外宣稱自身的獨立，對內卻壓抑內部的分離力量，要求內部各族群，對國家無條件的忠誠，[146]因為愛國主義（或民族主義）要求對外的獨立對內的團結，造成當前中共對外的強硬對內的壓制各類分離勢力的表現。

　　民族主義（或愛國主義）在學術研究中，雖與文化族群有關，但更被部分學者認為是政治動員的工具，[147]愛國主義或民族主義對中共

[143] 「賈慶林《求是》撰文：把人民政協事業不斷推向前進」（2009 年 01 月 16 日），2009 年 1 月 19 日下載，《中國共產黨新聞網》，http://theory.people.com.cn/GB/49169/49171/8687469.html。

[144] Joshua Kurlantzick, *Charm Offensive* (New Haven, Yale University, 2007), p. 33.

[145] 孟德聲，**中國民族主義之理論與實際（上冊）**（臺北：海峽出版社，2002），頁 82～83。另中國大陸是由 56 個民族組成的國家，除漢族外，其他 55 個少數民族雖僅占總人口的 8.41%，但卻居住在 64%的國土面積上，中共現行憲法「序言」中表明：「中華人民共和國是全國各族人民共同締造的統一的多民族國家」、「在維護民族團結的鬥爭中，要反對大民族主義，主要是大漢族主義，也要反對地方民族主義。國家盡一切努力，促進全國各族的共同繁榮」，因此，中共不敢隨意提倡民族主義，以免被冠上不尊重少數民族，或以大漢民族主義強壓少數民族的問題，讓內部政情更加複雜難以處理，甚至在現行憲法第 24 條中明確規定：「國家提倡愛祖國……，在人民中進行愛國主義、集體主義和國際主義、共產主義的教育……」，讓中共的愛國主義教育得到了確保。請參閱：「中共的少數民族政策」，法務部調查局展望與探索雜誌社編印，**中國大陸綜覽（97 年版）**（臺北：展望與探索雜誌社，2008），頁 185。

[146] Craig Calhour, *Nationalism* (Minneapolis: University of Minnesota Press, 1997), p. 124.

[147] Calhour, *Nationalism*, p. 54.

而言，不僅是要求人民因為愛戴國家，進而忽視中共統治的合法性問題，愛國主義因此不僅成了中共凝聚統一的工具，更是中共維持統治合法性的重要工具，而愛國主義更可以成為中共維護面子的工具。依據政治文化學者裴魯恂（Lucian Pye）對於中共政治文化的研究發現，中國人傳統上要千方百計維持共識與和諧，[148]且強調意識形態與階級的重要性與必要性，而馬列主義正加強了這種傾向。[149]換言之，就是中共的統治，是在層層階層結構中維持君君、臣臣、父父、子子的規矩，不得隨便踰越，當前中共的統治，是始終維護中國傳統統治者與被治者間的行儀，僅用共產主義加以包裝而已。[150]也就是說，當前中共的統治模式，竟是以共產主義包裝傳統君君、臣臣、父父、子子的傳統中國社會階層結構；但共產主義的本質，卻又一定要否定過去肯定現在，以給予人民充滿希望的未來，促使在維持階層化的穩定與和諧及否定過去的交織中，造成執政的情形和政權的合法性混亂的窘境。也因此，執政者必須讓人民相信其政策舉世無雙，決不允許別人仔細批判，以免露出馬腳，[151]造成不符階層安排的穩定、和諧狀況，因而造成中共統治階層及其政策執行都必須以穩定與和諧作為重要的考量因素，只准官方各類否定過去的主張盛行，如：不斷的強調「改革」（改變過去不好的，並進行革新或革命）、「開放」（打開過去的閉鎖）、「革命」（連根去除過去），而人民只能跟隨不能異議，甚至直接以統治階層的面子問題作為施政的重要考量因素。更因此，中共領導人極力反對西方式相互爭奪、衝撞的民主，以免危及國家權力；也因此提倡「和諧」與「合作」旨在消弭相互的爭辯與競爭，維持秩序與階層，更是領導階層的價值中心。[152]而鞏固現有的階層安排，對於當

---

[148] Lucian Pye，胡祖慶譯，**中國政治的變與常**（臺北：五南，1989），頁 5。當然裴魯恂也強調關係才是安全的保障。

[149] Pye，胡祖慶譯，**中國政治的變與常**，頁 81。

[150] Baogang Guo, "China's Peaceful Development, Regime Stability and Political Legitimacy", in Sujian Guo ed., *China's "Peaceful Rise in 21st Century*, pp. 43～44.

[151] Pye，胡祖慶譯，**中國政治的變與常**，頁 100。

[152] Huntington, "The Future of the Third Wave", in Marc F. Plattner and João

前中共領導階層，更是本身利益的維護，這也突顯在當前國際局勢發展下，共產主義已經死亡，但列寧模式卻依然存在的有趣現象。[153]

　　若以軟國力的觀點看待國際社會秩序，可以輕易的發現，現有的國際社會秩序，確實與西方先進國家的發展與作為有密切關係，甚至是依據西方社會的觀念所建立。如現行主權觀（sovereignty）、國際法、引渡（extradite）、著作權保護、自由、平等、人權等等。縱然許多觀念對於全體人類的發展有極大的幫助，如人權、著作權、自由、平等的保障等，但以國力日漸崛起，且深植反西方資本主義社會為本質的共產主義教條、民族主義高漲及對西方列強侵略中國屈辱記憶猶新的中共立場看，現有的國際秩序，卻是西方社會在發展過程中為求更進一步發展，或方便進一步侵略後進國家所設定的行為準則。這使中共倍感發展受到威脅，因此極力反對，或至少不心甘情願遵循。反之，若這些國際秩序，是依據中共的行為準則、思想、價值觀等建立，則西方不僅不足以依其檢視或威脅中共的發展，中共甚至可以依中共所定的國際秩序標準檢視甚至威脅西方先進國家的發展，若然，則國際行為準則依中共所設定的標準建立，則對於中共進一步發展的協助，則洞若觀火不辯自明。在這種思維中，讓中共反對其政治發展成為西方式民主的立場更為堅定。

　　學界對於類似的研究，也提及，雖然既得利益國家，會協助列強（目前為美國所代表的西方先進國家）維護現有國際社會秩序，以持續獲利，但部分自認為依據其國力應該可獲得更多利益者，則會要求變更現行國際秩序以為因應，甚至成為新國際社會的領導者。[154]中共在國力日強的狀況下，確有逐步提升要求改變現有國際秩序的能力，因此，中共面對國際社會民主化的壓力，不僅在維護統治階層利益或共產黨的利益考量下，必須奮力抵抗，且在傳統西方侵略記憶及意圖

Carlos Espada ed(s)., *The Democratic Invention*, p. 10.

[153] Larry Diamond, "The End of the Third Wave and the Start of the fourth", in Marc F. Plattner and João Carlos Espada ed(s)., *The Democratic Invention*, p. 25.

[154] Jack S. Levy, "Power Transition and the Rise of China" in Robert S. Ross and Zhu Feng ed(s)., *China Ascent*（Ithach: Cornell University, 2008）, p. 13.

改變既有國際秩序，以爭取中國自尊心及符合其國力的國家利益思維下，中共奮力抵抗西方式的民主，甚至要求西方國家尊重或學習其非西方式民主形式的政治系統安排，更是極其自然的戰略選擇。

二、現實層面

若將中共十五大、十六大及十七大的政治報告重要章節及其相關內容加以比對會有如下結果：

表 3-2　十五大、十六大、十七大中共總書記政治報告對應表

十五大政治報告 （江澤民）	十六大政治報告 （江澤民）	十七大政治報告 （胡錦濤）
世紀之交的回顧和展望；過去五年的工作（包含主張持續改革開放）	過去五年的工作和十三年的基本經驗（包含主張持續改革開放）	過去五年的工作
鄧小平理論的歷史地位和指導意義	全面貫徹「三個代表」重要思想	深入貫徹落實科學發展觀
社會主義初級階段的基本路線和綱領	全面建設小康社會的奮鬥目標	實現全面建設小康社會奮鬥目標的新要求
經濟體制改革和經濟發展戰略	經濟建設和經濟體制改革	促進國民經濟又好又快發展
政治體制改革和民主法制建設	政治建設和政治體制改革	堅定不移發展社會主義民主政治
有中國特色社會主義的文化建設	文化建設和文化體制改革	推動社會主義文化大發展大繁榮
（有關軍隊建設包含於上一列「有中國特色社會主義的文化建設」內）	國防和軍隊建設	開創國防軍隊現代化建設新局面
推進祖國和平統一	「一國兩制」和實現祖國的完全統一	推進「一國兩制」實踐和祖國和平統一大業
國際形勢和對外政策	國際形勢和對外工作	始終不渝走和平發展道路

面向新世紀的中國共產黨	加強和改進黨的建設	以改革創新精神全面推進黨的建設新的偉大工程
		加快推進以改善民生為重點的社會建設
		改革開放的偉大歷史進程

資料來源：作者自行整理

　　依據對十五、十六、十七大政治報告的內容比對分析，發現中共對於重要政策的延續性極為穩固，但另一方面卻又凸顯出中共政治的僵化，在未有突發情況下，中共做出突然的重大轉變，似乎不太容易出現。

　　就在各類條件看似中共必須被迫民主化之際，中共卻在十七大開幕前夕的 2007 年 10 月 14 日，由新聞發言人李東生對外公開宣示，中國的政治體制改革須積極穩妥進行，絕不照搬西方政治制度的模式。意味著即將召開的十七大，不會在政改方面有新的動作，僅是繼續推進黨內民主，[155]也成為十七大後延續至今的中共政治建設方向。

　　中共在改革開放初期，強調其正處於社會主義初級階段。姑且不論中共是否真的會依據前述社會主義初級階段論的流程逐步推進到共產主義社會，但依據中共領導人趙紫陽於 1987 年十三大的報告，表明：「我國從五十年代生產資料私有制的社會主義改造基本完成，到社會主義現代化的基本實現，至少需要上百年時間，都屬於社會主義初級階段」、「以為不經過生產力的巨大發展就可以越過社會主義初級階段，是革命發展問題上的空想論，是『左』錯誤的重要認識根源」，[156]換句話說，就是從 1950 年代到 2050 代的一百年間，是中共的社會主

---

[155] 「李東生給十七大政改定調：積極穩妥不照搬西方模式」，2007 年 10 月 15 日下載，《多維新聞網》，http://www5.chinesenewsnet.com/MainNews/SinoNews/Mainland/2007_10_14_16_20_16_649.html。

[156] 「趙紫陽在中國共產黨第十三次全國代表大會上的報告」(1987 年 10 月 25 日)，2010 年 9 月 30 日下載，《中國共產黨歷次全國代表大會數據庫》，http://cpc.people.com.cn/GB/64162/64168/64566/65447/4526368.html。

義初級階段，其重點包含「必須集中力量進行現代化建設」、「必須堅持全面改革」、「必須堅持對外開放」、「必須以公有制為主體，大力發展有計劃的商品經濟」、「必須以安定團結為前提，努力建設民主政治」、「必須以馬克思主義為指導，努力建設精神文明」，[157]其努力方向始終不脫馬克思主義的計劃經濟、公有制等原則，意圖建構進入共產主義基礎的態勢明確。

因此，現階段中共對於社會主義初級階段的民主、法制建設，應當與西方式的民主、法制建設毫無瓜葛，甚至，其未來發展也與西方社會的民主、法治社會情況完全不同；在社會主義初階論的民主與法制建設，僅是為建立共產主義社會或為消滅階級、政黨與國家做出準備而已。目前中共甚至將初階論幾乎等同於強調經濟建設（或生產力的提升）來詮釋，[158]中共領導階層，幾乎表明在初階論階段，只講經濟不講其他的堅定意志，甚至藉經濟建設成果以鞏固其統治地位，這種思維延續至今，似乎也未見有多大改變。更簡單的說，社會主義初級階段強調的經濟建設，雖改變社會的面貌，但所有的改變都不能夠威脅到中國共產黨的統治。[159]中共總理溫家寶，更於 2010 年 2 月 26 日在新華網上發表「關於社會主義初級階段的歷史任務和我國對外政策的幾個問題」文章，表達下列幾個重點：[160]

一、中國大陸不僅處於社會主義初級階段，更稱將長期處在社會主義初級階段。而所謂初級階段就是不發達的階段，這個「不發達」首先當然是指生產力的不發達。

---

[157] 「趙紫陽在中國共產黨第十三次全國代表大會上的報告」。

[158] 高輝，*社會主義在認識——中共「初階論」之研究*（臺北：永業出版社，1991），頁 33〜40。

[159] Werner Meissner, "New Intellectural Currents in the People's Republic of China", p. 5.

[160] 「溫家寶：關於社會主義初級階段的歷史任務和我國對外政策的幾個問題」（2007 年 2 月 26 日），2010 年 9 月 27 日下載，《新華網》，http://big5.xinhuanet.com/gate/big5/news.xinhuanet.com/politics/2007-02/26/content_5775212.htm。

二、當前一定要毫不動搖地堅持以經濟建設為中心，大力發展生產力。

三、講初級階段，不光要講生產力的不發達，還要講社會主義制度的不夠完善和不夠成熟。鞏固和發展社會主義，必須認識和把握好兩大任務：一是解放和發展生產力，極大地增加全社會的物質財富；一是逐步實現社會公平與正義，極大地激發全社會的創造活力和促進社會和諧。上述兩大任務相互聯繫、相互促進，是統一的整體，並且貫穿整個社會主義歷史時期一系列不同發展階段的長久進程中。

四、沒有生產力的持久大發展，就不可能最終實現社會主義本質所要求的社會公平與正義；不隨著生產力的發展而相應地逐步推進社會公平與正義，就不可能愈益充分地調動全社會的積極性和創造活力，因而也就不可能持久地實現生產力的大發展。

五、社會主義制度與民主政治不是相背離的，高度的民主、完備的法制，恰恰是社會主義制度的內在要求，是成熟的社會主義制度的重要標誌。中國完全可以在社會主義條件下，建成民主和法治國家。要立足國情，在實踐中積極探索中國特色的民主政治建設規律。

六、當前，中國大陸要以促進經濟發展、保障公民權益、反對腐敗行為、提高政府公信力和執行力、增進社會和諧為重點，擴大民主、健全法制，繼續推進政治體制改革。這樣做，就能使中國人民自己選擇的發展道路在國際上得到更廣泛的理解和認同。

政治評論家周瑞金，從前述溫家寶的談話中釐清認為，中國大陸的現況是，從中國還處在社會主義初級階段的現實出發，不能超越階段，對改革、發展和民生問題提出過高要求，只能夠從社會主義初級階段這個角度來理解、看待當前處理、解決中國大陸所面臨的問題。[161]

---

[161] 「『皇甫平』解讀溫家寶『社會主義初級階段』說」。

溫家寶，又於 2010 年 8 月 21 日在深圳經濟特區建立 30 周年慶祝會議上稱「停滯和倒退不僅會葬送 30 多年改革開放的成果和寶貴的發展機遇，窒息中國特色社會主義事業的勃勃生機，而且違背人民的意志，最終只會是死路一條」，但也堅持「社會主義初級階段的長期性」；[162]同年 9 月底在北京接受 CNN 專訪，坦率承認稱「中國政治改革面臨困難和阻力」；[163]更於 2010 年 9 月 23 日在聯合國大會一般辯論發言指出，中國將繼續推動經濟與政治體制改革。強調「在深化經濟體制改革同時，也要推進與搞好政治體制改革，只有這樣，經濟體制改革才能最終成功，現代化建設才能持續發展」，[164]這些言論讓外界再度注意中共在經濟持續發展後，其政治被迫改革的需要，更注意其所謂政治改革的內涵；而對於政治改革內涵為何，溫家寶於 2010 年在紐約對外公開稱，政治體制改革，最重要的就是保障憲法和法律賦予人民各項自由的權利，要調動民眾的積極性和創造精神，要有一個寬鬆的政治環境，讓人們能夠更好的發揮獨立精神和創造思維，使人能得到自由和全面發展；中國要成為一個民主法治的國家，所謂法治，最重要的就是當一個政黨執政以後，應該按照憲法和法律辦事，黨的意志和主張，也要通過法定程序來變為憲法和法律的條款，所有組織都要在憲法和法律下行動，這才是依法治國。[165]縱使，溫家寶認為，做到這點可能還需要一定的時間，但這是現代文明和現代政治所必需的，應該朝此而努力。[166]必須注意的是，溫家寶雖不斷強調政治改革，但卻從

---

[162] 「溫家寶：政經改革停滯倒退是死路一條」（2010 年 8 月 22 日），2010 年 11 月 12 日下載，《鳳凰網》，http://big5.ifeng.com/gate/big5/news.ifeng.com/ mainland/detail_2010_08/22/2049123_0.shtml。

[163] 「溫家寶登上《時代》封面 坦承中國政改阻力北京新浪網」（2010 年 10 月 15 日），2010 年 11 月 12 日下載，《sina 新浪新聞網》，http://news.sina. com.tw/article/20101015/3844407.html。

[164] 傅依傑，「在聯大‧破天荒溫家寶倡中國要政改」，聯合報，2010 年 9 月 25 日，第 A1 版。

[165] 魏碧洲、曹健、賴錦宏，「沒政治改革 經改成果會得而復失」，聯合報，2010 年 9 月 24 日，第 A2 版。

[166] 魏碧洲、曹健、賴錦宏，「沒政治改革 經改成果會得而復失」。

來沒說，其政治改革內涵中的民主與法治（與法制），將是西方式的，如：政黨競爭，人民透過選舉產生領導人等等的形態。甚至有香港部分輿論認為，2010 年溫家寶在深圳、北京與紐約的各種場合大談政改，溫家寶的言論，不僅代表著先前已和胡錦濤有過磋商，更認為中共高層意圖的政改將從「限權」入手，而「限權」是指限制政府部門的權利但卻拒絕用「分權」、「放權」的方式進行改革。[167]而溫家寶於 2010 年 9 月 30 日中共國慶酒會上表示將積極穩妥推進政治體制改革，而胡錦濤等中共高階領導人都在現場，[168]再度證明胡、溫對於政治改革確有所共識。換言之，中共最高領導階層的胡錦濤與溫家寶，都同意現階段中共必須進行政治改革，否則政治運作將難以與經濟持續發展後的社會情勢相配合，但卻又不是將共產黨一黨專政變成西方式的民主形式，而僅是對政府甚或共產黨進行「限權」，使權力的運作與現有社會情勢更加匹配與合理而已；既然是僅限於「限權」卻不是分權與放權，充其量僅是中共為因應改革開放的需要，而進行的政治權力調整安排變革，與西方式民主以分權為重要核心的距離，實在難以估算。

　　為化解外界對溫家寶有關政治改革談話，可能促使中共政治制度進入西方式民主模式的懷疑，人民日報於 2010 年 10 月 27 日刊出作者屬名「鄭青原」（意指「正本清源」）文章：「沿著正確政治方向積極穩妥推進政治體制改革……三論牢牢抓住歷史機遇、全面建設小康社會」，也標明中共黨對於溫家寶有關政改方向的定性，幾乎將外界對於溫家寶政治改革說可能走向西方式民主的希望，完全加以摧毀，其重要內容包括：[169]

---

[167] 李春，「溫家寶談政改　高層共識：限權入手」，聯合報，2010 年 10 月 1 日，第 A23 版。

[168] 楊明娟，「溫家寶再提政改　胡錦濤在場」（2010 年 10 月 1 日），2010 年 11 月 12 日下載，《中央廣播電臺》，http://news.rti.org.tw/index_newsContent. aspx?id=1&id2=3&nid=261200。

[169] 鄭青原，「沿著正確政治方向積極穩妥推進政治體制改革──三論牢牢抓住歷史機遇、全面建設小康社會」（2010 年 10 月 27 日），2010 年 10 月 27

一、一個國家實行什麼樣的政治制度、走什麼樣的政治發展道路，歸根結底取決於這個國家最廣大人民的意志，取決於這個國家的具體國情和歷史文化條件。

二、新中國成立 60 多年，我們對於走什麼樣的政治道路，早已有了明確的回答。這條道路，凝聚著幾代人的艱辛探索，積累了近代中國百餘年歷史經驗，順應了時代的潮流和人民的願望。

三、「堅持中國特色社會主義政治發展道路，堅持黨的領導、人民當家作主、依法治國有機統一，積極穩妥推進政治體制改革，不斷推進社會主義政治制度自我完善和發展」在中國改革開放和社會主義現代化建設的關鍵時期，黨的 17 屆 5 中全會再次強調這條政治道路的重大意義。這是從中國特色社會主義總體布局出發的重要戰略部署，是我們牢牢抓住歷史機遇、奮力推進改革開放和社會主義現代化事業的根本政治保證。

四、早在 1979 年，黨就明確提出要改革和完善社會主義政治制度，之後一直強調，我們實施的改革是全面改革，包括政治體制改革。

五、那種認為改革開放 30 多年，經濟發展取得舉世矚目的成就，政治體制改革嚴重滯後的看法既有悖於客觀規律，也不符合客觀事實。

六、社會主義民主政治是一個不斷發展、不斷完善的過程，社會主義政治文明不可能一蹴而就。我國社會主義民主政治建設，無論是同我國經濟社會發展的新形勢相比，還是同保障人民當家作主、維護社會公平正義的新要求相比，仍有不足和弊端，依然需要不斷改革和完善。

七、政治體制改革不是要削弱而是要加強和改善黨的領導，不是要拋棄而是要有利於鞏固黨的領導，堅持黨總攬全局、協調各方的領導核心作用，使社會主義民主制度的完善同黨的執

政能力和執政方式的完善同步推進，保證黨領導人民有效治理國家。

八、堅持正確政治方向，積極穩妥推進政治體制改革，必須堅持社會主義制度。改革是社會主義制度自我完善和發展，最終目的是在社會主義制度下更好地發展社會生產力，充分發揮社會主義制度優越性，充分發揮我國政治制度對發展人民民主、保障國家統一和安全、促進經濟社會發展的優越性。政治體制改革必須在堅持我國社會主義制度前提下進行，而不能背離我國社會主義制度。

九、我們推進政治體制改革，必須堅持走自己的路，決不能照搬西方政治體制模式，搞多黨輪流執政和三權鼎立那一套。

十、走自己的路……這是中國在飽經滄桑、歷經磨難之後認識到的真理，也是中華民族面向未來、壯大發展的指南。牢牢抓住歷史機遇，堅持正確政治方向，積極穩妥推進政治體制改革，不斷發展具有強大生命力的社會主義民主政治，我們完全有信心有能力在中國特色社會主義道路上建成富強民主文明和諧的社會主義現代化國家。

　　面對經濟快速成長與對外更加深刻全面的開放，中共領導階層都清楚的知道，必須理順政治體系使其更加合理化，才可以維持共產黨的統治與合法性，但是，其改變程度必須限制在不足以威脅中共統治的範圍之內。中共對於經濟所帶來政治變革壓力，也僅以黨內民主作為回應。[170]中國大陸境內激進批評家、「炎黃春秋」總編輯吳思表，在2010年9月底甚至認為，當江澤民、胡錦濤都不再指定接班人之後，未來的接班人，很可能在某一個圈子裡反覆協商、甚至投票，「這就成了某一種高官或是貴族間的民主」，進一步，如果紛爭更大，吳思表懷疑其中的派系會不會朝向民間尋求奧援？大陸知名評論家陳丹青則認為，中國知識分子總有一種「等」的心態，「等政策改變」、「等毛

---

[170] Bergsten, Gill, Lardy and Mitchell, *China: The Balance Sheet*, pp. 57-58.

主席什麼時候死」，現在，則是「等這麼大的權力機構，什麼時候發生變化」。[171]眾多大陸民間菁英份子對積極推動民主，似乎欠缺熱情。

近期的諸多研究更認為，胡錦濤對中國大陸的統治模式是進行「新左派」的思維，重要手段是加強中共黨的統治能力，以化解因經濟建設所帶來的各類挑戰，甚至於 21 世紀的 2005 年還在社科院下建構馬克思主義研究院，並號召遵循毛澤東儉樸生活堅強鬥爭的精神，[172]雖然胡錦濤、溫家寶的「左傾」政策，並不能代表中共從此拒絕改革開放，反而是著重在以「左傾」政策穩定社會、拉近社會各類差距，以利經濟的持續發展。[173]但中共至今的改革開放作為，是在於穩住中國共產黨對大陸的統治，此舉使中共的政治發展，不僅短期內不可能民主化，一般民眾也無法接受西方式的民主，更拒絕震盪療法式（shock therapy）的突然轉向西方式民主；菁英份子更爭辯認為，在快速接受西方民主型態的俄國、印尼、伊拉克及臺灣，都受低劣民主（democracy deficit）之害，危及其經濟與政治事務的表現；中共就算最終民主化，其形態也必有別於西方式的民主。[174]

擺在當前的事實是，中共並未因經濟發展與改革開放而民主化，至少尚未達到西方社會所認可的民主，中共是否符合部分學、政界的期待：其政治發展將因經濟發展而逐漸走向西方式民主化，又不得不被各界所懷疑。

---

[171] 李志德，「中國政改方向　高官式民主」，聯合報，2010 年 9 月 23 日，第 A19 版。

[172] Bergsten, Gill, Lardy and Mitchell, *China: The Balance Sheet*, p. 60.

[173] Barry Naughton, "China's Left Tilt: Pendulum Swing or Midcourse Correction?" in Chen Li ed., *China's Changing Political Landscape: Prospects for Democracy*（Washington D. C. : Brookings Institution Press, 2008）, p. 144.

[174] Bergsten, Gill, Lardy and Mitchell, *China: The Balance Sheet*, p. 71.

第肆章　制度競逐與兩岸關係

　　兩岸關係的核心在於制度的競爭，早經無數的爭辯並大致獲得肯定，但學術界甚或臺灣政壇，都有意無意的抱持，經濟發展造成民主化的西方觀點。因此，認為大陸無可避免的，終將因經濟發展而走向西方式民主，認為惟有兩岸制度都是西方式的民主態樣，兩岸才可能統一，才可能平等，才可能避免以霸凌弱。甚至只有中共走上西方式民主的政治態樣，才可以與臺灣共商兩岸關係，更認為若大陸無力改變其政治制度，則臺灣人民不會接受其統治。

　　由於將臺灣的政治發展定位為優於中國大陸的政治發展，因此，以臺灣觀點看待兩岸關係，自然不願意將中共的落伍強加於臺灣的先進身上，所以兩岸關係就必須以兩岸民主化的程度是否接近，作為兩岸是否可以統一的唯一標準。當然支持臺灣獨立者，則不論中共的政治是否民主化，都拒絕與中國大陸合併。也因此，造成臺灣民眾對兩岸維持現狀再視情況進行統一或獨立的態度，長久以來都占臺灣民意的絕大多數。

第一節　兩岸族群與文化的融合？

　　第貳章曾述及特定政治目的足以快速引導制度認同的改變，而制度認同改變，又拉動文化與族群認同的跟隨改變，以做為制度認同的支持，並純化族群與族群認同，以穩固已變遷的國家認同，那麼兩岸關係緩和後，這種變遷是呈現何種態樣？又如何歸結為兩岸制度的競爭？

　　兩岸文化的認同是兩岸統一的重要基礎，但弔詭的是中共在建政與國民政府退守臺灣後，兩岸執政者對於文化建設的作為，卻不斷的製造兩岸對於文化認同的分歧：

一、大陸「去中國化」的推動

中共以馬列主義為師，提倡共產主義，甚至以打破資本主義的文化霸權（hegemony）為最根本作為，使得中共自建政之初，就不斷的去中國化而積極投入國際主義，[1]其過程中又以自 1966 年 5 月起至 1976 年 10 月，前後約 10 年時間的「文化大革命」，最為激烈與明顯。[2]

文革不僅在政治領域上掀起腥風血雨，對中國傳統文化，更是造成不可復原（reverse）的傷害，依據學者汪學文的說法認為：[3]

> 中共文革除要「破四舊、立四新」，又要「破三套、立一套」，就是要破除封建主義教育、資本主義教育與修正主義教育，建立社會主義教育，也就是否定孔子教育思想、美國杜威教育學說與蘇聯凱洛夫教育觀點，確立毛澤東教育主張，以致歷史被割斷、文學被揚棄、文化被消滅、一切被否定，使得中國大陸的景象，形成「文化真空」、「沙漠一片」，這是時代的悲劇，也是中華民族精神財富的損失。

中共不僅意圖以文化大革命，澈底推翻依附於傳統中國文化的國民黨政權及排除其幕後之外國勢力，中共更有放棄中華文化認同，將

---

1 依據「中國共產黨章程（1956 年 9 月 26 日八大通過）」主張「黨努力發展和鞏固我國同以蘇聯為首的和平、民主、社會主義陣營各國的友誼，加強無產階級國際主義的團結，學習世界共產主義運動的經驗，支持全世界共產主義者、進步分子和勞動人民促進人類進步的奮鬥，以『全世界無產者，聯合起來！』的國際主義精神教育自己的黨員和人民」，2008 年 7 月 1 日下載，《新華網》，http://big5.xinhuanet.com/gate/big5/news.xinhuanet.com/ziliao/2002-03/04/content_2391956.htm。

2 依據中共 1981 年 6 月 27 日中國共產黨第 11 屆中央委員會第 6 次全體會議通過的「關於建國以來黨的若干歷史問題的決議」，指文化大革命的起迄日期，是 1966 年 5 月至 1976 年 10 月。

3 節錄自汪學文，「自序」，中共文化大革命史論（臺北：國立政治大學國際關係研究中心，1989），頁 1。

中華民族改造成世界公民的企圖。文化大革命在實際行動上表現於：[4]

（一）對古書古物的焚毀

文革開始後對古書與古文物大量焚毀。在中共「肅清資本主義社會反動思想及封建思想的出版物」口號下，早在 1950 年代就大量將古書焚毀或刪改。

文革開始後，更提倡「破四舊」，下令將「不符合毛澤東思想」的書籍全數清除，民間如藏有四書、五經等古書，將被指為「有封建舊色彩」必須全部搜出予以銷毀，文革期間所毀棄的古書數量多到無法計數。

除紅衛兵大量破壞古蹟古物，連解放軍也以「就地取材」、「自力更生」等名義大規模拆毀長城，將長城磚塊移作軍營建設，人民公社甚至將長城磚塊移作羊圈等經濟建設使用。江青等高幹對於其他古文物的搶奪，亦斑斑可考。

（二）對歷史人物的清算

指興學的武訓是「地主的奴才」，稱孔子思想是「封建思想」，在中共十大閉幕後，通令大陸各單位必須普遍設立「批孔小組」或「批孔辦公室」，以批孔影射林彪，要求將批鬥林彪的政治運動與批孔運動相結合；[5]對未符合無產階級標準的歷史英雄如岳飛、文天祥、包拯、海瑞等進行清算。

---

[4]　汪學文，**中共文化大革命史論**，頁 388～398。

[5]　中共內部權力鬥爭，導致林彪於 1971 年 9 月 13 日乘飛機出逃墜機身亡，中共遂對林彪及其同黨展開查抄工作，認定林彪推崇孔孟思想，與當時文化大革命政策相違背。1974 年 1 月 18 日，毛澤東親批，同意中共中央轉發《林彪與孔孟之道（材料之一）》，引發「批林批孔」高潮。江青和四人幫其他成員，並將對林彪的批判導向批判周恩來，指周恩來為「現代大儒」，藉此實行另一波政治鬥爭。

（三）對古典文學的批判

中共認為古典文學，既含有「封建主義思想」，又含有「資產階級思想」，必須加以批判，其範圍頗廣，舉凡小說、散文、詩詞等無所不包，如批判西遊記、紅樓夢、水滸傳、歐陽修的「醉翁亭記」及其他著名古詩詞等。

二、臺灣「中國化」的推動

二戰結束，中華民國再度對臺灣擁有主權，臺灣民眾對於文化的認同過程，自然經歷國民政府遷臺著手中國化，讓已相當深度與廣度日本化的臺灣住民再度認同中華文化。同時為鞏固中華民國在臺灣的基礎，大力進行中國化運動，除如第貳章所述之作為外更具體的，尚有：推行反共抗俄總動員運動，促使經濟、社會、文化、政治的全面改造，1952 年蔣中正發表「民生主義育樂兩篇補述」，標定文化與藝文建設方向等重要作為。在中共文化大革命爆發後，更以政府的力量推動國家文化建設；[6]相對於中共在 1966 年發動的文化大革命運動，臺灣的蔣中正則著力推動「復興中華文化」運動，其真正目的在於：「要憑藉我們民族傳統之人本精神和倫理觀念，來喚醒這一代人的理性良知，以建立反共鬥爭堅強的心理基礎和精神動力，成為澈底消滅共產邪惡思想，摧毀匪偽政權的利器」。[7]顯然，當時在臺灣推動中華文化

---

6 齊光裕，**中華民國的政治發展：民國三十八年來的政治變遷**（臺北：揚智，1996），頁 177。

7 臺灣省新聞處編印，**教育發展與文化建設**（臺中：臺灣省政府新聞處，1990），頁 413～414。認為蔣中正推動中華文化復興運動的三個含意是：（一）中華文化復興運動的發起就是三民主義思想向大陸更積極、更全面的進軍。（二）中華文化復興運動，實際上就是三民主義實踐運動，即要在人本精神的基礎上致力於倫理、民主和科學的現代化國家建設。（三）中華文化復興運動，就是要憑藉我們民族傳統之人本精神和倫理觀念，來喚醒這一代人的理性良知，以建立反共鬥爭堅強的心理基礎和精神動力，成為

復興運動，是著重在一方面保存中華文化在臺之存續，一方面藉以在臺教化民眾認同中華文化，做為支持中華民國對中華人民共和國鬥爭之動力。

國民政府對抗中共發動文化大革命之作法，計有：於 1966 年推動「中華文化復興運動」，定國父誕辰紀念日為中華文化復興節；1967 年起更成立中華文化復興運動推行委員會，由前總統蔣中正擔任會長，並在全省設立分支機構，全力推動中華文化復興運動。[8] 當時推動中華文化復興運動的具體成就，有：「出版中華文化叢書 107 種，編印古籍今譯 33 種，出版《中國之科學與文明》中譯本 15 冊，出版《中華科學技藝史叢書》共 16 種，出版《中華文化復興叢書》18 集」、「舉辦文藝的研究與各種講座」、「興建一百多處圖書館、音樂廳、文化中心（此項應屬於後文建會時期）」、「推廣民俗藝術，特別是提倡國劇」、「提倡書法繪畫藝術」、「獎勵孝行與好人好事」等等。[9]

比較當時海峽兩岸對於中華文化的態度，可以發現：

(一) 在臺灣是極力維護中華文化，其針對性是對抗大陸的文化摧毀活動。

(二) 在大陸則極力摧毀與改變中華文化，同時也是針對性的清除傳統中國文化，及國民黨政府所留下的舊社會「資產階級餘毒」。

三、兩岸文化政策的互換

雖然對於世界局勢的演變，學者杭廷頓（Samuel P. Huntington）研究認為：隨著冷戰結束後，人民與人民間的重要區別，已不在於意

激底消滅共產邪惡思想，摧毀匪偽政權的利器；更為抑制世界斥禍，挽救世界文化危機的途徑。

[8] 請參閱：「在中與西、傳統與現代之間」，2008 年 7 月 1 日下載，http://www.gio.gov.tw/info/taiwan-story/culture/down/3-3.htm

[9] 齊光裕，中華民國的政治發展：民國三十八年來的政治變遷，頁 177～178。

識形態，政治或經濟等領域，而是文化；人們依據祖先、宗教、語言、歷史、價值觀、風俗習慣與制度（institution）來確立自我認同；尤其是在1980年代共產主義垮臺，冷戰體系成為歷史後，政治更只成為輔佐認同形塑的工具；當前人們對於政治，已非如過去是用來提升人民利益的手段，政治的用途已變成人們確立認同的工具而已，且自我的認同不僅是依據了解自我是誰的問題，更要依據「我們不是誰」及「對抗的是誰」，才能使認同更加完美。[10]杭廷頓的論述主張：

一、冷戰時期，政治經濟、意識型態是區隔敵我的工具。

　　在冷戰時期，各國尤其是東西陣營，必須以政治、意識型態等作為敵我的區隔，並以政治、意識型態的區隔帶動其他如文化、族群認同的區隔，以確定敵我的分別。

二、冷戰結束後，文化成為區別他、我之界線。政治成為輔佐認同的工具。

這種主張在兩岸關係發展的適用上，卻不完全相同：兩岸於冷戰時期政治的區隔是區別敵、我之重要界線，此點與杭亭頓論述相同，但後冷戰時期，兩岸因加強交流，讓文化與族群的區隔日益模糊，只剩下政治的區隔，政治反成為兩岸區隔敵、我的重要依據。

兩岸政治的對立與區隔，自冷戰時期延續至今始終如一，但兩岸在冷戰與後冷戰時期的轉變環境中，卻各自為因應內部與外在的環境，對各自的文化政策做出與過去不同的調整。

臺灣文化內涵與傳統中國文化的要素雖然無法切割，如信仰、倫理觀念與生活習性等等，但不可否認的是兩岸百餘年來的分離，加之日據時代的殖民化教育以及過去十餘年來臺灣強烈的本土化訴求（李登輝政府後期及後續陳水扁政府），臺灣人民已愈來愈少認同「中國文化」，而以認同「臺灣文化」替代。[11]臺獨主張的興起，更讓臺灣內部

---

[10] Samuel P. Huntington, *The Clash of Civilizations and the Remarking of World Order* (New York: Simon and Schuster, 1996), p. 21.

[11] 王笛，「臺灣大眾文化的淵源及其流變」，盧漢超主編，臺灣的現代化和文化認同（NJ：八方出版社，2001），頁99～100。

圍繞文化認同的爭論，並將文化認同問題轉變成尖銳的政治和社會化問題，使臺灣內部的文化認同問題，直接關係著國家的認同。[12]因此，當臺灣主政者推動臺灣文化認同，以有別於中國文化認同時，其國家認同的趨向，自然與推動臺灣獨立難脫關係。

在政治因素的大纛下，李登輝政府中期以後及民進黨執政期間，雖意圖以改變憲法及國旗、國號完成所謂「法理臺獨」，卻又不容易實現，乃退而求其次不斷以去中國化的作為，在文化、社會、教育等方面，先建立臺灣人民的「心理臺獨」；[13]中共對臺政策則正好相反，反而著重加強主張5千年的中華文化是維繫兩岸的精神紐帶和實現兩岸和平統一的基礎之論述。[14]

被視為中共對臺最早政策宣示的1979年1月1日《中華人民共和國全國人大常委會告臺灣同胞書》，其內容重點除宣布停止對金門砲擊之外，還包括：「如果我們還不儘快結束目前這種分裂局面，早日實現祖國的統一，我們何以告慰於列祖列宗？何以自解於子孫後代？人同此心，心同此理，凡屬黃帝子孫，誰願成為民族的千古罪人？」、「我們寄希望於一千七百萬臺灣人民，也寄希望於臺灣當局。臺灣當局一貫堅持一個中國的立場，反對臺灣獨立。這就是我們共同的立場，合作的基礎。我們一貫主張愛國一家。統一祖國，人人有責。希望臺灣當局以民族利益為重，對實現祖國統一的事業作出寶貴的貢獻」、「希望雙方儘快實現通航通郵，以利雙方同胞直接接觸，互通訊息，探親訪友，旅遊參觀，進行學術文化體育工藝觀摩」，[15]其著重兩岸文化與

---

[12] 陳勇，「變天後的臺灣，變化中的臺灣：文化認同，食品文化」，盧漢超主編，臺灣的現代化和文化認同，頁275。

[13] 「社論：『法理臺獨』碰壁，『心理臺獨』猛燒！」，聯合報，2007年2月2日，第A2版。

[14] 「張銘清：中華文化是實現兩岸和平統一的基礎」，2010年11月15日下載，《中共國務院臺灣事務辦公室》，http://www.gwytb.gov.cn/gzyw/gzyw1.asp?gzyw_m_id=1216。

[15] 《中華人民共和國全國人大常委會告臺灣同胞書》（2008年11月28日），2010年11月15日下載，《人民網》，http://tw.people.com.cn/GB/26741/139936/

族群交流與認同的主張，自此不絕如縷於中共對臺政策之中。時至2008 年 12 月 31 日，中共中央總書記胡錦濤在紀念《告臺灣同胞書》發表 30 週年座談會上，以「攜手推動兩岸關係和平發展、同心實現中華民族偉大復興」為題發表演說的 6 個重點（外稱「胡六點」），其中仍然包括「弘揚中華文化，加強精神紐帶」一項，更明確表明中共未來不僅要加強中華文化的維護與建設，並將維護與建設中華文化做為對臺工作的重要手段。又如中共文化部長蔡武（第一位來臺參訪的中共正部級官員），於 2010 年 9 月間率團來臺灣，參與「2010 年兩岸文化論壇」（第一屆）時，在會中提出四點意見和建議：一是凝聚共識，推動兩岸文化交流制度化；二是深化交流，共同推動中華文化的傳承與發展；三是搭建交流平臺，不斷拓展交流領域；四是加強產業合作，增強兩岸文化產業的國際競爭力。強調全方位推動兩岸文化交流與合作，為增進兩岸同胞的相互了解與認知，為推動中華文化在海峽兩岸的傳承與發展貢獻自己的力量。[16]

仔細檢視兩岸在不同時期，其各自內部對於中國傳統文化的不同態度，呈現態度的互換局面；兩岸對傳統中國文化態度，翻轉成大陸「再中國化」臺灣「去中國化」的有趣景象：

（一）大陸「再中國化」

隨著時空環境的改變，中共自江澤民任總書記起（1989 年），逐漸回復傳統中國文化，不斷的中國化，意圖一方面在內政上以傳統中國儒家文化抵抗西方文化的入侵，並藉儒家文化營造民族主義使國家團結。[17]中共捨「去中國化」而就「中國化」，目的在讓傳統中國文化為中華人民共和國所利用。[18]

139938/8427598.html。

[16] 吳濟海、李凱，「2010 年兩岸文化論壇在臺舉行　蔡武劉兆玄等出席」（2010 年 9 月 6 日），2010 年 9 月 16 日下載，《國際在線》，http://big5.cri.cn/gate/big5/gb1.cri.cn/27824/2010/09/06/5311s2980966.htm。

[17] Wener Meissner, "New Intellectual Currents in the People's Republic of China",

　　文化屬於文教領域之一環，文化更有延續性，不易與過去文化的傳承斷裂而無中生有，[19]因此，面對兩岸關係，中共利用兩岸文教交流，促成兩岸的融合。[20]中共不僅在臺灣問題上以文化對文化的對抗做為反制臺灣獨立的手段，中共內部也對於中國傳統文化的傳承極力維護。如大陸官方每年大額出資搶救流落海外的歷代國寶，大陸各地新成立的國家博物館需要陳列文物，也往往以「億」為單位四處收購珍寶。在大陸一片文物收藏的風潮下，許多大陸收藏家在各地拍賣會上，競標時不惜一擲千金、面不改色的買回骨董，[21]中共這些作為，

---

in David C. B. Teather and Herbert S. Yee ed(s)., *China in Transition* (Londen: Macmillan Press, 1999), p. 18.

[18] Meissner, "New Intellectual Currents in the People's Republic of China", pp. 19 ～20.

[19] Ernst B. Haas, *Nationalism, Liberalism, and Progress*(New York: Cornell University Press, 1997), p. 327.

[20] 蘇起、張良任主編，兩岸文化交流：理念、歷程與展望（臺北：陸委會，1996），頁 50。在兩岸都無法完全清除中華文化遺緒的現在，以中華文化作為牽制臺灣獨立的作為，必然成為中共面對臺灣問題的重要手段，而過去中共對臺文化交流的策略是：一、對臺灣政府與人民進行既爭取又鬥爭的工作；二、爭取臺灣內部「愛國統一」力量，主要包括主張兩岸立即統一的人士；三、以民促官，藉著兩岸交流中發生的不便，促使臺灣地區人民壓迫政府與中共進行政治性談判，而中共對臺文教交流策略的最終目標就是要建立以「中華人民共和國」為「祖國」的統一中國。

[21] 「經濟此消彼長大陸天價尋寶　臺灣趁勢撈錢」，聯合報，2007 年 1 月 30 日，第 A13 版。例如 2004 年底，上海保利拍賣 530 多件水墨油畫，7 成以上的畫作來自臺灣收藏家，成交率達 8 成 7，成交金額逾人民幣 5 千萬（約合新臺幣 2 億元）。大陸方面為了搶救國寶，出手相當大方，例如被譽為中國法帖之祖的北宋淳化閣帖，當中有三卷是王羲之書法專卷，上海博物館在 2003 年 9 月時，斥資 4 百 50 萬美元（約合新臺幣 1 億 5 千 2 百 10 萬）買回，創下中國文物成交中的全球第 2 高價。2002 年底，北京中貿聖佳以 2 千 9 百 99 萬人民幣（現約 1 億 1 千 5 百萬臺幣）的「天價」拍出米芾的「研山銘」。此外，1985 年間，一名美國骨董商在加州無意發現清朝圓明園的牛、猴、虎首銅像，每尊銅像 1 千 5 百美元（現約 4 萬 7 千臺幣）低價購得 3 尊獸首，經輾轉拍賣流傳，其中共軍系色彩的北京保利集團最後以 3 千 3 百 17 萬港元（現約 1 億 3 千 5 百萬臺幣）購回牛、猴、虎 3 獸首，身價暴漲萬倍。由於這股「搶救國寶」導致的飆漲風，隨著大陸經濟崛起，

主要是依據 1989 年加入的聯合國教科文組織「關於禁止和防止非法出口文化財產和轉讓其所有權的方法的公約」，以及 1995 年「關於被盜或非法出口文物的公約」等之精神，以追索、國家購買、民間購買以及捐贈等方法，設法尋回目前流落異域的至少有一千萬件，主要分布在英國、法國、美國、日本等國家的中國文物（包括書法、繪畫、青銅器、陶瓷、雕塑、甲骨、典籍等各類珍品），[22]其彰顯保存中國歷代文物，維護中華文化傳承的企圖心與意義宣示極為明顯。

中共並在內部提倡原本反對的傳統（儒家）文化，是意圖利用傳統儒家統一、道德、和諧、忠君愛國、尊重社會階層等思想，穩固中國共產黨在大陸的統治，彌補中國共產黨意識形態在社會快速變遷中的不足。依估算，僅至 2006 年初就有高達 500 萬小學生在課堂上學習孔家思想，18 所以上的重點大學開設孔子哲學思想課程，對於孔子思想的提倡比過去 10 年都要多。而自 2006 年起往前 10 年，當時對於孔子哲學與思想的提倡竟然仍是大陸的禁忌。[23]中共除內部的宣揚中國傳統文化外，對外傳揚中華文化也極為積極，最顯著的跡象就是在全球各國，成立以教導華語與中國文化的「孔子學院」，截至 2009 年底，已在 88 個國家和地區建立了 282 所「孔子學院」和 272 個孔子課堂。此外，還有 50 多個國家的 250 多個機構提出申請。2009 年，在全球各地共開設各類漢語課程九千多班次，註冊學員 26 萬人，比 2008 年增加 13 萬人，舉辦各種文化交流活動七千五百多場次，參加者達三百餘萬人，是 2008 年同期的 2 倍。[24]推動「孔子學院」各類課程，是中

不斷吸引「海外遺珍」回流中土。不僅臺灣收藏家攜帶珍寶登陸拍賣，大陸的拍賣公司和文物商店，近年來也主動出擊，頻頻跨海來臺挖寶。包括：鴻禧美術館、喜來登飯店董事長蔡辰洋經營的寒舍等等，都是大陸文物界人士訪臺的指定參觀尋寶的地點。

[22] 大陸新聞中心，「追討海外文物　中共鎖定美英」，聯合報，2007 年 2 月 1 日，版 A13。

[23] Benjamin Robertson and Melinda Liu, "Can the Sage Save China?", *Newsweek*, (New York), 2006.3.20, pp. 21~23.

[24] 「孔子學院總部」，2010 年 10 月 13 日下載，《國家漢辦／孔子學院總部》，

共提升「軟實力」的一個重要途徑，中共對外不僅以「孔子學院」作為傳揚其軟實力的重要作為，內部對儒家思想的熱度更有增無減；[25]中共不僅基於其內部政治穩定的需要，及與文化臺獨的對抗，而在內部提倡中華文化，事實上，中共的作為也有讓中共避免分崩離析，甚至有進一步團結中國大陸內部成為民族國家（nation-state）的重要作用。2011 年 1 月中旬，中共甚至於象徵威權地位的天安門廣場豎起高 9.5 公尺的孔子青銅雕像，若加上近年對由中共官方投資拍攝的「孔子」電影的大肆炒作，輿論認為，中共顯已重拾中華傳統文化，孔子及儒家文化將全面被強化。[26]

　　縱使中共是基於政治因素的考量，對於孔子思想作選擇性的使用，但這種作為，對於中國傳統文化的維持與復興可以想像其力度。

　　中共的「孔子學院」建設，及對內提倡孔子思想，推崇儒家思想，不僅不會與對臺文化統戰或契合工作相衝突，甚至將對臺工作融入其國家國際戰略體系之中，將使對臺工作更能展現威力。

（二）臺灣「去中國化」

　　除第貳章所陳述者外，更有自前總統李登輝推動本土化起，至民進黨政府推動「法理臺獨」屢屢碰壁後，陳水扁總統甚至在稱「正名制憲」是「自欺欺人」，表明「法理臺獨」不容易實現的情況下，乃不斷以去中國化，在文化、社會、教育等方面，先建立臺灣人民的「心理臺獨」。連不主張臺灣獨立的中國國民黨在此氛圍中，都主張可考慮將「中國國民黨」改稱為「臺灣國民黨」，顯見臺灣在民進黨政府執政時期，對於臺灣認同轉變影響力之強大。[27]

---

http://www.hanban.edu.cn/node_7446.htm。

[25] Jonathan Spence, 'Confucian Ways: Transcript', in Reith Lecture-60th anniversary of the BBC 4 radio, last visited Jun., 7, 2008, 《**BBC home**》, http://www.bbc.co.uk/radio4/reith2008/transcript1.shtml。

[26] 陳東旭，「天安門廣場　豎起孔子雕像」，聯合報，2011 年 1 月 13 日，第 A1 版。

[27] 「社論：『法理臺獨』碰壁，『心理臺獨』猛燒！」，聯合報，2007 年 2 月 2

　　支持臺灣獨立者一般認為，臺灣文化與大陸「中華文化」有很大的差別，臺灣文化包含有閩粵沿海文化、中國中原文化、原住民文化、外來西班牙文化、荷蘭及日本文化成分，不是純粹的中華文化也不是中華文化的支流，而是摻有中華文化的大熔爐文化，[28]為了臺灣的獨立建國，當然必須確立臺灣文化的獨特性。

　　舉例來說，在李登輝總統時代的民國80年代初即大幅投入經費協助各地方政府推展鄉土教育，1993年國民小學課程標準、1994年國民中學課程標準中更將鄉土教學明定為正式課程，以增進學生對鄉土文化的認識；並培養鄉土活動的興趣，激發學生愛家、愛鄉、愛國情操。[29]要求各級政府協助持續推動鄉土教育的〈國民中小學鄉土教育實施要點〉，也明確標示鄉土教學的目標是：一、增進鄉土文化的認識，並培養保存、傳遞及創新的觀念。二、培養鄉土活動的興趣，激發學生愛家、愛鄉、愛國情操。三、培養鄉土問題的意識，養成主動觀察、

日，第A2版。又如：民進黨政府執政晚期，為炒作特定的政治氣氛，以協助選舉而進行一系列「正名」運動，如2006年把中正機場改桃園機場，行政院會於2007年1月16日通過將國立故宮博物院組織條例修正案，修正成為國立故宮博物院組織法，原條文第1條，有關國立北平故宮博物院與中國古代文物等文字敘述改為「國內外」，「林曼麗：故宮組織條例修正　無涉去中國化」，2008年7月1日下載，《大紀元》，http://news.epochtimes.com/b5/7/3/21/n1653017.htm。明顯有將中國視為外國之意涵，隨後又有改中國石油成為臺灣中油公司、將中華郵政改成臺灣郵政、中國造船公司改為臺灣國際造船公司、中正紀念堂改稱民主廣場，甚至準備將我駐外機構也逐步改名，同時在教科書編排上亦不斷的以去除有關中國部分內容；因臺灣整體政治氣氛使然，連當時的國民黨主席馬英九都認為或許再度執政之後，可將中國國民黨改名，成為如「臺灣國民黨」等更加本土的名稱，鄭文正，「馬：若執政　可改黨名」，聯合報，2007年1月22日，第A1版。馬英九改名之說，在各方壓力下改變成，強調國民黨「只有改革問題，沒有改名問題」，沒有打算要改名，他個人也不贊成改名，請參閱李祖舜，「馬調整說法『黨無改名問題』」，聯合報，2007年1月23日，第A4版。

28 請參閱：張燦鍙，「文化：臺灣問題的根源」，2008年7月1日下載，《獨立建國論壇》，http://www.wufi.org.tw/george/oncultr.htm#04。

29 「立法院教育委員會第四屆第四會期報告」，2008年7月1日下載，《教育部全球資訊網》，http://www.edu.tw/content.aspx?site_content_sn=674。

問題解決的能力。四、落實鄉土教育的推展，尊重多元文化，並促進社會和諧。五、建立鄉土語言聽說讀寫的基本能力，能有效應用鄉土語言。六、提升欣賞鄉土文學作品的能力，體認鄉土文化的精髓。[30]其中鄉土教育目標的第二項標明：「培養鄉土活動的興趣，激發學生愛家、愛鄉、愛國情操」，最能凸顯鄉土教學、重視臺灣文化的特殊性與特定政治目的的糾結狀況，其目的是讓臺灣文化的提倡與臺灣獨立建國成為一體的兩面。

已故「外省人臺灣獨立促進會」（簡稱「外獨會」GATI）會長廖中山，就曾公開表示：推動臺灣獨立運動與建立新臺灣文化運動不可偏廢。「外獨會」認為，推動臺灣獨立運動是臺灣獨立建國的硬體建設，新臺灣文化運動是臺灣獨立建國的軟體工程，兩者必須同步進行，[31]以落實並加速臺灣與中國大陸的分離，使臺灣成為真正獨立的國家。

民進黨於 2000 年執政後進一步認為，必須從文化、教育、宣傳等多個教化途徑，潛移默化地改變臺灣人民對國家認同的方向，才能達成臺灣獨立的結果。[32]舉其要者，如前總統陳水扁在 2000 年 5 月 20 日就職演說中，特別標明臺灣文化與中華文化區隔的重要：「讓立足臺灣的本土文化與華人文化、世界文化自然接軌，創造『文化臺灣、世紀維新』的新格局」，[33]明顯的將臺灣文化與中華文化做出區隔，力求臺灣文化的自行發展。而另一個明顯例證，是採用「漢語拼音」或「通用拼音」的爭辯，主張採用「漢語拼音」者，認為將有助於臺灣與國

---

[30] 請參閱：「教育部推動國民中小學鄉土教育實施要點」，2008 年 7 月 1 日下載，《教育部國教專業社群網》，http://teach.eje.edu.tw/data/kunda/2001571449/%B8%EA%AE%C6%A4%BB.htm。

[31] 廖中山，「臺灣人民的族群關係與國家認同──兼評『一個中國政策』的荒謬」，臺灣主權論述資料選編編輯小組編，**臺灣主權論述資料選編（上）**（臺北：國史館，2001），頁 214。廖中山係 1992 年 8 月 23 日在臺北成立的，主張臺灣獨立的「外省人臺灣獨立會」前會長。

[32] 石齊平，「從九二共識到九二精神」，蘇起等主編，「**一個中國，各自表述**」──**共識的史實**（臺北：國家政策研究基金會，2002），頁 101。

[33] 「臺灣站起來，代表著人民的自信和國家的尊嚴」，2000 年 5 月 20 日下載，《陳總統網站》，http://www.taiwanpresident.org/page3.htm。

際接軌，臺灣才不至於被國際化或全球化的浪潮淘汰，但主張「通用拼音」者，卻認為採用「通用拼音」，才能與大陸做出區隔讓臺灣獨立於中國大陸之外。[34]民進黨政府主張採用「通用拼音」。

其後也不斷的推動去中國化作為，如：2003 年 9 月 6 日，國中歷史教材納入「舊金山和約」和「中日和約」等臺灣主權未定論內容；2003 年 9 月 20 日，高中課程綱要先研讀臺灣史，明朝中葉後的歷史改列為世界史；2003 年 9 月 22，將臺語、客語、原住民語同列為國家語言；2003 年 9 月，外交特考廢考中國近代史，改考臺灣近代史；2003 年 9 月，國家考試以閩南語出題；2003 年 10 月，本土考試委員提出考科以 4 種語言命題。[35]雖然有些作為僅止於研議階段就因爭議過大而暫停，但這種企圖從沒中斷，且有部分已實行，如：經考試院會通過自 2004 年起，將高考三級、普考分試的所有「中國」、「中外」、「中西」等應考科目名稱，都必須將「中國」的名稱改為「本國」，將「中西」、「中外」等名稱改為世界，引起外界政治聯想與爭論。[36]

時至 2007 年行政院長蘇貞昌進一步裁示修訂故宮組織條例，將「中國古代」改為「國內外」，[37]教育部網站「成語典」甚且公布「三隻小豬」、「睡美人」、「狐狸與烏鴉」、「國王的新衣」、「楚門的世界」、「奧賽羅」等為成語，引發國內輿論對於這些童話故事用語是否為成語的爭議。而時任教育部長的杜正勝更進一步公開反對使用成語及典故，並稱「成語這個東西會讓人思想懶惰、頭腦昏鈍、一知半解」，並直言「用成語是國文教育的失敗」等，引發外界認為教育部在執行去中國化的非議。[38]隨後又有，2006 年第 2 學期（2007 年上半年）開始

---

[34] 劉文斌，**臺灣國家認同變遷下的兩岸關係**（臺北：問津堂，2005），頁 225。

[35] 「陳水扁政府去中國化爭議事件匯整表」，**聯合報**，2003 年 12 月 5 日，第 A2 版。

[36] 黃雅詩，「高普考科名　全面去中國化」，**聯合報**，2003 年 12 月 5 日，第 A1 版。

[37] 陳東旭，「臺北故宮修改組織條例北京學者：又搞去中國化」，**聯合報**，2007 年 1 月 19 日，第 A17 版。

[38] 薛荷玉，「杜正勝：用成語是教育失敗」，**聯合報**，2007 年 1 月 25 日，第

使用的新版高中歷史第二冊《中國史》用詞大翻修，《本國史》改稱《中國史》，過去慣用的「我國」、「本國」、「大陸」等用詞，全改為「中國」；清末具革命正當性意涵的「起義」，如武昌起義、廣州起義等，一律改為中性用語的「起事」，內容並加入兩岸分合和統獨議題；統編本時期冠在孫中山之前的「國父」一詞、以及提到國父、孫中山先生時，前面空一格以示尊敬，也全從新版教科書中消失。中國歷史中漢朝「征伐」或「征討」匈奴，改為「攻擊」匈奴；「秦始皇併滅六國，統一天下」中的「統一天下」刪除；「黃花崗七十二烈士」史蹟刪除；「三民主義統一中國」則被指為是「歷史口號」等等。[39]更被反對者強烈認為，這是教育部主導以教科書審查方式要求去中國化的結果。[40]到 2007 全年至 2008 年總統大選前，更進入各國營事業的「正名」高峰期，「去中國化」的脈絡明顯易辨。

四、兩岸文化認同的趨同

　　文化當然屬於文教領域之一環，致使在兩岸都無法完全清除中華文化遺緒的現在，以中華文化作為牽制臺灣獨立的作為，必然成為中共重要的手段，而過去中共對臺文化交流的策略是：一、對我國政府與人民進行既爭取又鬥爭的工作；二、爭取臺灣內部「愛國統一」力量，主要包括主張兩岸立即統一的人士等，而中共對臺文教交流策略的最終目標就是要建立以「中華人民共和國」為「祖國」的統一中國。[41]

　　中共為強調臺灣與中國在歷史上的關聯，並且反制臺灣「去中國化」，近年來更積極編修臺灣文獻史料，2007 年 11 月 12 日時任國臺

A11 版。

[39] 韓國棟，「高中歷史課本大翻修、統獨來了國父沒了」，**中國時報**，2007 年 1 月 29 日，第 A1 版。

[40] 「臺灣新版高中歷史教科書被大幅修改」，2008 年 7 月 1 日下載，《你好臺灣》，http://www.nihaotw.com/zt/ztkb/200706/t20070630_239824.htm。

[41] 蘇起、張良任主編，**兩岸文化交流：理念、歷程與展望**，頁 50。

辦副主任葉克冬在《館藏民國臺灣檔案匯編》出版座談會上說，臺灣
文獻史料出版工程可以用來揭穿了臺獨分子歪曲、抹煞臺灣與祖國大
陸政治、經濟、社會、歷史、文化關係的種種謊言，充分證明了世界
上只有一個中國，大陸和臺灣同屬一個中國，13 億大陸同胞和 2,300
萬臺灣同胞是血脈相連的命運共同體；揭示了兩岸同胞同根同源、過
去、現在、未來都同榮辱、共命運的事實。臺灣文獻史料出版工程，
預計收集自明代至 1949 年檔案史料，總體規劃為 600 冊。分成 300
冊《館藏民國臺灣檔案匯編》，200 冊《明清宮藏臺灣檔案匯編》、50
冊《民間遺存臺灣文獻選編》、50 冊《海外遺存臺灣文獻選編》，全部
項目計劃於 2009 年底完成。[42]

　　中共不僅基於其內部政治穩定的需要，及與文化臺獨的對抗，而
在內部提倡中華文化。尤其是中國大陸在快速變富有後，共產主義意
識型態已不能滿足人民的需求，不得不求助於民族主義，以避免分崩
離析，[43]而民族主義與民族所屬文化的認同本就難以劃分，因此，強
調民族主義自然強調了中華文化。學者賀斯（Ernst B. Haas）強調相通
的文化才足以構成一個民族國家，而賀斯認為文化所指的是一套有
系統的意識形態、符號、團體（association）與行為及溝通的規則
（ways），[44]在國境內強調文化的統一性使有助於國家內部的團結，[45]這
種論點不僅被中共應用以團結內部，更被中共映於用對臺做為早已無
庸置疑，也就是說，中共對臺的文化交流作為，就在建構兩岸文化的
融合，使兩岸無法分離。

---

[42] 「《館藏民國臺灣檔案匯編》揭『臺獨』謊言」（2007 年 11 月 13 日），2010 年
9 月 15 日下載，《新華網》，http://big5.xinhuanet.com/gate/big5/news.xinhuanet.
com/book/2007-11/13/content_7061214.htm。

[43] Joshua Kurlantzick, *Charm Offensive* (New Haven and London: Yale
University Press, 2007), p. 23.

[44] Haas, Nationalism, *Liberalism, and Progress*, p. 39.

[45] 請參閱 Haas, *Nationalism, Liberalism, and Progress* 一書中第 3、4、5、6、7
章有關英國、美國、法國、德國及日本個案研究中，提倡文化統一造就國
家統一的過程。

　　兩岸對於中國傳統文化的態度，在 1949 年至 2008 年間，呈現臺灣由
「日本化」轉向「中國化」再轉向「去中國化」方向，大陸則自「中國化」
轉向「去中國化（馬克思化）」再轉向「中國化」方向發展，其情況如圖 4-1：

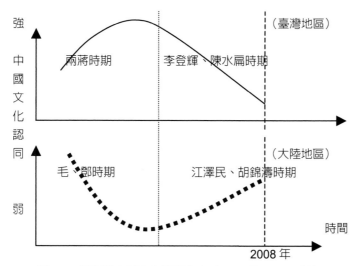

圖 4-1　兩岸對中國文化態度走向（1949 年～2008 年）

資料來源：作者自行製作
說　　明：■■■■■■■■■■　大陸對中國文化的認同曲線
　　　　　────────　臺灣對中國文化的認同曲線

　　2008 年總統大選前國民黨總統、副總統候選人提出的文化政策白
皮書強調「政治問題可以暫置一旁，從文化、學術、思想、歷史以及學
生交流交換開始，逐步培養兩岸人民互信互重基礎。臺灣輸出公民社會
經驗與價值，誠摯協助促進中國大陸的社會進步，以互信互利維護臺海
和平」；縱使馬蕭也提倡臺灣文化的重要性，以彰顯與大陸有所區隔，[46]

───────────
[46]　「馬蕭文化政策」，2008 年 7 月 1 日下載，《國家政策研究基金會》，http://www.
　　npf.org.tw/particle-4118-11.html。如：「重點培育本土文化優勢，成立『公共電
　　視閩南語製作中心』及專屬頻道使臺灣成為全球優質閩南語文化的輸出中
　　心」、「發起華人世界的『臺灣獎』，臺灣以其不同於中國大陸的海洋特質及開

但其主軸仍是兩岸同文同種，其特徵則是，兩岸雖有區隔但不見鬥爭；
因此，在 2008 年臺灣再度政黨輪替後，臺灣逐步停止去中國化，甚至
再中國化可以被理解，因此兩岸可能同時朝中國化方向前進。如：2010
年 4 月 16 日，馬總統與行政院前院長劉兆玄，出席「21 世紀世界華文
文學高峰會議」開幕時，分別提出「識正書簡」及兩岸合編「中華大辭
典」的提議，[47] 這種趨向使兩岸對於文化的認同走向呈現如圖 4-2 所示：

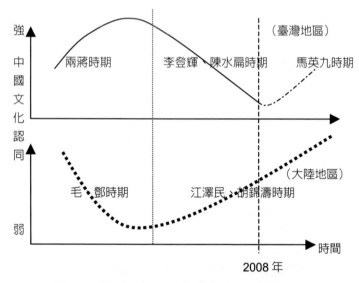

圖 4-2　兩岸對中國文化態度走向（1949 年迄今）

資料來源：作者自行製作
說　　明：■■■■■■■大陸對中國文化的認同曲線
　　　　　--------臺灣對中國文化的認同曲線
　　　　　————臺灣對中國文化的認同曲線預判

　　放精神，發起華人世界的『臺灣獎』，促進華人世界的價值交流」、「以文化為
　　大使，創設『文化外交基金』」及「設置境外『臺灣書院』」等政策，
[47]　「世界華文高峰會馬英九建議兩岸合編『中華大辭典』」（2010 年 4 月 16
　　日），2010 年 5 月 26 日下載，《華夏經緯》，http://hk.huaxia.com/xw/twxw/
　　2010/04/1844032.html。

兩岸對於中國傳統文化的維護與推動，其結果也將有進一步彌平兩岸族群認同分裂之可能。

五、兩岸族群認同的趨同

文化的認同決定一個人的世界觀，提供人們一套記憶與期望、過去與未來，文化認同決定了一個人是誰，文化認同對於一個人何去何從具有重要的決定力量，[48]而文化又占據民族是否存在的關鍵地位，但僅有民族的存在並無法預知何時或在何處會成為一個國家，甚至根本就不會成為國家，也因此，由民族轉成國家的問題，就純是政治問題。[49]

依據學者卡爾漢（Craig Calhoun）的觀點，民族或民族主義的形塑，約略可以分成原生論（primordiality）與建構論（construction）兩類，前者著重在民族的形成是基於相同的血緣、文化、生活地域、宗教等等，後者則強調民族是基於特殊理由不斷的建構而成，兩者論述各有所憑各有依據。其中建構論者更認為，文化有其共通性，因此原生的認同可以不斷的被跨越，[50]如自家庭到同族到同一地區、到同一個國家、到一個大陸（洲）甚至是跨越全球的一個宗教。而所謂民族的傳統（tradition）也可以不斷的被創造。[51]普爾（Ross Poole）則進一步主張，文化（包含語言、政治符號、歷史、文學、音樂、流通的錢幣、流行的運動、電視新聞等）與生活型態，幾乎決定了民族的認同；[52]而史密斯（Anthony D. Smith）則認為民族主義幾乎是一種文化的組成型

---

[48] Ross Poole, *National and Identity* (London and New York: Routledge, 1999), P. 119.

[49] Anthony D. Smith, *National Identity* (Las Vegas : University of Nevada Press, 1991), P. 99.

[50] Craig Calhoun, *Nationalism* (Minneapolis: University of Minnesota Press, 1997), pp. 30～33.

[51] Calhoun, *Nationalism*, p. 33.

[52] Poole, *National and Identity*, pp. 13～14.

態，其中包含了意識形態、語言、神話、象徵與意識，[53]而其核心就是文化。[54]文化認同不僅影響個人的觀點，現代國家的設立更以文化的認同為依據，[55]因此，改變文化的認同就可能改變民族的認同，改變民族的認同，就可能改變代表民族的政治符號，就可能改變一個政治實體的地位；反之，亦然。

也因此，在前總統李登輝（1988 年接替蔣經國）與民進黨政府主政下，以本土化或去中國化強化臺灣自我的認同。主張臺灣應該獨立的民進黨政府，推動「去中華民國化」不僅是在去除中華民國的政治符號，割裂臺灣與中華民國的關係，實際上更以「去中華民國化」作為「去中國文化」的一環，而「去中國文化」最終目的是「創造另一個文化與另一個民族」，這個新的民族當然就是指與「中華民族」對立的「臺灣民族」。所以，為建立臺灣民族以利追求臺灣獨立的作為，可簡單的以「去中國化」加以形容，其反面，就是讓臺灣住民認同中華文化的「中國化」。

依據柏曲（Anthony H. Birch）的觀點，在民族發展的過程中，各小族群團體（ethnic and culture group）在工業化、都市化、交通發達、傳媒發達等等因素的綜合影響下，會融合入主族群團體，最後發展成支持特定政治組織型態的大群體。[56]而在一盤散沙上無法建立起國家已是通論，因此為建國而提倡民族主義就成為必然的趨勢，[57]縱使如號稱民族大熔爐的美國，建國之初亦不能排除以「白昂格魯撒克遜新教徒」（WASP, White Anglo-Saxon Protestant）文化為主導，做為民族

---

[53] Smith, *National Identity*, p. 91.

[54] Smith, *National Identity*, p. 47.

[55] Poole, *National and Identity*, p. 119, p. 122.

[56] Anthony H. Birch, *Nationalism and National Integration* (London: Unwin Hyman, 1989), pp. 36～37.當然也有特例，如加拿大的魁北克就是在相容過程中發現彼此的差距而追求獨立。

[57] Christopher Hughes, *Taiwan and Chinese Nationalism* (New York: Routledge, 1997), p. 7.

想像基礎，[58]因此，在統一文化上建立起民族國家（nation-state）是有意獨立建國者的首選。[59]

中共在連年經濟發展快速之後，已使內部多元化，讓中共對內統治面臨挑戰。在內部一方面要求經濟快速成長以維持統治合法性，一方面又要求國內外政局（包含臺海局勢）的穩定以追求經濟發展的相互連結，使中共不敢輕易挑起兩岸衝突，以免因造成臺海局勢、東亞局勢，甚至世界局勢的不安，進而影響及中共經濟建設成果，甚或因經濟建設成果不足而危及其已面臨沈重壓力的統治合法地位。中共不僅要避免兩岸衝突，更要加強與臺灣民間或在野勢力的關係，以牽制臺灣主政者的強硬立場，就猶如新馬克思主義學者葛蘭西（Antonio Gramsci）所主張工人面對與資本主義鬥爭時，要先以位置戰（war of position）打敗資產階級的文化霸權（culture hegemony），改變世人想法，再發動攻堅的運動戰（war of movement），才能對資產階級產生催枯拉朽的攻擊力量的戰略鋪陳。[60]中共對臺也著眼於拉攏臺灣民眾，發揮「民心向背」的力量來解決臺灣獨立文化霸權的問題，此種作為就成為中共對臺不得不的選擇。

當前兩岸文化與族群認同的走向，已如圖 4-2 的描繪，兩岸關係的核心，因兩岸文化與族群認同的趨同，而逐漸聚焦於制度認同。若以整體趨勢看，中國大陸短期內再度脫離中國傳統文化認同，甚至將中國人認同改變成世界公民認同的可能性並不高，但臺灣卻因統獨政

---

[58] Calhoun, *Nationalism*, p. 57.

[59] Calhoun, *Nationalism*, pp. 69～70.

[60] s.v. "Cultural hegemony", last visited Dec., 14, 2010, 《**Wikipedia**》, http://en.wikipedia.org/wiki/Cultural_hegemony. Antonio Gramsci argued for a strategic distinction between a "war of position" and a "war of movement". The war of position is a culture war in which anti-capitalist elements seek to gain a dominant voice in mass media, mass organizations, and educational institutions to heighten class consciousness, teach revolutionary analysis and theory, and inspire revolutionary organization. Following the success of the war of position, communist leaders would be empowered to begin the war of movement, the actual insurrection against capitalism, with mass support.

治立場的爭奪，若主張獨立的政黨再度執政，就可能再度強調臺灣文
化認同，進而強化臺灣人認同，以有別於傳統中國文化與中國人認同。
若然，則兩岸的文化認同走勢將如圖 4-3 所顯示：

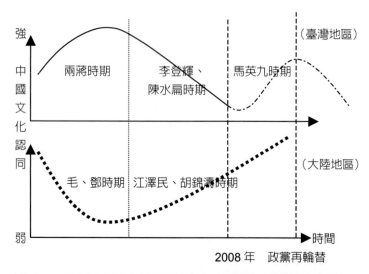

圖 4-3　兩岸對中國文化態度可能走向（若臺灣執政黨再度輪替）

資料來源：作者自行製作
說　　明：■■■■■■■■■　大陸對於中國文化的認同
　　　　　──────　臺灣對中國文化認同曲線
　　　　　─·──·──·──·─　臺灣對中國文化認同曲線預判

　　這種走向代表著，若臺灣政黨再度輪替，由主張臺灣獨立的政
黨執政，兩岸除制度認同的對峙外，會有文化與族群認同有別於傳
統中國的強化，但從另一方面看，臺灣不論政黨如何輪替，兩岸制
度認同的不同與對峙，短時間都不會因執政黨的更迭而消失，因
此，短期內政黨不論如何輪替，制度認同的競逐都將成為兩岸關係
的核心。

第二節　當前中共政治制度環境

第參章以理論與現實的角度檢視中共可能民主化或不民主化的景象，但在實際社會呈現何種情況，才是當前兩岸制度競爭所緊迫面臨的問題；中共面對西方式民主化壓力，其實際反應卻是堅持抵抗。

中共經歷 30 年的改革開放，其內部也因經濟的發展及國際化的日益增加，使得中共內部已然不是鐵板一塊。隨著時空環境的改變，中共的政治環境也不斷的進行著改變與發展，依據政治學百科全書的說法，認為政治發展（political development）包含有：經濟發展為先決條件、工業化國家政治發展的型態、政治現代化、民族國家的運作、行政與法律發展、群眾運動和參與、民主制度建設、穩定而有秩序的變遷、動員與權力及多方面社會變遷中的一面等不同見解，[61]但其精髓卻是「變化」，就是政治制度隨時空環境不同而變化。

兩岸各自都在進行著政治發展，都在進行著「變化」，因此，兩岸關係的詮釋，當然就不能依循過去以中共為亟欲併吞臺灣的單一意識形態進行研究，兩岸關係的研究，應逐漸演變成中共內部日漸複雜化，與臺灣將更複雜化的環境，雙方相互折衝的過程，才更能符合現實。

有研究認為，若從民主到不民主的政治體制依據光譜分析模式安置，可以劃分為 1、自由民主（Liberal Democracy）2、選舉民主（Electoral Democracy）3、競爭威權（Competitive Authoritarian）4、政體不明（Ambiguous Regime）5、霸權選舉威權（Hegemonic Electoral Authoritarian）及 6、政治封閉威權（Politically Closed Authoritarian）等 6 個階段，中共目前徘徊在 4、5 階段間。[62]或說，中共近年已逐漸

---

[61]　s.v.政治發展（political development），雲五社會科學大辭典（第三冊政治學）（臺北：臺灣商務印書館，1971）。

[62]　Zhengxu Wang, "Hybrid Regime and Peaceful Development in China",in

步入半民主、半權威狀態，約略徘徊於「政體不明」（Ambiguous Regime）與「霸權選舉威權」（Hegemonic Electoral Authoritarian）之間，未來的發展究竟是繼續向西方式自由民主方向前進或回溯往政治封閉威權方向退卻，或朝共產主義方向，造成國家與政黨一起消亡的結果，至今無人敢確定。

2004 年 9 月 19 日中國共產黨第十六屆中央委員會第四次全體會議通過《中共中央關於加強黨的執政能力建設的決定》，強調「必須堅持立黨為公、執政為民」、「不斷完善黨的領導方式和執政方式」，顯示中共清楚的意識到，其統治地位的鞏固不能再依賴意識形態，而必須依賴民意。縱使中國大陸不是西方式民主國家，人民無法以定期投票的方式，對政權執行委託、收回、變更委託等程序以監督執政者，但這並不表示因此可以不重視民意，若違逆民意，執政當局也無法順利執政；而民意的支持則植基於中共對於人民的照顧，中共為維持其統治合法性，在資訊快速流通的年代，更須以服務民眾取代愚弄或控制民眾。

人類的發展，大體而言並不脫追求公平、自由、平等、發展、民主、法治等目標，雖各國政情不同而有不同的先後目標設定，但共產國家追求公平多於追求自由是被普遍接受的認知。[63]中共於十七大後要求和諧社會的建構、又要求與世界接軌，但卻不忘鞏固共產黨的統治。[64]而和諧社會的建構不僅是建構大陸內部的更平衡發展（development），並以發展代替成長（growth）以更加周延的照顧人民，如：胡錦濤於 2010 年 9 月 16 日，在 APEC 亞太經濟合作會議有關人力資源的部長會議上發表講話，表示中共要「實現包容性增長，切實

Sujian Guo ed., *China's "Peaceful Rise" in the 21st Century* (Burlington: Ashgate, 2006)，pp. 120～121.

[63] William R. Reisinger, "Choices Facing the Builders of a Liberal Democracy", in Robert D. Grey ed., *Democratic Theory and Post-Communist Change*(New Jersey: Prentice Hall, 1997), p. 41.

[64] 1982 年憲法的四個堅持至今仍被中共視為重要治國依據。

解決經濟發展中出現的社會問題」,強調讓經濟全球化和經濟發展成果惠及所有國家、地區和人民。[65]

「包容性增長（inclusive growth）」,最基本的含義是公平合理地分享經濟增長。包容性增長的內涵,還包括讓更多的人享受全球化成果、讓弱勢群體得到保護、在經濟增長過程中保持平衡等。[66]部分輿論認為,就含義而言,「包容性增長」至少包括強調機會平等與公平正義;強調將社會所有人都納入到發展進程中等意義。[67]簡單說,包容性增長,就是在經濟上全面的發展,且人類生活不僅是成長（growth）的進展,更要做到質的提升與發展（development）,其中也包含著政府如何妥善回應人民各類訴求。

若中共內部經濟發展真造成民主化的壓力,那麼就必須面對民主所帶來變動不拘與領導者間相互競爭的特質。[68]中共現階段經濟建設所帶來的多元、競爭與變動,甚至是民主化的要求,則必須建立並鞏固各類化解衝突的機制,才能符合民主發展的需要。[69]在中共經濟建設為當前首要目標的狀況下,因應經濟建設所引發民主化而帶來的競爭與變動,若不能建立化解這些變動的機制,而僅不斷強調和諧社會的建構,壓抑各類衝突,而不是滿足各種需求,則最終中共將難以維持國內外的和諧,也難以進一步民主化。

---

[65] 鄒聲文、劉東凱,「胡錦濤出席第五屆 APEC 人力資源開發部長級會議」（2010 年 9 月 16 日）,2010 年 10 月 22 日下載,《中華人民共和國中央人民政府》, http://big5.gov.cn/gate/big5/www.gov.cn/ldhd/2010-09/16/content_1703824.htm。

[66] 「包容性增長 inclusive growth」（2010 年 9 月 29 日）,2010 年 10 月 22 日下載,《新華網》, http://big5.xinhuanet.com/gate/big5/news.xinhuanet.com/world/2010-09/29/c_12619091.htm。

[67] 「有包容的增長才能可持續增長」（2010 年 10 月 20 日）,2010 年 10 月 21 日下載,《中國評論新聞網》, http://www.chinareviewnews.com/doc/1014/7/9/2/101479273.html?coluid=0&kindid=0&docid=101479273&mdate=1020081530。

[68] Reisinger, "Choices Facing the Builders of a Liberal Democracy", p. 32.

[69] William R. Reisinger, "Establishing and Strengthening Democracy", in Robert D. Grey ed., *Democratic Theory and Post-Communist Change*, p. 70.

　　中共雖然力阻全球民主化的浪潮，並持續其專制統治，但中共因受民主化的浪潮衝擊，而備受民主化的壓力，卻可由風起雲湧的維權運動看出端倪。

　　「維權」簡單的說就是維護權利的意思，中國大陸上的維權運動，是指人民維護基本權益的自發運動，這種風潮約於 2000 年後在中國大陸興起，在 2003 年逐漸成形。民眾透過遊行、法律控訴及媒體曝光等，挑戰政府或大企業的特權，以維護自身權益。運動由最初維護消費者權益、業主權益，後來已觸及公民政治權利及政府的外交立場等政治禁區，近年更成為中國社會研究一個重要課題。一般認為，在 1990 年代末在中國民主運動組織式微的情況下，維權運動卻成為新的構成對中國大陸當局挑戰的力量，在 2005 年後，由於公民覺醒，參加維權運動者日增，而受到中共的強力壓制。[70]因大陸正處於轉型期，不只是計劃經濟向市場經濟過渡的轉型，還有「黨治」向「法治」的轉型，[71]而「法治」所需的法令規定，跟不上經濟發展所帶來的社會變遷，化解衝突的機制遲遲無法建立，使諸多民眾無法利用法令保護自身權益。甚或中共有法不依、執法不嚴，使民眾權益受損，或民眾根本就不相信現有法令規章可保障其權益，民眾遂採取自力救濟尋求補救，以致中國大陸維權運動的發生無日無之。民眾既知可用群眾的力量彌補或對抗政府施政的不足，就表示人民可藉由群眾的力量表達民意，不再對政府百依百順，並爭取「當家作主」的機會，基本上就是某一種程度的民主化要求的表現。將 2007、2008 年中共重要打壓維權事件彙整如下：

---

[70] s.v.「中國維權運動」，2008 年 1 月 11 日下載，《維基百科》，http://zh.wikipedia.org/wiki/%E7%B6%AD%E6%AC%8A%E9%81%8B%E5%8B%95。

[71] 朱建陵，「《天安門脈動》轉型期『愚公』維權當先鋒」，中國時報，2007 年 5 月 7 日，第 A13 版。

表 4-1　2007 年中共對「維權人士」打壓案例一覽表

遭打壓個人（團體）身份	打壓事實	結果	資料來源
1. 高智晟（北京人權律師）	2006 年 8 月 15 被秘密逮捕、關押，遭受長時間。雙手被綑綁、固定在特製的鐵椅上、被強光照射等酷刑。 他被關押期間，家人受到許多虐待、侮辱和暴力侵犯。	釋放回家後，他本人和他的妻子、女兒、兒子，一直被軟禁，當局把他家當成監獄，長期來每天都是 100 多特工和警察監視。	多維網，4 月 9 日。
	2006 年 12 月間被北京第一中級法院以煽動國家政權罪，判處有期徒刑 3 年，緩刑五年，剝奪政治權利 1 年；中國當局並嚴格限制高智晟接受媒體採訪。2007 年 1 月起只要受訪者同意，即使無中國當局核准亦可採訪等放寬外國媒體採訪之方針已適用，惟大陸領導幹部卻以「高智晟不同於一般中國公民」等冷淡態度拒絕採訪。	無視於外國媒體採訪放寬規定，仍嚴格限制高智晟接受媒體採訪。	日本產經新聞，1 月 18 日。
	2006 年 12 月 22 日獲准回家後，2007 年元旦前 4、5 天又遭警方帶走。	下落不明，無法聯繫。	自由亞洲之聲，1 月 4 日。
2. 曾建余（四川環保人士）	曾建余在 1992 年當選瀘州市人大代表，並於 1997 年連任成功，一直致力保護環境與維護公民權；2006 年 12 月 15 日被中共當局以涉嫌「詐騙罪」正式逮捕。中共當局向曾家施壓，要求不得向媒體透露事件。「成都商報」	關押於四川瀘州市看守所。	自由亞洲之聲，1 月 6 日。

		兩名記者因報導有關消息而被「處理」。		
3.	鄭恩寵（上海律師）	自 6 月獲釋後一直受到嚴密監控，住所外至少有 4 至 5 人把守，禁止出門、電話亦受干擾。	阻撓與記者見面。	自由亞洲之聲，1月 6 日。
		因為愛爾蘭人權組織成員瑪麗女士的約見，上海當局從 1 月 16 日起加大對鄭恩寵的控制。17 日嚴禁所有人進出；鄭家的兩部電話機屢打不通，數部手機怪象頻出。預料上海當局對鄭恩寵律師的嚴控將持續到瑪麗女士的離開。	加大對鄭恩寵的控制。	大紀元網站，1 月17 日。
4.	四川自貢市失地農民逾千名（四川省）	5 個月來法院拖延審理農民控告公安人員打人 1 案，並質疑法律代理人劉正的資格。	千名失地農民聚眾抗議。	自由亞洲之聲，1月 6 日。
5.	程海等大陸七名曾遭毆打律師之公開信	遭公職人員在內的暴力毆打，在全大陸地區呈上升及惡化趨勢。由於行兇者往往涉及公權力，使法律工作者求助無門。	要求中共當局依法保護律師職業安全。	自由亞洲之聲，1月 6 日。
6.	郭飛雄（維權人士）	2006 年 9 月以「涉嫌非法經營罪」被關押 3 個多月。	案件第 2 次由廣州市公安局送交檢察院。	自由亞洲之聲，1月 9 日。
		被廣州當局移送押轉瀋陽看守所後，引起各方關注，普遍認為郭將受到更為嚴重刑訊逼供。	將遭嚴刑逼供。	自由亞洲之聲，1月 30 日。
		廣州市公安局第 3 次不批准交保候審的申請。	在遼寧看守所可能被刑訊逼供。	自由亞洲之聲。2月 1 日。
7.	郭起真（河北維權人士）	報復揭露河北省滄州市貪贓枉法行為，不顧郭起真急需住院治療的基本情況，將郭抓進牢房，並判 4 年徒刑。	揭露貪贓枉法行為遭報復。	自由亞洲之聲，1月 10 日。

8.	朱虞夫（浙江省民主黨成員）	1999 年因組織中國民主黨被中共當局投入監獄，坐牢 7 年，於 2006 年 9 月 14 日出獄。出獄後生活困難，向原工作單位杭州市上城區房管局要求恢復工作，非但不予安排，反再度將其關押。2006 年 12 月 6 日亞太人權基金會授予「民主志士獎」。	出獄三個多月，目前正發起為獄中政治受難者募捐活動。	大紀元網站，1 月 12 日。
9.	嚴正學（臺州）	自 1994 年起，為弱勢團體打官司，對椒江公安局、臺州市建設規劃局、國民黨民革椒江委員會、臺州檢察官的多起民告官訴訟中，據法力爭；因此數十次被公安逮捕、毒打，身體多處受傷，無數次失去人身自由。2006 年 11 月 15 日被正式逮捕，罪名是涉嫌「顛覆國家政權罪」。	被移送臺州檢察院起訴。	自由亞洲之聲，1 月 14 日。
10.	陳光誠（山東臨沂維權律師）	對陳光誠故意毀壞財物、聚眾擾亂交通秩序 1 案進行 2 審公開宣判，駁回陳光誠的上訴，維持 1 審以故意毀壞財物罪、聚眾擾亂交通秩序罪。兩罪並罰，判處陳光誠有期徒刑 4 年 3 個月的判決。	判處有期徒刑 4 年 3 個月。	華盛頓郵報 1 月 13 日。
11.	林炳長（浙江溫州維權農民）	林炳長過去幾年協助三盤村漁農民打官司，1 月 2 日洞頭縣副縣長等官方企圖勸說維權漁民撤銷商談多年未判之民告官案例，遭農民拒絕後，林炳長當天即被洞頭縣檢查院逮捕。並冠以偷稅漏稅、非法出版及破壞社會和諧等莫須有罪名。	遭報復逮捕。	自由亞洲之聲，1 月 25 日。

		林炳長為幫助漁民維權，幾年來，自掏錢幫漁民請律師打官司。近兩年來，遭洞頭縣某些官員迫害，被逼住在杭州偏遠的小山村。1 月 22 日，被浙江洞頭縣檢察部門，在無出示任何證件及任何具據情況下，以所謂「涉嫌偷稅罪」正式逮捕。	為維護漁民合法權益，遭官員逮捕報復。	大紀元，1月 30 日。
		為浙江溫州失地漁民維權，被浙江洞頭縣當局以「偷稅罪」逮捕。	關押在洞頭縣看守所，不准會見辯護律師。	大紀元時報，2 月 2 日
12.	鄒巍（杭州維權人士）	浙江省「兩會」1 月 29 日在杭州召開，會議現場公安員警密佈，攔截各地上訪民眾和維權人士。鄒巍家在 2002 年被杭州市房地產開發商強行拆遷。他和母親被開發商毆打致殘，員警卻威脅他們：不許找事。鄒巍四年多來堅持上訪，但當地各級司法行政機關與開發商沆瀣一氣，鄒巍與母親求告無門。	遭警察帶走，下午 6 點多獲釋。	大紀元時報，1 月 30 日。
13.	呂耿松（浙江維權人士）	浙江省「兩會」於杭州召開，會外公安員警密佈，攔截各地上訪民眾和維權人士。上午 9 點呂耿松被西湖公安分局員警從家中帶走，下午 3 點半獲釋。呂表示，這次控制很嚴，員警、聯訪、保安聯手，政府預先布置攔截上訪人員和維權人士，而且落實到城鎮、鄉村、小區等。許多外地訪民無法前往，就被監控在當地，一些活動計畫也因此被扼殺。	遭警察帶走，下午 3 點多獲釋。	大紀元，時報 1 月 30 日

14.	高耀潔（大陸愛滋病維權人士）	中共當局不准高醫師到美華盛頓參加美國一個婦女組織替她舉行的頒獎典禮。高醫師是退休婦產科醫師，從 1996 年開始關注愛滋病人，並於 2000 年向外界批露河南官方鼓勵賣血導致愛滋病蔓延的慘劇。	高醫師被河南官方軟禁，很多試圖探望高醫師的人士也被帶走，其中部份人士失蹤。	自由亞洲之聲，2月 5 日。
		中共當局不准高醫師到美國華盛頓參加一個婦女組織替她舉行的頒獎典禮。美國人權組織 Vital Voices 創辦人之一美國前總統夫人希拉蕊致信胡錦濤及吳儀，促請中國政府不要阻撓高耀潔到美國領獎。	河南官員通知高耀潔可以前往美國，並解除對她的軟禁。	自由亞洲之聲，2月 24 日。
15.	劉新娟（上海維權人士）	因土地問題得罪上海市官員，從 2002 開始到北京上訪，從 2003 年開始先後 5 次被送精神病院折磨。	2006 年再次被送精神病院，近日逃出醫院去向不明。	自由亞洲之聲，2月 9 日
16.	大陸不同政見人士	中共官方在兩會期間鎮壓活躍份子、異議人士。	兩會期間中共拘捕 2000 多名不同政見者。	澳大利亞廣播電臺，3 月 15 日。
17.	河南商邱市柘城縣雙廟村 350 名愛滋病患者	準備為爭取救命的藥物集體上訪，但被公安攔截。	幾名主事者被帶到公安局，下落不明。	中國時報，4 月 12 日。
18.	江蘇宜興農民吳立紅	十幾年來對太湖環境保護的不懈努力。	宜興地方政府在十三日將吳立紅逮捕。	中國時報，4 月 19 日。
19.	北京拆遷戶	維權人士組織諮詢會議，有 200 多人參加。	官方出動上百警察到現場干預，會議結束後，組織者周莉被警方拘捕。	自由亞洲之聲，5月 14 日。

20.	愛滋病維權人士常坤	新疆師範大學法律系學生常坤是一名活躍的愛滋病維權工作者，曾經創辦新疆「雪蓮花」組織為感染者維權。	新疆師範大學開除其學籍。	自由亞洲之聲，5月18日。
21.	中國泛藍聯盟負責人孫不二	中國泛藍聯盟該團體反對共產主義，認同三民主義，並且從事維權和人權等事務，各地成員相繼遭到中國當局打壓。	孫不二和他的母親被武漢國保帶走後失蹤。	美國之音，5月26日。
22.	天津維權人士鄭明芳	在當地縣政府門口上訪申訴。	遭到鎮政法委書記帶 20 多人毆打。	自由亞洲之聲廣播，6月8日。
23.	首位民間信訪調解員劉貴琴	劉貴琴揭露官員貪污及帶領訪民抗爭。	被當局以涉嫌「非法持有國家機密檔案罪」刑事拘留。	美國廣播，6月15日。
24.	維權代表謝樹清及廣州數百復轉軍人	向省政府請願，追討瞻養費。	遭近千警察強行帶走；而謝樹清被公安在派出所內暴力毆打，胸椎骨折。	自由亞洲之聲，6月22日。
25.	「惟謙愛滋法律援助中心」	是中國民間組織，以幫助愛滋受害者維權和伸張正義為宗旨。	原定 8 月初在廣州舉辦國際愛滋病法律研討會，但受到警方的壓力被迫取消。	自由亞洲之聲，7月28日。
26.	環保維權人士吳立宏	吳立宏一直在為保護太湖環境而鬥爭，他曾揭露當局為了自身的利益在太湖附近修建化學工廠，破壞太湖環境，被人們稱為太湖衛士。	被中國有關當局判處 3 年徒刑，罪名是非法集資和詐騙罪。	韓國國際廣播電臺，8月12日。

27.	四川南充200名運輸工人	四川南充市運輸工人在公司被賣，大批工人沒有被安置，上了年紀的退休職工更加沒有養老保險，他們老無所依，因此從7月份開始陸續到南充市政府門上訪，要求解決養老金問題。	4 名老工人被抓。	自由亞洲之聲，9月5日。
28.	四川成都溫江區農民	抗議當地政府強占土地，當局對維權代表進行打壓。有維權代表到北京上訪。	政府派人到北京押送回鄉並警告不得接受媒體採訪。	自由亞洲之聲，9月11日。
29.	維權人士張文和	53歲的張文和是1970年代末北京「西單民主牆」1代的「民運老將」，近年因言論大膽，呼喚「顏色革命」、倡導「三民主義」和「新興中會」，呼籲中共與民主力量以及聯合國為政治改革舉行3方會談而引起當局注目。	張文和家中電腦被抄走，個人自由受到限制，10月2日被警方帶走，並可能被送進了精神病院。	英國BBC廣播電臺，10月3日。
30.	湖南永州江永縣國營鉛鋅礦的百多名礦工	因不滿礦長長期貪污，在1個月前開始罷工。	公安拘捕了8名罷工工人領袖，被捕的工人目前無法和外界聯絡。	自由亞洲之聲，10月6日。
31.	黑龍江維權人士楊春林	一直關注著六四，非常排斥專制體制下的種種謊言、恐怖和暴力，並喊出「要人權不要奧運」。	被刑事拘留和逮捕後，警方並一直封鎖楊春林的相關訊息，並阻撓律師和楊春林會面。	自由亞洲之聲，10月7日。
32.	湖南江永維權人士	江永縣粗石江鎮19名因不滿鎮政府興建商品市場強行徵地補償的村民代表，前往長沙省政府有關部門上訪。	被省政府專程接回後，全部刑拘，其中5人是婦女。	自由亞洲之聲，10月16日。

33.	黑龍江農墾上訪維權代表劉傑	劉傑因為農場被農墾系統多次違約侵占而被迫上訴、上訪。在歷時 10 年的維權過程中，劉傑走完了中國大陸所有法律救濟途徑，但沒有討得任何一點公道。	北安公安局以「聚眾鬧事」與「擾亂社會秩序」的罪名處以勞教 1 年 6 個月。	自由亞洲之聲，11 月 14 日。
34.	四川省宜賓縣大塔鎮 5 名維權村民	宜賓縣大塔鎮農民自資修建大塔灘水電站，但地方政府把電站收為己有，引起農民強烈不滿，電廠經常對農民斷電，農民徐元正與劉北星，帶領農民發起萬民上訴狀，拒交電費並火燒鄉政府。	被控非法集資和擾亂社會治安罪名成立，被法院重判有期徒刑由2 年至 5 年不等。	自由亞洲之聲，12月 1 日。
35.	200 多浙江省慈溪市村民	因為土地糾紛週一前往市政府集體上訪。	當局派出 300 多警察進行鎮壓，並與村民發生衝突，多名村民被打傷 6 位村民被捕。	自由亞洲之聲，12月 4 日。
36.	江西石城縣 6 名被拆遷戶	以縣政府官員作為董事長的開發商，超低價強徵土地，居民的住房也遭強拆，受影響的達到 300 多戶。因此多次向政府討說法，至今還被關在看守所，其中 1 位居民更下落不明。	相繼被縣公安拘押，可能將面臨被起訴。	自由亞洲之聲，12月 06 日。
37.	四川五〇五廠上千職工	不滿改制不公而集體維權，在檢舉國有資產流失黑幕的過程中卻不斷受到包括來自當地政府的打壓。	工人維權代表遭暴力毆打。	自由亞洲之聲，12月 12 日。
38.	山東煙臺轉業軍人維權代表喬延兵	從今年 6 月以來就一直被軟禁在一賓館內，之後被刑事拘留 38 天，直到上月 18 號被地方當局正式逮捕。	被當局刑事拘留38 天後，以「利用邪教組織違反規章」罪正式將他逮捕	自由亞洲之聲，12月 14 日。

| 39. | 維權人士胡佳、曾金燕夫婦 | 胡佳曾經被指控試圖顛覆中國政府。 | 警察抄了胡佳的家，切斷了電話線和電腦網路，並且把他帶走。 | 美 國 之音，12月30 日 報導 |

資料來源：「2007 年中共對『維權人士』打壓案例一覽表」，2010 年 5 月 13 日下載，《行政院大陸委員會》，http://www.mac.gov.tw/ct.asp? xItem=44120&ctNode=5606&mp=1。

表 4-2　2008 年中共對「維權人士」打壓案例一覽表

	遭打壓個人（團體）身份	打壓事實	結果	資料來源
1	深圳勞工維權人士陳連林	其辦公室被司法局以及工商局搜，電腦等辦公設備被抄走。	陳連林四處躲藏，以逃避官方的進一步迫害。	自由亞洲之聲，1月 7 日報導
2	湖北訪民王春貞	陳壽田、王春貞夫婦因為在自辦工廠買地皮的過程中遭到武漢漢陽區政府阻撓，後來工廠被迫停產，資產被盜搶一空。此外，2004 年，王春貞的兒子入武漢同濟醫院治療後意外死亡，她懷疑兒子被盜賣器官，因此一直上訪。	被地方政府抓捕並投入精神病院	自由亞洲之聲，1月 21 日報導
3	河北省遷安市大王莊70 多戶「釘子戶」	面臨強制拆遷，他們控訴地方當局偽造村民同意書，奪取他們所有的農地和宅基地進行商業開發，春節前到北京上訪。	有 8 人被處以15 天的行政拘留。	自由亞洲之聲，3月 7 日報導
4	湖北訪民金漢琴	3 月 4 號到北京全國人大上訪，被湖北鄖西縣公安局的人強行拖走。	3 月 7 號，金漢琴被送回鄖西縣土門鎮關押，政府官員說要把金漢琴勞教 1 年。	自由亞洲之聲，3月 9 日播報導

5	南京維權人士郭泉	郭泉 2002 年以來參加維權活動，發表過聲明，組建中國新民黨，並擔任代主席。	被抓，目前下落不明。	自由亞洲之聲，3月 17 日報導
6	佳木斯市失地農民維權代表楊春林	去年 7 月他組織了一項「不要奧運要人權」的簽名活動，遭到逮捕，並且受到「煽動顛覆國家政權」罪名的指控。	被以煽動顛覆國家政權罪判處 5 年徒刑。	英國BBC，3月 24 日報導
7	北京維護愛滋病人權益活動人士萬延海	北京市海澱區公安局國保幹警日前通知萬延海，在今後的幾天裡，將派警員在他家門口守候，要求他外出乘坐警察的車，他人到哪里，警車會跟到哪里，但是警察不會干涉他的工作和生活。	萬延海對他的人身自由遭到無理限制表示無法理解，並提出抗議。	自由亞洲之聲，5月 26 日報導

資料來源：「2008 年中共對『維權人士』打壓案例一覽表」，2010 年 5 月 13 日下載，《行政院大陸委員會》，http://www.mac.gov.tw/ct.asp?xItem=44117&ctNode=5606&mp=1。

表 4-3　2008 年中共違反「人身、集會自由」案例一覽表

	遭打壓個人（團體）身份	打壓事實	結果	資料來源
1	西藏僧侶	西藏首府拉薩爆發大規模的僧侶抗議活動，西藏當局安全警衛向示威群眾開槍。	西藏流亡政府則稱遇害人數已達百人。武裝部隊封鎖了街道，目擊者稱有坦克和軍車開過。安全部門向參加暴亂活動的藏人下達了最後通牒，凡是在週 1 子夜之前投案自首者，	德國之聲，3 月 15日報導

			政府將予以「寬大」處理。	
2	中國民主黨浙江委員會召集人王榮清	北京當局在奧運召開前夕加緊打壓異議人士。6月25日杭州警方抓捕王榮清。	各地民主黨成員也遭受不同程度打壓，或遭綁架，或遭拘留，或被傳訊，或被監控。	自由亞洲之聲，6月27日報導

資料來源：「2008年中共違反『人身、集會自由』案例一覽表」，2010年9月8日下載，《行政院大陸委員會》，http://www.mac.gov.tw/ct.asp?xItem=44115&ctNode=5606&mp=1。

說　　明：陸委會網站於2009年後對中共「『維權人士』打壓案例一覽表」的製作與統計已全部撤銷，透露出兩岸關係緩和，臺灣不願在此問題上刺激中共的意向。

　　依據部分學者的研究認為，中國大陸的陳抗運動幾乎包含社會所有層次。有部分學者更將大陸社會陳抗運動加以分類並標定其影響為：「一般群眾抗爭」將直接挑戰中共的領導權威、「非官方的宗教運動」將突破中共的控制持續發展，及「不法集團」的集體活動將否定法律與政府公信力，不論那一種陳抗或群體運動，都將造成政治、社會的動盪。[72]依據此觀點，若中共現階段的人民維權陳抗運動已遍及社會各階層，那表示，已在某種程度上包含「一般群眾的抗爭」、「非官方宗教運動」及「不法集團」，那麼中共對於一黨專制的堅持，似乎已難以為繼。但因中國大陸雖經濟持續發展，使民眾在滿足經濟生活提升之際，使維權運動事件數量近年稍減，但層出不窮的趨勢仍代表中共對人民權益保障之不足，或說，中共在經濟發展獲得成果後，其化解人民需求日漸提升與公部門無法配合的衝突機制，至今仍無法建立。

---

[72] Jae Ho Chung, Hongyi Lai and Ming Xia, "Mounting Challenge to Governance in China: Surveying Collective Protestors, Religious Sects and Criminal Organizations", *The China Journal*(2006/6), No. 56, p. 2.

　　因制度保障不足，致使受害人民無法尋正常程序爭取自身利益，也因此陳情抗議事件層出不窮，即使如異議人士如劉曉波以不斷的陳抗行為及發動連署《○八憲章》抒發人民對基本權益保障的需求與感情，也遭中共不斷的鎮壓。但 2010 年 10 月 8 日，諾貝爾和平獎卻頒給劉曉波，此舉是大陸境內人士、也是大陸異見人士首次獲獎，相當鼓舞大陸民主人士。但中共外交部卻在第一時間稱，「這是對和平獎的褻瀆，也將給中挪關係帶來損害」，並於當晚召見諾貝爾委員會所在地的挪威大使表達抗議。[73] 在劉曉波獲得諾貝爾和平獎後，雖然歐洲聯盟、德國、法國及國際人權團體紛紛發表聲明，敦促中共當局儘速釋放劉曉波，[74] 但未獲中共善意回應；劉曉波獲諾貝爾和平獎一事，雖成為國際關注的訊息，但中共媒體除新華社和中新社發布中共外交部通稿，其他媒體幾乎不見相關新聞，網路評論更遭刪除，[75] 顯見中共對於西方民主自由運作模式的反對與抵制；劉曉波所推動的《○八憲章》內容僅是中共現行憲法中的部分內容，卻遭中共鎮壓與排斥，並以「煽動顛覆國家政權罪」加諸於劉曉波。那就明確表示《○八憲章》的連署，甚或說依據現行憲法規定落實推動對基本人權的保障，卻被中共認為可能顛覆其政權，讓中共無法持續執政，這種推論明顯與中共現行憲法所規定保障人權、自由、財產的規定不符，所以應該推論成，中共不能忍受的不是保障基本人權、集會結社自由等訴求，而是在保障基本人權後，是否影響及中共的統治。也因此，中共鎮壓民主自由與否的標準，端看是否危及中共一黨專政而定；進一步更可說，若中共保障制度足夠讓人民獲得權益的保障，雖可能化解維權運動發生，但也可能因保障制度的完善，讓民意得以伸張，造成中共一黨專

---

[73] 尹德瀚、羅培菁、鍾玉玨，「爭人權　繫獄中　劉曉波獲諾貝爾和平獎　中共抗議」，**中國時報**，2010 年 10 月 9 日，第 A1 版。

[74] 黃文正、黃菁菁，「國際發聲　促中國速放人」，**中國時報**，2010 年 10 月 9 日，第 A2 版。

[75] 亓樂義「中共批違諾貝爾宗旨　封鎖消息」，**中國時報**，2010 年 10 月 9 日，第 A2 版。

政政權的敗亡。中共為防止保障民權終危及統治，遂形成中共以鎮壓代替健全保障人民權益制度的結果。

就當前的經驗來說，西方觀點認為，亞洲多數國家離真正的民主有待努力，面對西方國家對於亞洲國家民主進程的質疑，亞洲國家常以「亞洲價值」或「不要期待我們必須擁有歐洲式或美洲式的民主，我們必擁有我們自己的民主走向」回應。以西方的觀點看，亞洲要進一步民主，各國都必須加強建立分權與平衡機制、健全緩和激烈衝突的結構，並發展公民社會。[76]中共經歷 30 年的改革開放，揚棄「以階級鬥爭為綱」的舊思維，用急行軍的方式追求現代化，卻因此在社會上產生連鎖反應，那就是中產、小產、志願者、維權者及各種非政府組織和團隊的出現，而這些階層和群體的活躍人士中間，以獲得 2008 年歐洲議會頒發薩哈羅夫思想自由獎的胡佳最具代表性。胡佳從不挑戰中共執政，而僅為弱勢發聲，成了「胡佳現象」，[77]胡佳在大陸因投入環保、關注愛滋病人、聲援維權律師高智晟、支持德國接待達賴喇嘛等活動，而不斷被中共關押。[78]中共對於胡佳現象的亟力封鎖，在某個程度上看即是封鎖市民社會的出現，即使，如胡佳以體制內抗爭的訴求，絕不挑戰中國共產黨統治的作為，但卻因其作為讓中共對外粉飾太平的「面子」難以保留，故亦不容許其存在，至於對中共統治具有威脅性的更激進行為，更不為中共所樂見存在。

中共領導人胡錦濤於 2006 年 4 月 21 日，在美國耶魯大學的演講中表明：「最終是為了實現人的全面發展。保障人民的生存權和發展權仍是中國的首要任務。我們將大力推動經濟社會發展，依法保障人民享有自由、民主和人權，實現社會公平和正義，使 13 億中國人民過上幸福生活」、「今天，中國提出構建和諧社會，就是要建設一個民主法治、公平正義、誠信友愛、充滿活力、安定有序、人與自然和諧相處

---

[76] Hannah Beech, "Democracy", **Time** (2009/1/12), pp. 30～34.
[77] 章海陵、張潔平、李永峰，「胡佳現象臺前幕後中國維權最新模式」，**亞洲週刊**（2008 年 11 月 9 日），頁 28。
[78] 「胡佳的公民實踐」，**亞洲週刊**，（2008 年 11 月 9 日），頁 30。

的社會，實現物質和精神、民主和法治、公平和效率、活力和秩序的
有機統一」,[79]顯然中共領導人對於民主、法治、自由的追求是贊同的，
但對於自由、民主、法治的型態卻有異於西方的看法，這種異於西方
自由、民主、法治社會的看法，在民主不是固定不變的形貌，而是反
應不同的社會、經濟、技術、文化，並不斷豐富的過程認知中,[80]雖可
被接受，但若不讓任何民意展現，則離任何形式的民主都將極為遙遠。

從另一方面看，中國大陸已經不如過去鐵板一塊也是不爭的事
實，如：依據中共民政部的資料顯示，截止 2007 年底，依法登記的社
會組織（NGO）已經超過 38.6916 萬個，其中社會團體 21.1661 萬個,[81]
民辦非企業單位 17.39 萬個，基金會 1,340 個，預估這些 NGO 每年以
10%－15%的速度發展，中國大陸已經逐步形成了門類齊全、層次不
同、覆蓋廣泛的社會組織體系。至 2009 年底，登記註冊的社會組織總
量更接近 42.5 萬個，其中社會團體 23.5 萬個，比上年同期增長 6.8%；
民辦非企業單位 18.8 萬個，比上年同期增長 5.6%；基金會 1,780 個，
比上年同期增加 390 個。[82]民辦非企業單位 17.39 萬個，基金會 1,340
個。同時，在城鄉基層，不具備法人條件的服務型、群眾性社會組織
快速發展，經民政部門備案的農村專業經濟協會有四萬多個，城市社
區社會組織有二十萬多個，社會組織整體影響力日益增強。[83]這種發

---

[79] 2006 年 4 月 21 日，「胡錦濤在美國耶魯大學的演講（全文）」，2009 年 1 月
14 日下載，《新華網》，http://news.xinhuanet.com/newscenter/2006-04/22/
content_4460879.htm。

[80] Mário Soares, "The Democracy Invention", in Marc F. Plattner and João Carlos
Espada ed(s)., *The Democracy Invention* (Maryland: Johns Hopkins University
press, 2000), p. 36.

[81] 「中國社會組織」，2008 年 1 月 16 日下載，《中國社會組織網》，http://www.
chinanpo.gov.cn/web/showBulltetin.do?id=30642&dictionid=2201&catid=。

[82] 衛敏麗，「截至 2009 年底中國登記註冊社會組織近 42.5 萬個」（2010 年 2
月 4 日），2010 年 11 月 24 日下載，《中國新聞網》，http://www.chinanews.com.
cn/gn/news/2010/02-04/2108325.shtml。

[83] 「『中國社會組織論壇（2008）』在人民大會堂隆重舉行」，2008 年 1 月 18
日下載，《中華人民共和國民政部》，http://www.mca.gov.cn/article/zwgk/
mzyw/200812/20081200024763.shtml。

展趨勢，促使當時中共民政部副部長姜力，於 2008 年 12 月 19 日，在中共民政部、中共國家行政學院、清華大學共同舉辦的首屆「中國社會組織論壇（2008）」上致詞，公開要求各類社會組織：「當好政府的參謀助手，……，提出應對建議，及時向政府反映」、「當好黨和政府的思想庫，……為黨和政府科學決策提供理論參考」，[84]凸顯非政府組織足以填補中共對社會控制空隙的龐大力量。而中共第一個省級志願者聯合會，也於 2009 年 1 月 8 日在廣州成立，該志願者聯合會包括 129 個團體會員和 298 個個人會員，總計包含全廣東省近 350 萬志願者參與該組織。[85]非政府組織的存在並展現力量，顯然已經是中國大陸的一種現象。

姑且不論第參章所討論的中共可能或不可能進入西方民主化的理論與政策，在中共面臨如此多不利於威權統治維持，卻又無法明確認定中共會走向西方式的民主，那麼總和當前中共當前的政治環境發現，中共短期內的制度環境與特色將呈現如下特點：

一、維持共產黨的一黨專制。

二、拒絕模仿或移植西方式民主制度。

三、強調民主，但其追求目標、形式卻至今未確定。

如此形式，雖是中共因應現實下的產物，但卻是兩岸以制度競爭為核心，是臺灣所必須面對的現實，同時也是臺灣主流民意所疑慮的事務，這種局勢也造成兩岸關係無法進一步融合的關鍵。

第三節　兩岸關係的核心

中共至今仍被認為是威權國家大致沒有疑義，而國家的權利基本上又可分為兩個面向：[86]

---

[84] 「『中國社會組織論壇（2008）』在人民大會堂隆重舉行」

[85] 「全國首個省級志願者聯合會在廣州成立」，2009 年 1 月 8 日下載，《中國經濟網》，http://big5.ce.cn/xwzx/gnsz/gdxw/200812/05/t20081205_17594693.shtml。

[86] 高永光，論政治學中國家研究之新趨勢（臺北：永然文化出版社，1995），頁 83。

一、是國家的自主性，即國家採取行動時不必要和民間社會團體做有計畫、制度化諮商的範圍；

二、是國家的能力，是指國家在執行其政治決定時，能夠對民間社會範圍內縱橫到多深的程度。

學者高永光依據國家自主性與能力的高低組合，將國家的型態做如下的區分：

表 4-4　國家強弱分類表

自主性 ＼ 能力	低	高
弱	封建國家	官僚國家
強	傳統帝國	威權國家

資料來源：高永光，*論政治學中國家研究之新趨勢*（臺北：永然文化出版社，1995），頁 83。

中共既然是被公認的威權國家，因此，中共在分類上理應是具有強烈的自主性與高超的解決問題或貫徹政策能力。

縱使中共對於持續專政的傾向明顯，但中共承受內部因經濟發展所造成的多元化顯然壓力亦不輕。有學者甚至提出中共當前統治作為，已然不是如外界想像的中央集權，而可能是以聯邦制度的模式做為實際的運作（de facto federalism）方法。顯然對於中共是否可以集權方式進行統治已被專家學者質疑，更有學界對於中共的中央與地方關係，依據結構（structure）、過程（procedural）與文化（cultural）等3 種研究途徑（approach）進行研究，[87]其中結構的研究，是依據法律規定研究中共中央與地方關係，常發現地方不服從中央，甚至是令不出京城情勢；[88]過程的研究途徑又分出理性、權力衝突與分歧三個模

---

[87] Zheng Yongnian, *De Facto Federalism in China* (Singapore: World Scientific, 2007), p. 7.

[88] Yongnian, *De Facto Federalism in China*, p. 16.

式，[89]將中共中央指揮命令的下達，細分成中央與地方的相互協調與折衝過程，而不是地方完全服從中央的模式；文化的途徑則討論中國傳統文化制約中共的統治模式，與外界所提依據共產黨意識形態統治中國不同。[90]依學術界對於中共統治研究的多樣性，凸顯被刻板印象形塑為共產黨有效統治一切，且集所有權力於一身的謬誤。事實上，中共對內統治的模式及統治地位顯然正遭受各方的壓力，更進一步言，其統治合法性顯然遭受嚴重的挑戰，中共為維護其四個堅持，其維持統治合法性的威權作為，反而將被中共不斷加強。有學者就直指，「中國憲政改革最大的障礙，是中國共產黨一黨專制體制本身」、「自六四之後，中國出現權貴資本，而權貴資本對憲政的抵制，近年來更趨嚴厲，維護一黨專制早已不再是什麼認知的原因，而是出於赤裸裸的權力考量，當權力能夠帶來巨大的利益時，任何以限制權力、約制權力為目標的改革都會受到拼死抵制」。[91]

　　學者高永光綜合新國理論學者史卡區波（Theda Skocpol），有關國家的研究，認為一個強而有力自主性的國家出現，似乎和一些因素有關：[92]

　　一、比較落後的農業社會，似乎在從舊政權轉化成現代國家的過程裡，比較需要國家；

　　二、不論有無強大的農民糾集，以農民階級為主體的社會都需要國家；

　　三、在國際環境中居於劣勢的政權，需要強有力的國家；

　　四、自由化的歷程以及強大的資產階級，似乎是民間社會壯大的力量；同時，似乎是強大國家結構出現的障礙；

　　五、強有力國家的出現，均伴隨著層級節制分明的龐大官僚體系；而且，要能掌控具強制力的軍警力量。

---

[89] Yongnian, *De Facto Federalism in China*, p. 23.
[90] Yongnian, *De Facto Federalism in China*, p. 25.
[91] 江迅，「權貴資本抵制憲政改革」，亞洲週刊（2009 年 1 月 4 日），頁 48。
[92] 高永光，論政治學中國家研究之新趨勢，頁 115。

　　由中共逐漸的經濟發展，中國大陸逐漸由農業社會走向工業社會，使農民階層減少、中（資）產階級人數增加、民間社會力量上升、國際地位逐步提升、及社會內部分工漸細等改變看，中共國家能力面臨下降是無法避免的趨勢。就算進一步將國家能力區分為，僅具有解決基本社會利益衝突的「消極國家能力」、具有促進經濟發展和發展社會福利能力的「積極國家能力」，及如一般共產國家一般確立某種意識形態目標，在深層次上改造國家的「超國家能力」，[93]加以深入探討，中共也呈現逐漸由「超國家能力」地位，退卻到僅保留「積極國家能力」，甚或只能基本解決社會利益衝突的「消極國家能力」地位的現象。

　　依據高永光的觀點，國家能力的判斷標準，包含有 7 個方面：[94]

　　一、官僚制度在國家建立時是否即有基礎？

　　二、官僚精英是否展現解決問題的專業能力及專業背景知識？

　　三、官僚內部的競爭力如何？

　　四、官僚內部的凝聚力如何？

　　五、社會結構上是否十分分歧？社會分工是否很細，導致互動的頻繁及整合的困難？

　　六、市場結構和國家組織之間的互動關係為何？

　　七、國家企業所扮演的角色？

　　由於大陸的經濟發展，人民相對於過去已不需全然依靠黨的照顧就可生活，並不斷可接觸外界世界的狀況下，縱使中共當前官僚體系能有效解決內部的各類問題，但社會結構上的分歧與社會分工，導致互動的頻繁及整合的困難。這個不可避免的趨勢，使得中共對內政策的貫徹能力減損也無法避免，加上中共現有制度安排缺乏政黨輪替的機制，若中共因經濟發展而失去一黨專政的民意支持，則權力的真空，如何有效快速填補的問題，這種「中共垮臺中國即將混亂」的恐懼，是促使中共一定要堅持其統治權，尤其是提升其統治合法性的原因之

---

[93] 吳國光，*自由的民族與民族的自由*（臺北：大屯出版社，2002），頁 42～43。

[94] 高永光，*論政治學中國家研究之新趨勢*，頁 119。

一，也因此中共抹平其內部因經濟發展與對外開放所帶來的紛歧與多元，就成為其提升國家統治合法性的重要手段。

兩岸關係的核心是制度的競爭，但無論是兩岸人民、政治菁英或專家學者，卻都在有意無意間，陷入兩岸制度民主化程度的競爭迷思之中。以臺灣觀點看，兩岸關係就必須以兩岸民主化的程度是否接近，作為兩岸是否可以統一的重要甚至是唯一標準，在中國大陸西方式民主化程度不及臺灣的現在，當然造成臺灣民眾抱持兩岸維持現狀再視情況進行統一或獨立的態度。

學者杭廷頓（Samuel P. Huntington）對於美國建國數百年來的政治發展，以表格簡單而清晰的傳達了美國國家認同的變化：

表 4-5　美國國家認同變化表

	族群	種族	文化	政治
1607-1775	是	是	是	否
1775-1940	是	是	是	是
				（except 1840-1865）
1940-1965	否	是	是	是
1965-1990	否	否	是	是
1990-	否	否	？	是

資料來源：Samuel P. Huntington, *Who Are We*? (NY: Simon & Schuster, 2004),
　　　　p. 39.

杭廷頓認為在多元化與全球化的作用下，住在美國境內的美國人民，已經不再以共同的族群、種族、文化做為國家認同的最重要依據，而是認同美國現行的制度（政治），才能維持美國國家認同的不墜。

臺灣在文化認同與大陸認同無法有效區隔，族群認同轉變尚未完成且內部亦呈現族群多元，並摻雜統、獨相互爭鬥現象，依據國家認同 3 個層面的看法，就只剩下制度認同為臺灣國家認同的唯一堅實憑藉。

　　依美蘇兩國的經驗，相互的對抗，對國家認同與生存有所幫助，[95]長久以來，臺灣面臨中共的威脅，在制度認同面上，一直具有堅強的抵抗能力。兩岸，尤其是臺灣對現行制度的認同與堅持，且不論統獨對於大陸現行制度的排拒，都將成為兩岸關係的核心問題之一。

　　政治學的基本構想稱，國家的構成要素是政府、土地與人民；就兩岸的對峙而言，土地隔海分立，政府則各有政治信仰與制度安排，而人民則牽涉及族群與文化認同，三者相互糾葛，遂發展出不同時期不同面貌的兩岸關係。

　　但仔細分析卻會發現，兩岸在政府、人民與土地的要素糾葛問題，可陳述如下：

　　一、土地的分隔可輕易以政治體制涵蓋化解分離困境：
　　　　如美國之於阿拉斯加、夏威夷，臺灣之於澎湖、金、馬。

　　二、人民對於族群認同問題，可以文化認同的改變而化解或降低紛爭。

　　三、政府的結構與運行差異問題，至今仍未能有效解決。

　　三個層面中，土地問題係因應政治問題而轉變，若政治問題解決土地問題自然水到渠成，人民分隔的問題，則因文化遺續不易去除，文化相互滲透無法阻擋的趨勢，加上 2008 年國民黨再度執政，在其統一為終極目標的政治運作下，兩岸對於中國文化認同的轉趨同一已成當前趨勢，文化所決定的民族或族群衝突因而降低，使得兩岸關係當前的對峙關鍵，就集中在不同政府的運作與安排問題。

　　所以，馬英九總統會於 2008 年 5 月 20 日就職演說中稱：「兩岸問題最終解決的關鍵不在主權爭議，而在生活方式與核心價值」，[96]後又於國際學者會議中對兩岸的未來定位稱：「我們還沒有找到最後的答

---

[95] Huntington, *Who Are We?* (NY: Simon & Schuster, 2004), P. 258.

[96] 「中華民國第 12 任總統馬英九先生就職演說」（2008 年 5 月 20 日），2010年 10 月 6 日下載，《中華民國總統府》，http://www.president.gov.tw/Default. aspx?tabid=131&itemid=13752&rmid=514&sd=2008/05/20&ed=2008/05/20。

案，還需要更多時間讓臺海兩岸民眾，以中國文化做為基礎，來選擇最好的生活方式」。[97]凸顯兩岸制度競爭的重要地位。

　　臺灣以自由、民主、法治（rule of law）自詡。有學者認為，雖然大陸在國際局勢壓力與引誘下，也必須學習不斷的朝民主、法治、自由方向挪移，[98]至少在表面上必須表現支持民主、自由、法治，才得以獲得國際社會的尊重，但大陸若要進一步獲得臺灣人民的信任，則唯有加速趕上甚或超越臺灣的政治制度安排，以獲取臺灣主流民意的支持。當前中共對臺政策仍然抱持「四個堅持」維持共黨的統治，並堅拒實行西方式的民主，卻要求臺灣接受「一國兩制」，甚或以帝國主義侵略中國的「悲情」記憶，強化當前對臺強硬政策，而僵化不變；[99]但因中共對於民主化的近程與臺灣相比，不僅落後，甚至付之闕如，不僅付之闕如，若依據前述中共全國政協主席賈慶林「築牢抵禦西方兩黨制、多黨制、兩院制和三權鼎立等各種錯誤思想干擾的防線」的立論、中共的四個堅持、社會主義初級階段論的思維模式、毛澤東的《論人民民主專政》讚揚將國家消亡等等論述，中共的政治發展不僅不應該被寄望終將走入西方式民主主義的模式，中共的政治發展甚至可能走向不斷的堅持共產黨的專政，直至中國大陸進入共產主義社會，最後政黨與國家同時消亡，才是中共所抱持的目標。

　　當前兩岸關係可分為六個層次加以說明，就是所謂政治、軍事、外交等硬的一面，與經貿、文教與政黨等軟的一面，在民進黨執政時期，因兩岸的緊張使兩岸得情勢發展成為硬的愈硬、軟的愈軟。[100]中

---

[97]「總統與哈佛大學費正清研究中心視訊會議」（2010 年 4 月 6 日），2010年 10 月 6 日下載，《中華民國總統府》，http://www.president.gov.tw/Default.aspx?tabid=131&itemid=20970&rmid=514&sd=2010/04/05&ed=2010/04/06。

[98] Jennifer Kibbe, Richard Rosecrance and Authur A. Stein, "Conclusion", in Richard Rosecrance ed., *The new Great Power Coalition-Toward a World Concert of Nations* (Maryland: Rowman and Littlefield Publishers, 2001), p. 376.

[99] 劉文斌，「『胡六點』週年展望兩岸關係：兩岸悲情衝撞難解」，展望與探索，第 8 卷第 2 期（2010 年 2 月），頁 1～14。

[100] 蘇起，危險邊緣：從兩國論到一邊一國（臺北：天下文化，2003），頁 66。

共就是運用牽涉主權比較強烈的政治、外交與軍事領域在國際間困住臺灣獨立的企圖，而利用文教、經貿與政黨間的緊密關係，拉攏臺灣的民心。有學者認為，在臺北與北京的對抗競賽中，如不談制度與立國精神主張之差異，臺北就無以為恃。[101]在 2008 年國民黨再度執政並致力於改善兩岸關係後，兩岸關係可能已發展成軟的更軟、硬的也軟的情勢，讓兩岸在國際間更具有公平競爭的態勢，在兩岸人民心目中也因相互密切交流，而更能相互評比對方的制度，兩岸文化與族群認同也可能因兩岸執政者不斷的努力而趨同時，兩岸政治制度的差異將更行凸顯。

進一步說，兩岸關係在可見的未來，不僅是兩岸民眾各自對自己國家認同的競爭，更是制度的競爭，那麼制度到底以什麼方式競爭就成為競爭的核心，換句話說，兩岸各自的制度內涵與各自的優劣勢，才是競爭的主軸。

時至今日，中共所賴以維持統治合法性的基礎，已經集中在政府的施政表現與經濟發展表現上，[102]甚至只能以經濟表現 1 項維繫其統治合法性，[103]使中共對於其經濟是否能持續發展抱持戒慎恐懼的態度。中共目前極擔心其經濟的表現不足以維繫其統治合法性，甚至步日本自民黨的後塵而失去政權。[104]換言之，中共必須維持一定的經濟

依據國內學者蘇起的分類，兩岸關係可以有：軍事、外交、政治、經濟、文化等五個層面，其中政治面全由政府主導，軍事、外交幾乎亦由政府主導，是屬於硬的一面，而經濟、文化屬於軟的一面，在臺灣由民間主導，在大陸則仍受政府節制，但筆者以為，自 2005 年中起，國民黨主席連戰、親民黨主席宋楚瑜、新黨主席郁慕明相繼前往大陸與胡錦濤會面後，使得兩岸關係，「軟」的部分必須加上政黨交流一項，讓兩岸關係區分為，硬的是：政治、軍事、外交。軟的則是：經貿、文化與政黨交流等幾個層面，才足以更加週延的描繪目前兩岸關係。當前馬英九政府更將國、共兩黨交流平臺視為兩岸交往第 2 管道，更凸顯政黨交流在兩岸關係中的重要地位。

[101] 石之瑜，當代臺灣的中國意識（臺北：中正，1993），頁 165。

[102] Bluce Gilley, *China's Democracy Future* (New York: Columbia University, 2004), p. 33.

[103] Gilley, China's Democratic Future, p. 21.

[104] 蔡增家，日本轉型：九〇年代之後政治經濟體制的轉變（臺北：五南，2004），

成長，而經濟成長所需要的是穩定的環境，且寄望經濟成長能讓臺灣的經濟整合入大陸的經濟發展中，最終讓兩岸統一（Economic Integration Based Unification）。因此避免與臺灣發生軍事衝突，以免讓兩岸對峙增加，且破壞經濟的整合，是中共當前所著重的策略。[105]換言之，在中共意識型態低落的當前，中共必須以對內的繁榮，及對港、澳、臺問題的解決，維持國土的統一，來確立中共統制的合法性。[106]中共在蘇聯解體的過程中，學會要維持統治，並不在於意識型態的堅持或軍事力量的強大，而是在提供足夠的服務讓人民信服。[107]然而中共經濟的發展，在某種程度上卻必須依賴不民主的政治制度，以統合國力，作最有效的投入，讓經濟發展達到預期目標，以換取人民信服其領導的回報。

以兩岸關係改變前後的 2008 年與 2009 年臺灣民眾對於中共的觀感民意調查結果，可以看出臺灣民眾對於中共這個國家的好惡：

一、2008 年，24.9%至 48.2%的民眾認為大陸政府對我們政府友善，不友善的比率為 49.4%至 64.9%；另大陸政府對臺灣人民的態度方面，有 30%至 52.7%的民眾認為友善，不友善的比率為 37.9%至 58.2%。整體而言，不友善的程度仍高，但民眾感受 520 後大陸政府對我政府「友善」比例，與過去相

頁 81～91。過去日本自民黨掌握日本政權長達 38 年，雖有「五五體制」的政黨對抗局面，但其他政黨仍不敵自民黨，自民黨主政日本，幾乎成就日本的「一黨專政」，其所憑藉的就是自民黨主政日本期間，不斷的創造日本經濟快速發展所致，當日本經濟因為日本政治派閥無力應付內、外環境轉變，而在 1980 年代末期發生泡沫經濟之後，經濟表現無法獲得日本人民的青睞，加上自民黨政府弊案連連，終於造成自民黨的統治危機，甚至演變成自民黨失去政權的結果。

[105] Quanshen Zhao, "Moving Toward a Co-Management Approach: China's Policy Toward North Korea and Taiwan ", Tai Wan-chin ed., *New Development in Asia Pacific and the World*(臺北：時英，2006), pp. 305, 312.

[106] C. Fred Bergsen, Bates Gill, Nicholas R. Lardy and Derek Mitchell, *China: The Balance Sheet*（New York: PublicAffairs, 2006）, p. 119.

[107] Bergsen, Gill, Lardy and Mitchell, *China: The Balance Sheet*, p. 127.

較，增加一成多，達到三成三（96 年平均約 20%），另對我
人民的友善程度，則無太大變化。對統獨立場的看法，則顯
示，民眾主張「維持現狀，以後看情形再決定獨立或統一」
的比率占多數（34.4%至 44.8%），「永遠維持現狀」的比率為
11.1%至 25.5%，「維持現狀以後走向獨立」或「維持現狀以
後走向統一」的比率，則都不超過 2 成（4.3%至 17.5%）。整
體而言，主張廣義維持現狀的比率（包括維持現狀以後走向
獨立、維持現狀以後走向統一、維持現狀以後看情形再決定
獨立或統一，以及永遠維持現狀）占絕大多數（64.9%至
91.8%），與歷年調查結果的分布類似。至於主張「儘快獨立」
（6%至 16.3%）或「儘快統一」（1.5%至 4.1%）均為少數。
甚至在不提示維持現狀的選項時，請民眾在「獨立」和「統
一」兩者之間做選擇，贊成「臺灣獨立」者超過六成（65%
至 68%），「兩岸統一」僅占一成多（14%至 19%）。[108]

二、2009 年臺灣民眾認為中共對我政府，友善（33.5%至 49.4%）
與不友善（34.9%至 45.1%）比率相當，意見分歧；另對我人
民，友善（39.7%至 45.6%）略高於不友善（32.4%至 41.3%）。
過去民眾認為大陸政府對我政府及人民的態度，均「不友善」
高於「友善」，但 2009 年相關調查顯示，民眾認為大陸政府
對我政府及人民的友善程度有微幅上升的傾向。對統獨立場
的看法，民眾主張「維持現狀，以後看情形再決定獨立或統
一」的比率占大多數（33%至 53%），「永遠維持現狀」比率
7.6%至 29.8%、「維持現狀以後走向獨立」（緩獨）比率 7.8%
至 21.4%、「維持現狀以後走向統一」（緩統）比率 3.7%至
11.5%。整體而言，主張廣義維持現狀的比率（包括維持現狀
以後走向獨立、維持現狀以後走向統一、維持現狀以後看情

---

[108] 「2008 年兩岸關係國內各界民意調查綜合分析」（2009 年 2 月 16 日），2010
年 12 月 8 日下載，《行政院陸委會》，http://www.mac.gov.tw/ct.asp?xItem=
68245&CtNode=5617&mp=1。

　　形再決定獨立或統一，以及永遠維持現狀）仍占絕大多數（62%至87.5%），與過去調查趨勢相同。[109]

　　當臺灣民眾認為中共友善程度增加，則有可能因為友善而不排斥而喜好，在其他條件配合下，最後才有可能達到合而為一相互融合認同，反之若無好感，則進一步的融合與認同將如緣木求魚。雖然，2008年國民黨再度執政後，兩岸關係大幅改善，卻仍有三至四成民眾不認為中共對我政府與民眾友善，與三到四成民眾的態度相反（其他二到四成民眾沒有特別意見）。顯然中共目前的對臺作為，仍難以爭取絕大多數民眾的好感與信任，若加上統獨態度分析，也發現縱使兩岸關係改善，保持現狀仍維持最大比例。顯見臺灣雖在國民黨再度執政後，與大陸在文化與族群認同可能逐漸趨同的狀況下，主流民意仍不願臺灣與中國大陸合併，若依據前述推論兩岸關係的核心是制度的競爭，那麼就可獲得臺灣民眾不認同大陸現有制度的結論。換言之，中共的制度運作仍難獲得大多數臺灣民眾的認可。

　　在可見的未來，中共政治制度的發展，並不一定隨經濟發展而進入西方式民主化，甚至可能為使經濟持續發展，以穩固中共政權，而更加緊縮對內部的控制。兩岸政治制度的競爭既然成為兩岸關係競爭的核心，中共如何以不民主的制度，或無法跟隨臺灣民主化程度的制度，吸引臺灣人民的信服，則成為兩岸制度競爭中必須面對的重要議題，也是兩岸關係研究中，所必須加以注意的最新課題。

---

[109] 「2009年兩岸關係國內各界民意調查綜合分析」（2010年1月25日），2010年10月8日下載，《行政院陸委會》，http://www.mac.gov.tw/ct.asp?xItem=73767&ctNode=6333&mp=1。

第伍章　為人民服務競賽

　　對於民主的討論，或許可分為工具性與內涵性兩大類。工具性是假設民主是足以讓民意充分表達的制度設計，因此，只要有完善的民主制度設計，則會產生反應民意的最佳結果；而內涵性則著重在，讓民主成為一種民意激盪與表達的過程，其強調的是過程而非結果。[1]但不論著重在制度或過程，將民意作為施政的依歸，都是最重要的核心目標。

　　即使這種以民意為依歸的論點已相對保守，仍被許多政治哲學家挑戰，如，民主制度雖提供個人反抗壓迫的機會，但個人的權利維護，是否有利於大眾？[2]或說，就算每個人在國會中都有代表，就是民主？畢竟就算每個人在國會中都有代表，也不保證每個人的權利都可以在國會表決中獲得尊重；[3]民主縱使保障了眾人參與決策的權利，但其參與結果若不如非民主制度完善，則實可主張不要民主制度；又說，民主制度所主張的是票票等值，但如果要不等值的投票才能產出好的決策結果，那麼不等值的投票實在也沒有什麼好抱怨的等等。[4]

　　民主學者熊彼德（Joseph Schumpeter）更認為，就民主制度與個人自由的保障而言，在同一環境中，民主制度不見得比其他制度更佳；[5]

[1]　John Authur ed., *Democracy* (California: Wadsworth, 1992), p. xiii.

[2]　William Nelson, "Open Government and Just Legislation: A defense of Democracy" in John Authur ed., *Democracy*, p. 168.

[3]　Nelson, "Open Government and Just Legislation: A defense of Democracy", p. 169.

[4]　Peter Jones, "Political Equality and Majority Rule" in John Authur ed., *Democracy,* p. 210.

[5]　Joseph Schumpeter, "Classical and Modern theories of Democracy" in John Authur ed., *Democracy,* p. 97.

而海耶克（Friedrich A. Hayek）也認為民主只是一個手段，並不是結果，且是當前人類所找到較好的手段，但並不表示永遠適用。[6]道爾（Robert A. Dahl）更進一步以民主與實行民主單位大小作研究，認為太小的單位無法解決當前的複雜問題，太大的單位，又無法體現民主的參與，造成民主制度的兩難。[7]在專業政府裡，只有專家才有能力參與治理，這種政府離一般民眾愈來愈遠、愈來愈不易接觸、也愈來愈不負責任；道爾更總結宣稱，人們將希臘城邦時代的政治生活方式統稱為民主，而不管當前全球各國的發展各異，也不管兩千年前的政治生活是否適用於當前社會，希望以所謂「民主」做為政治生活典範，[8]把近兩千年前的希臘城邦生活方式強加於現代，又何其荒謬？

但，當前主流社會，似乎已將西方式著重過程、票票等值的民主，視為現代社會的標誌，而不容許他人有所質疑。

在前述眾多政治思想家的眼裡，民主，尤指盛行於當前世界的西方式民主概念與方法，雖是人類發展的結晶與成果，但其缺點實在也不在少數。因此，追尋以臺灣或西方眼光看待的「民主制度」，作為兩岸制度競爭、制度認同的核心，是否是兩岸當前的迷思，確實值得探討。

面對西方式民主的概念、作為、缺失、理想之爭辯，中共前領導人趙紫陽認為民主不能脫離群眾，必須符合「從群眾中來，到群眾中去」的規則，其重點雖也在聽取民意為民眾解決怨懟，但與西方以個人自由主義為基礎，通過政治參與滿足個人需求的訴求明顯不同。[9]兩者都宣稱以民意為依歸，依據民意施政，都是民主，孰優孰劣？似難於一時之間給予定論。

---

[6]　Fried A. Hayek, "Majority Rule", in John Authur ed., *Democracy*, p. 100.

[7]　Robert Dahl, "The City in the Future of Democracy", in John Authur ed., *Democracy*, p. 135.

[8]　Dahl, "The City in the Future of Democracy", pp. 142-143.

[9]　Cristopher R. Hughes, *Chinese Natuionalism in the Globle Era*（New York: Routledge, 2006）, pp. 46-47.

依據這種概念，若跳脫臺灣的制度稱作「民主」，大陸的制度稱作「不民主」的刻板印象限制，而真實檢驗臺灣與大陸現有的制度，比較何者更能讓工具性與內涵性都達到最好的效果，並因其工具性與內涵性的同時展現讓人民獲得更大的幸福，就成為制度競爭的重要關鍵。

再以政府是為人民而存在，不是人民為政府而存在的角度看，政府的存在是為人民創造最大的幸福與理想，而不在乎形式，就更該拋棄兩岸政府競逐是以何方比較接近西方式民主為標準，而選擇以民眾真的被服務的績效作為評比準繩，可能比自我宣傳比較接近民主要更為實際。

第一節　為人民服務的爭論

就政治發展的過程來看，主政者力求持續掌握政權，中外皆然。共產政權與民主政權都必須以「為人民服務」做為是否可以持續執政的重要指標。而「民主」的概念不易明確界定，「為人民服務」的績效卻顯而易見，因此，以「為人民服務」作為政權運作的效能評比標準，反比民主化與否更易掌握。

雲五百科全書歸納政治學者白魯迅（Lucian W. Pie）的看法，認為「政治發展」係指新興國家或發展中國家（developing nation）變動不拘的政治結構與情況，甚至將政治發展的內涵包括在「把政治發展當作政治現代化的過程」等等不一而足。[10]不論雲五百科全書所指涉的政治發展為何，其最重要的內涵都是「變遷」，意思就是由一個點向另一點變化的過程，或其變化結果的前後差異，但雲五百科全書卻也認為政治發展是「新興國家（emerging nations）變動不拘的政治結構

---

[10] s.v.「政治發展」，**雲五社會科學大辭典（第三冊政治學）**（臺北：臺灣商務印書館，1971）。依據 Lucian W. Pie 的歸納，更細分政治發展為：經濟發展的先決條件、工業化國家的政治形態、政治現代化、民族國家的運作、行政與法律發展、群眾的動員與參與、民主制度之建設、穩定與有秩序的變遷、動員與權力及把政治發展當成社會變遷的一面。

與情況」，這種說法在邏輯推理上似乎有欠周延。因「變遷」不僅在新興國家中持續發生，在已開發國家一樣發生，否則已開發國家將停置於原處，其結果不是被新興國家追上，使得全球各國的發展都是一個模樣，就是已開發國家因無法持續變遷以適應新的時空環境，最終所有國家都被不斷變遷的時空環境所淘汰。因此，政治發展不斷變遷的特性，將是新興國家與已開發國家都必須承受的過程與壓力。海峽兩岸尤其同時在進行政治發展與變遷之中，其變遷的動力與變遷後是否仍得以擁有統治地位，都取決於被統治者對其變遷的期待與變遷後被服務的滿足程度。中共自 1949 年建政迄今數十年，其政治結構或權力運作與處置公眾事務的方式大幅度改變是有目共睹的事實，但仔細分析卻發現，在多變的中共政治環境中，自 1944 年由中國共產黨領導人毛澤東最先提出的，共產主義道德的基本特徵和規範之一的「為人民服務」訴求，始終是中共國家機關和其工作人員所宣稱的任務目標，[11] 更是中共宣稱的重要執政理想。而被中共視為政治圖騰的「為人民服務」絕不是中共的專利，事實上世界各國包含臺灣在內，都以「為人民服務」作為政績展現的重要依據，只是未以「為人民服務」作為宣傳口號而已。簡單說，就是「為人民服務」的績效，決定兩岸統治者的去留。

中共不夠民主是眾所周知的事，第參章已述及學者道爾的看法認為，民主的主要特徵之一，乃是一個政治體必須能夠完全或幾乎完全，且持續關心與平等的反映人民（citizen）的偏好（preference）。因此，政治體系就必須提供如下的相等機會：一、有形成偏好的機會（Formulate preferences）；二、有表明偏好的機會（Signify preferences）；三、政府平等對待各類偏好（Have preferences weighted equally in conduct of government）。[12] 換言之，民主的重要特徵，就是在某一可糾

---

[11]　s.v.「為人民服務」，2009 年 7 月 6 日下載，《維基百科》，http://zh.wikipedia.org/wiki/%E4%B8%BA%E4%BA%BA%E6%B0%91%E6%9C%8D%E5%8A%A1。

[12]　Robert A. Dahl, Polyarchy(New Haven: Yale University press, 1971), p. 3.道爾（Robert A. Dahl）的看法認為，民主的主要特徵之一，乃是（一）有形成

集民意機制下，讓一個政治體必須能夠隨時完全或幾乎完全的依人民
（citizen）的偏好（preference，或稱民意）行政。因此，主政者就必
須讓人民瞭解事實，才能依據事實表現對事件的偏好（民意），同時主
政者才能依據多數人民的偏好（民意）做出決策，若主政者偏離人民
的偏好，就會遭民意淘汰。

　　有部分學者主張，不論東西方都推崇的「民主」，到底所指為何，
說法各異，且型態隨不同的政治、文化環境而不同；甚至說，民主是
進行式至今沒有定論，但卻不能否認在當前全球化的趨勢下，全球民
主型態有逐漸趨同的情勢。[13]在此前提下，中共也必須接受並服從主
流的民主形式。也就是說，民主必須是依據人民的意願，委派特定人
選主持政務為人民服務，服務不佳或不能獲得多數人民滿意，就該負
起政治責任或向人民道歉或被人民以選票淘汰；但中共至今欠缺這種
機制，顯然有違西方民主潮流。若以全球化的角度看，所謂全球化的
發展發生甚早，因此其起迄點難以斷定，只能以全球化的「濃（thick）」、
「淡（thin）」的概念理解全球化程度，而全球化又包含著密集
（intensive）與擴散（extensive）的發展情勢，最終將全球人民捲入其
中。仔細分析更會發現因當前美國的國勢強勁，使得全球化多有呈現
美國化的現象，但不可忘記的是，美國當前的政治制度基礎卻也是

偏好的機會（Formulate preferences）：政府必須保護1、自由形成與參與組
織；2、自由表達；3、投票權；4、政治領袖有競奪支持者的自由；5、可
選擇的資訊來源。（二）有表明偏好的機會（Signify preferences）：政府必
須保護1、自由形成與參與組織；2、自由表達；3、投票權；4、被選舉權；
5、政治領袖有競奪支持者的自由；6、可選擇的資訊來源；7、自由與公平
的選舉。（三）政府平等對待各類偏好（Have preferences weighted equally in
conduct of government）：政府必須保護1、自由形成與參與組織；2、自由
表達；3、投票權；4、被選舉權；5、政治領袖有競奪支持者的自由；6、
可選擇的資訊來源；7、自由與公平的選舉；8、政策必須依據選舉與民意
結果制訂。

[13] Geraint Parry and Michael Moran, "Introduction : problems of democracy and democratization", in Geraint Party and Michael Moran ed(s), *Democracy and Democratization* (New York: Routledge, 1994), pp. 6 ~ 7.

17、18 世紀全球化運動結果的產物；[14]若此概念正確，那麼全球政治發展即將被捲入一個標準，似乎是合理的推論。但必須理解與重視的是，當前縱使因全球化，讓各國都因此逐步同一化，但卻尚未完成同一化的目標，因此，仍保有各國互異的特色。更何況，在政治發展的過程中，因發展中國家與新興國家同時都處於變動不拘的狀態中，因此，目前也從未達成全球同一化的境地。換言之，各國的特色不僅各自保留，可能因時空環境的不斷改變，也各自循自身的特點而各自發展。尤其在「中國模式（China Model）」被提出後，[15]眾多專家學者認為中國大陸的發展因時空環境的不同，將與各國尤其是西方國家的發展模式不同，在中國大陸逐漸成為新興強國後更是如此。若然，則全球化是否真的使全球各國同一化或美國化，就成為值得懷疑的事。

社會主義所標榜的民主，主張應該透過更多參與及更多的平等形式展現民主，但諸多批評者卻認為社會主義在工人階級先鋒隊以及菁英自以為聰明的傲慢和限制自由等等思維主宰下，根本就沒有民主可言，[16]何者為真？至今仍持續的爭論。以中共的政治現況來看，中共決策過程中，是否有足夠的民眾參與有待商榷，中共所作所為甚至被外界強烈懷疑中共不在乎民眾的參與，而在乎利用民眾的行為醞釀輿論，並控制輿論，以塑造「大有為政府」的形象，卻忽略人民的真正需求與問題解決。若以中共對於近年數個災難的救助過程為例，確實常發現中共傳媒有計劃的大力集中在歌頌「搶救災害的完美表現」，宣傳主政者的英明，卻欠缺檢討發生災害的原因，也未見民怨的傳達。

---

[14] Robert O. Keohane and Joseph S. Nye JR., "Introduction", in Robert O. Keohane and Joseph S. Nye JR. ed(s), *Governance in A Globalizing World* (Washington D.C.: Brooking Institution Press, 2000), p. 7.

[15] 所謂「中國模式」簡單說就是具有中國特色的發展模式。雖有部分學者認為根本沒有「中國模式」的存在，但中國大陸的發展與其他國家的發展不盡相同卻是事實。參閱：陳武志，*沒有中國模式這回事*（臺北：八旗文化，2010）一書相關論述。

[16] Norman Geras, "Democracy and the ends of Marxism", in Geraint Parry and Michael Moran ed(s), *Democracy and Democratization*, pp. 69-70.

而且因傳媒抑制反政府的民意展現，造成欠缺強而有力的檢討，使真正問題難以浮現，更使中共得以持續執政，人民也持續遭受禁錮。中共的表現顯然與當前東西方標榜的民主典範，有極大的距離。

　　中國大陸內部的情況改變，必然對兩岸關係造成影響是不爭的事實。中共改革開放與全球民主化及全球化的壓力，造成中國大陸內部變化。若從第參章蛻變控制的角度看待中共，則大陸內部所呈現的狀況就成為：「在共產黨統治下的逐步多元」，相對的，臺灣則因民主化，呈現出「國家與社會相互競爭的多元」，因此，兩岸關係以圖形表示就如圖 5-1 型態：

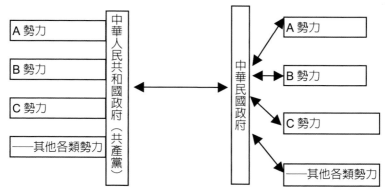

圖 5-1　兩岸內部動力與兩岸關係圖

資料來源：作者自行製作
說　　明：在現有制度運作下，中華人民共和國政府幾乎等同於共產黨，但在臺灣的中華民國政府卻隨選舉勝負改變執政黨。

　　在大陸，共產黨仍牢牢掌握住因經濟發展所帶來的多元化勢力，形成共產黨與多元勢力共管的現象，而臺灣因民主化與執政黨不具有永久執政地位的特性，使執政黨必須與多元化的勢力相互競爭影響力。因此，臺灣政府的執政者，必須以各種服務讓多元勢力獲得滿足與安撫，才得以持續執政；否則，可能遭受下野的命運，這種運作模

式，幾乎等同於典型西方式民主的運作。但相對的，縱使中國大陸市民社會逐漸興起，中國大陸統治階層必須與市民社會的需求相互吻合才足以持續執政，這種發展卻因中國共產黨的堅持恆久統治地位，而不能直接跳躍推論出中國大陸的政治發展必然走向西方民主化的結果。近年溫家寶與胡錦濤的重要談話內容，雖強調人民監督政府、法律秩序、民主選舉及人民的參政權利等，但也沒有忘記強調「中國共產黨領導的多黨合作和政治協商制度」，[17]以保障共產黨的領導。而兩

---

[17] 「溫家寶：社會主義民主歸根結底是讓人民當家作主」（2007 年 3 月 16 日），2010 年 6 月 2 日下載，《新華網》，http://news.xinhuanet.com/misc/ 2007-03/16/content_5855588.htm。中共總理溫家寶，在第十屆全國人大第五次會議（2007 年 3 月）期間舉行的記者招待會上，回答法國記者有關提問時，表示：「民主制度同任何真理一樣，都要接受實踐的考驗，任何地區和國家，民主制度的狀況、優劣，都要以實踐為標準，社會主義民主歸根結底是讓人民當家做主」、「需要保證人民的民主選舉、民主決策、民主管理和民主監督的權利；就是要創造一種條件，讓人民監督和批評政府」、「社會主義民主與法制不是背離的。民主、法制、自由、人權、平等、博愛，不是資本主義所特有的，這是整個世界在漫長的歷史過程中共同形成的文明成果，也是人類共同追求的價值觀」、「世界上有 2000 多個民族，200 多個國家和地區，他們的社會歷史發展不同，他們的發展水準不同，民主的形式和途徑也是不相同的」。「胡錦濤在黨的十七大上的報告」（2007 年 10 月 24 日），2010 年 6 月 2 日下載，《新華網特專題：中國共產黨第十七次全國代表大會》，http://news.xinhuanet.com/newscenter/2007-10/24/content_ 6938568_5.htm。中共總書記胡錦濤，於中共黨十七大（2007 年 10 月）上的報告稱：「發展社會主義民主政治是我們黨始終不渝的奮鬥目標」、「要堅持中國特色社會主義政治發展道路，堅持黨的領導、人民當家作主、依法治國有機統一，堅持和完善人民代表大會制度、中國共產黨領導的多黨合作和政治協商制度、民族區域自治制度以及基層群眾自治制度，不斷推進社會主義政治制度自我完善和發展」、「深化政治體制改革，必須堅持正確政治方向，以保證人民當家作主為根本，以增強黨和國家活力、調動人民積極性為目標，擴大社會主義民主，建設社會主義法治國家，發展社會主義政治文明」、「堅持社會主義政治制度的特點和優勢，推進社會主義民主政治制度化、規範化、程式化，為黨和國家長治久安提供政治和法律制度保障」、「人民當家作主是社會主義民主政治的本質和核心。要健全民主制度，豐富民主形式，拓寬民主管道，依法實行民主選舉、民主決策、民主管理、民主監督，保障人民的知情權、參與權、表達權、監督權」、「發展基層民主……必須作為發展社會主義民主政治的基礎性工程重點推進」、

人所稱的民主顯然是「社會主義民主」，與西方式的民主主義不盡相同。現代社會主義民主的重要內容包括：[18]

一、經由一套管理體制管理民營企業以確保勞工、消費者和中小企業的利益。

二、社會市場經濟超越自由市場，或者，在某些情況和範圍下，進行計畫經濟。

三、擁護公平貿易超越自由貿易。

四、廣泛的社會福利體制。

五、由政府持有或者由政府補助，為所有人民提供教育、醫療系統、孩童照顧等等的服務。

六、從中等至偏高比率的稅率，並實施累進稅率制度。

七、一套規範產業的制度（法定的最低工資，確保工作環境，保護勞工免受資方隨意的解雇）。

八、環境保護的法規。

九、移民和多元文化政策。

十、現世主義和前衛開放的社會政策。

十一、支持民主的外交政策，並保護人權。如果可能的話，支持有效的國際多邊主義。

這些內容顯與西方盛行的自由主義、經濟保守主義、古典自由主義所提倡的民主主義不盡相同；其不同處，正可由這些主義對「社會主義民主」的批評發現，這些批判一般包括：[19]

「依法治國是社會主義民主政治的基本要求」、「社會主義愈發展，民主也愈發展。在發展中國特色社會主義的歷史進程中，中國共產黨人和中國人民一定能夠不斷發展具有強大生命力的社會主義民主政治」。

[18] s.v.「社會主義民主」，2010年6月2日下載，《維基百科》，http://zh.wikipedia.org/zh/%E7%A4%BE%E6%9C%83%E6%B0%91%E4%B8%BB%E4%B8%BB%E7%BE%A9#.E7.8F.BE.E4.BB.A3.E7.A4.BE.E6.9C.83.E6.B0.91.E4.B8.BB.E4.B8.BB.E7.BE.A9.E7.9A.84.E4.B8.BB.E5.BC.B5。

[19] s.v.「社會主義民主」。

一、社會民主主義的制度太過限制個人權利，尤其是在經濟上的自由；個人選擇的自由往往被巨大的制度所蓋過。

二、社會民主主義的政策只會讓社會趨於平庸，而資本主義國家則鼓勵人們競爭邁向成功。

三、社會民主主義的政策妨害了市場機制，鼓勵大量的預算赤字和限制企業自由將會傷害經濟的發展。

四、古典自由主義者並且批評，社會民主主義對於資本主義的批評往往是針對由國家所控制的社團主義體制，那其實是偏向法西斯主義而不是真正的自由市場經濟。

五、社會民主主義為了其理想的目標，而限制了個人在政治和法律上的權利。

社會民主主義也受到大量來自左翼的批評，認為其太過依賴資本主義系統，使得他們變得與現代自由主義沒有兩樣；許多社會民主主義者甚至放棄「社會主義」的稱呼以及建立「社會主義社會」的目標，並且與資本主義體制合作而不是去推翻。因此許多左翼人士批評現代的社會民主主義政黨背叛了他們的原則，逐漸腐化並和生意人的遊說團及其他利益集團同流合污。[20]

基於前述對「社會主義民主」的批判，則可討論中共所處的「社會主義民主」的幾個面向：

一、是發展成為西方式民主主義的中間階段？

二、與西方式民主根本就是不同的民主主義？

若以前述社會主義民主的含意看，胡錦濤、溫家寶等中共領導人所主張的社會主義民主，與西方式民主是截然不同的兩種主義，並非過渡為西方民主主義的某種主義。

若從社會主義左派的角度看，則社會主義民主似乎逐步向西方式民主主義靠攏，確有與西方式民主主義融合的危險，因此，把社會主義民主看待成過渡為西方式民主主義的過程，亦可被接受。

---

[20] s.v. 「社會主義民主」。

　　人類社會活動的演進，是以不斷的累積過去經驗與成果，以做為未來發展的基礎。近年來各國對他國影響力的表現，已明顯的由過去彰顯船堅砲利、經濟實力等的硬實力（hard power），轉向以不戰而屈人之兵，利用一個國家的價值、意識形態、生活方式等的吸引力，來達到轉變其他國家行為的做法。這種轉變被外國學者奈伊（Joseph S. Nye Jr.）稱為軟實力（soft power）。在全球化盛行的 21 世紀，美國因具有獨強的文化、政治制度、經濟制度等，對於他國的吸引力極強，因此其軟實力訴求也強，最終可能造成國際秩序與各國行為模式典範的塑造權被美國獨霸，甚至造成「驅使他國追求美國之所欲」（The ability to get others to want what Americans want）的結果。[21]更簡單的說，就是他國在美國的影響下，不自覺的在追求美國所允許的、甚或鼓勵的目標，即使違反本身能力也在所不惜，雖然有些目標並不全是美國所獨有，但至少是被西方先進國家所讚許的。

　　反之，若中共國力日盛，並在全球推動「驅使他國追求中國之所欲」（The ability to get others to want what China's want）的軟實力作為成功，那麼中共當前的政治運作模式，是否也可與美國過去所代表的強勢文化一般，成為世界政治制度運作模式的典範？若然，則「中共是否民主化」的批評，可能將轉變成「西方是否民主化」的說法，其轉變頗值得世人深思。

　　簡言之，東西方政府對於民意的掌握與回應，是東西方政府存在的前提，若無法回應民意的訴求，則政府實無存在的必要。而回應民意最直接的方法就是「為人民服務」，但「為人民服務」的方法，卻包含西方式的政治運作模式，如：組織政黨、投票、創制、複決、罷免、媒體監督等等；及東方的菁英打理一切模式，如中共的作為是以先知的態度，以專家、菁英的瞭解提出問題的解決方式，創造輿論並引導

21　Joseph S. Nye Jr. and John D. Donahue, "introduction", in Joseph S. Nye Jr. and John D. Donahue ed(s)., *Governance in A Globalization World*(Washington D.C.: Brookings Institution Press, 2000), p. 8.

民意，讓政府為人民服務的效果達到最佳化。雙方的爭議，顯然必須跳脫是否「民主化」的感情羈絆，而改由讓人民感受到政府存在是否對其有利為最終依歸與裁判的標準。

第二節　兩岸重大災害處置

「為人民服務」的起步，是在尊重人民知的權利，讓人民知道事情的真相及了解政府的作為，並對政府進行監督考評。甚至對不適任的政府做出奪權的處分，才符合學者道爾（Robert A. Dahl）有關政府施政必須符合人民偏好的說法。若人民無法得知事實真相，自然無法判斷情勢，更無法依情勢表達意見，政府就無法依人民偏好施政，更遑論評斷政府施政之良窳，及為人民服務之好壞。

「為人民服務」的標準不易確定，涉及範圍又極為龐雜，相互比較當然不易，如：大陸對民眾的住房補貼與臺灣政府提供的優惠房貸，何者「為人民服務」的成效高就難比較，其他林林總總更不在話下。且又涉及讓人民主觀的認為已被服務，或客觀的真正得到服務的區別，前者或許只能以欺騙或愚民作為手段，後者卻要真正提出相關作為，讓人民感受到服務，其複雜程度可想而知。但若集中考量大規模人民受害，必須動用公權力糾集力量進行服務的天災地變事件，兩岸政府的處理方式與成效，或可能成為「為人民服務」的評比指標。

比對中共建政迄今，對數個大災害事件的處理方式，將有助於理解中共「為人民服務」的政治發展軌跡。比對兩岸政府對於為人民服務的績效，則可以兩岸政府面對重大災害的作為，及其實際成果相互比較得到。為求兩岸政府所處置的重大災害相同，達到立足點相同進行比較的效果，將以兩岸同時面對過的災害結果明確、無法預警的地震、水災，及發生時點不明確、災害漸進的流行病、雪災作為比較依據。

一、唐山大地震

　　1976 年 7 月 28 日凌晨 3 時 42 分 53.8 秒，距離北京 150 公里的河北省唐山、豐南一帶（東經 118.2°，北緯 39.6°）發生了強度芮氏 7.8 級，震源深度 23 公里，持續約 10 秒的強烈地震。有感範圍廣達 14 個省、市、自治區，其中北京市和天津市受到嚴重波及。當日 7 時 17 分 20 秒和當日 18 時 45 分 34.3 秒，又分別於河北省灤縣和天津漢沽發生兩次分別為芮氏 6.2 級和芮氏 7.1 級強烈餘震，兩次餘震不僅加重了唐山大地震造成的經濟損失，更使得很多掩埋在廢墟中等待救援的人被繼續倒塌的建築物奪去生命。

　　依據官方公布數字，唐山大地震造成 24.2 萬餘人死亡，重傷 16.4 萬人，倒塌民房 530 萬間，直接經濟損失 54 億元（人民幣）。在地震中，唐山 78%的工業建築、93%的居民建築、80%的水泵站以及 14% 的下水道遭到毀壞或嚴重損壞。中共於事隔 3 年之後的 1979 年 11 月 17 日至 22 日，在召開地震學會成立大會上，才首次披露唐山大地震的具體死亡人數。[22]官方提供的死亡人數為 242,769 人，但非官方的估算則數倍於此。[23]

　　唐山大地震發生之時，正值文化大革命的末期，卻也是中共高層政治權力和影響力最不穩定的時期，致使在如此重大的災難的處理

---

[22]　s.v.「唐山大地震」，2009 年 6 月 19 日下載，《維基百科》，http://zh.wikipedia. org/wiki/%E5%94%90%E5%B1%B1%E5%A4%A7%E5%9C%B0%E9%9C%87。

[23]　徐學江，「唐山大地震死亡人數為何三年後才允許報導」（2006 年 7 月 25 日），2009 年 8 月 6 日下載，《南方網》，http://www.southcn.com/nflr/wszj/ 200607280229.htm。依據發出該則新聞的徐學江所述，中共原不願意公開唐山大地震死傷人數，是經過徐學江技巧爭取後才發布，發布該消息原因之一，是澄清「國內外有很多猜測和謠言，如香港報紙就曾報過唐山地震死亡人數超過 70 萬等」。另依據匡道編，**共匪禍國大事記：民國 38 年至 74 年**（臺北：共黨問題研究雜誌社，1986），頁 364，稱中共清理災區後統計，唐山大地震共有六十五萬五千多人喪生，七十九萬九千多人受傷。

上，中共高層中的部分人物曾作出輕視甚至遮掩的言論。其中「四人幫」之一的姚文元的論調頗具代表性，也最為後人所不齒，姚文元當時認為：「不能拿救災壓批鄧，唐山大地震才死幾十萬人有什麼了不起，批鄧是 8 億人的事」。[24]

據信，救災工作受當時偏激的「自力更生」思想影響，使中共拒絕國際援助，致使災情更加慘重，一般認為若中共願意接受外國援助，可以大大減低傷亡人數與損失。[25]

其實，研究當時中共對於災難性新聞的報導發現，中共不僅是為了維護「自立更生」的形象，更基於宣傳的需要，而做出忽視災情、歌頌主政者救援行動的違反常理報導。因此，有論者認為，20 世紀 80 年代以前，出於對社會穩定和政治因素的考慮，中共對新聞傳媒的要求是，對於災難新聞須持特別慎重的態度，嚴格要求災難新聞必須積極宣傳戰勝災害的成績，反對純客觀地報導災情。以 1950 年 4 月 2 日，中共中央人民政府新聞總署給各地新聞機關的「關於救災應即轉入成績與經驗方面報導的指示」要求：「各地對救災工作的報導，現應即轉入救災成績與經驗方面，一般不要再著重報導災情」可見一班。這種以犧牲大眾知情權為代價的災難報導思想，從中共建政之初一直延續到 80 年代初期；當時的災難新聞報導理念就是：「災難不是新聞，抗災救災才是新聞」，而對唐山大地震的報導就是典型的例證，如：唐山大地震第二天，《人民日報》採用新華社統一稿報導，其標題為：《河北省唐山、豐南一帶發生強烈地震／災區人民在毛主席革命路線指引下發揚人定勝天的革命精神抗震救災》；對災情內容只有一句「震中地區遭到不同程度的損失」，重點卻放在人與災難作鬥爭上，即放在毛主席、黨中央和各級領導如何關懷災區人民，如何帶領災區人民抗震救災方面。當時中共關於災難新聞的報導模式是：「輕描淡寫的災情」＋「黨和毛主席的關懷」＋「災區人民的決心」。[26]這種政治掛帥的作為，也被外界所詬病，

---

[24] s.v.「唐山大地震」。

[25] s.v.「唐山大地震」。

[26] 沈正賦，「唐山大地震死亡人數為何三年後才允許報導？」（2005 年 7 月 27

時至今日這種「災難不是新聞，抗災救災才是新聞」的思維，仍然是中共牢牢掌握媒體，並利用媒體製造有利於中共統治輿論的基本政策。

二、921 大地震（臺灣）[27]

(一) 1999 年 9 月 21 日，凌晨 1 時 47 分 15.9 秒，臺灣中部發生芮氏 7.3 級大地震，造成臺灣中部地區嚴重受損，災情遍及全臺。

(二) 1999 年 9 月 21 日，凌晨 2 時 7 分，消防署依據「災害防救方案」，通知該署及各部會人員成立「中央防救中心」。

(三) 1999 年 9 月 21 日，凌晨 3 時，行政院院長發布「各部會立即成立災情應變中心」、「國軍應立即協助救災」、「各地方政府首長應立即成立救災中心」、「交通部氣象局應隨時公布相關地震災情資訊」等 9 點指示。

(四) 1999 年 9 月 21 日，清晨，內政部於南投縣 921 大地震救災指揮中心設置「中央防災中心前進指揮所」，指揮官由內政部常務次長負責。國軍指揮中樞「衡山指揮所」除徹查各部隊受災情形外，並開始調派兵力投入民間救災。

(五) 1999 年 9 月 21 日，下午 5 時，行政院召開緊急應變會議，宣布 15 項災害救援及善後措施。

(六) 1999 年 9 月 21 日，下午 7 時，總統召開第 1 次高層會議，確認行政院 15 項救災重要措施。

(七) 1999 年 9 月 22 日，總統召開第 2 次高層首長會報。總統宣布成立「921 地震救災督導中心」，指定副總統為召集人，中央銀行並宣布提撥郵政儲金轉存款 1,000 億元，供銀行辦理災區民眾購屋、住宅重建或修繕等專案融資貸款。

日），2010 年 10 月 18 日下載，《中華網新聞》，http://news.china.com/zh_cn/ history/all/11025807/20050727/12519124.html。

[27] 「臺灣九二一大地震記事」（2008 年 2 月 7 日），2010 年 10 月 19 日下載，《財團法人九二一震災重建基金會》，http://e-info.org.tw/921/newpdf/ST008-1.pdf。

(八) 1999 年 9 月 23 日，行政院院會通過兩階段災民安置措施。

(九) 1999 年 9 月 24 日，副總統在南投中興新村召開「921 地震救災督
導中心」第 2 次會議。

(十) 1999 年 9 月 25 日，召開「921 地震救災督導中心」第 3 次會議，
協調整合震災相關救援及復建工作。晚間 9 時，總統發布緊急命令。

　　921 大地震總共造成 2,415 人死亡、30 人失蹤、11,306 人受傷、近
11 萬戶房屋全倒或半倒，[28]行政院主計處於 1999 年 10 月間，發布 921
大地震分析報告，指大地震已造成新臺幣 3,000 億元（92 億美元）的財
物損失。[29]921 大地震不僅在發生當下，對於政府的救災作為及事實真
相，全程受輿論監督，在救災告一段落後，各種記錄更隨手可得，以利
各方查考，如「財團法人九二一震災重建基金會」[30]的設立就是明顯例證。

三、SARS（大陸）[31]

　　嚴重急性呼吸道症候群（SARS）於 2002 年 11 月 16 日在廣東順
德爆發。在最早爆發時，廣州市和廣東省政府沒有發布相關訊息。當
時中共以避免引起民眾恐慌為由，禁止媒體報導相關疫情。

---

[28] s.v.「921 大地震」，2009 年 6 月 26 日下載，《維基百科》，http://zh.wikipedia.org/
wiki/921%E5%A4%A7%E5%9C%B0%E9%9C%87。

[29] 劉世鼎，「大地震全國財損 3000 億臺幣」（1999 年 10 月 12 日），2009 年 7
月 1 日下載，《中時電子報》，http://forums.chinatimes.com/report/921_quake/
88101211.htm。

[30] 「財團法人九二一震災重建基金會」，2010 年 10 月 19 日下載，《財團法人
九二一震災重建基金會》，http://www.taiwan921.lib.ntu.edu.tw/921_10/
arch02-05.html。財團法人九二一震災重建基金會緣起於 921 震災中央政府
為統合運用「921 賑災專戶」捐款，以發揮最大效果，於蕭萬長內閣時期
宣布由民間社會人士與相關單位共同組成九二一基金會，成立於民國 88
年 10 月 13 日，歷經 9 年運作，結束於民國 97 年 7 月 1 日。該基金會雖已
結束運作，但相關資料卻已妥善保存，以供後人查考。

[31] s.v.「SARS 事件」，2009 年 6 月 19 日下載，《維基百科》，http://zh.wikipedia.org/
wiki/SARS%E4%BA%8B%E4%BB%B6。

　　有論者認為，就中共對於傳媒對公共危險報導的管制，從 1979
年改革開放到 2003 年 SARS 之前，仍在不斷探索中，雖然有明顯與突
破性的進步，但是由於歷史包袱太沉重，「左」的觀念太強烈，這一階
段的公共危機傳播總體上看是偶爾的、間歇的，有的還僅限於少數記
者的個人良知驅使才能據實報導災情。[32]因此，大體而言對 SARS 疫
情的隱瞞，是當時中共對處理 SARS 的基本要求。

　　在同年 12 月底，關於 SARS 的疫情開始在網際網路上流傳，中共
的反應則是在其境內封殺所有有關討論。雖面對慘重的疫情，中共在
2003 年 2 月之前，並沒有每日向世界衛生組織（WHO）通報疫情及
蔓延情況，直到 2 月 10 日才逐步改善，且在初期僅提列廣東省的發病
狀況。北京解放軍 301 醫院的退休醫生蔣彥永於 3 月底，依序向上級
主管、境內媒體及香港鳳凰衛視寫信反映疫病嚴重情況，但都沒有結
果。最終蔣彥永向美國《時代》雜誌揭露大陸的 SARS 疫情，外界才
了解疫情遠比中共官方公布的嚴重。

　　為了防治 SARS，中共成立「全國防治非典型肺炎指揮部」由黨
中央、國務院、軍隊系統和北京市的 30 多個部門和單位的人員組成，
下設 10 個工作組和辦公室，[33]全力防治 SARS。

　　SARS 事件在大陸造成 242 人死亡，疫情的經濟總損失額達 179
億美元，[34]中共對於 SARS 的防制，仍依慣例大肆宣傳其對抗 SARS

---

[32] 吳廷俊、夏長勇，「對我國公共危機傳播的歷史回顧與現狀分析（2）」（2010
　　年 9 月 2 日），2010 年 10 月 18 日下載，《人民網》，http://media.people.com.cn/
　　GB/137684/12619102.html。

[33] 「防治非典指揮部成立 溫家寶要求做好 10 方面工作」（2003 年 4 月 25
　　日），2009 年月 6 月 9 日下載，《人民網》，http://people.com.cn/BIG5/shizheng/
　　16/20030425/980006.html。衛生部常務副部長高強為防治組組長、質檢總
　　局局長李長江為衛生檢疫組組長、科技部部長徐冠華為科技攻關組組長、
　　發展改革委主任馬凱為後勤保障組組長、農業部副部長劉堅為農村組組
　　長、中宣部常務副部長吉炳軒為宣傳組組長、公安部常務副部長田期玉為
　　社會治安組組長、外交部副部長戴秉國為外事組組長、教育部部長周濟為
　　教育組組長、北京市代市長王岐山為北京組組長、國務院副秘書長徐紹史
　　為辦公室主任。

的重大貢獻，[35]中共也因 SARS 疫情衝擊，而於 2003 年 5 月 7 日公布
《突發公共衛生事件應急條例》，其中第 21 條規定「任何單位和個人
對突發事件，不得隱瞞、緩報、謊報或者授意他人隱瞞、緩報、謊
報」，[36]為公共衛生緊急事件的透明，確立法律依據。

　　在 SARS 爆發數月後，中共總理溫家寶於 2003 年 4 月 30 日與東
盟（東協）各國關於 SARS 防制會議上公開講話，宣稱：「中國政府是
勇於面對困難、高度負責任的政府，時刻把人民健康和生命安全放在
第一位。我們已經並且繼續採取果斷的措施，努力扭轉這個局面」。宣
稱將「全面加強預防，控制疫情蔓延」、「全力開展救治，設立防治基
金」、「建立突發疫情應對機制，提高應急處理能力」、「加強科研攻關，
研究有效診治辦法」、「密切同國際社會合作，重視借鑒國外經驗」；對
東盟各國之協調與合作則提議：「建立疫病防治通報機制」、「開展經驗
交流與合作研究」、「加快衛生領域合作進程」、「協調出入境管理措
施」、「努力減低疫情負面影響」等，[37]突顯中共面對 SARS 由隱晦到
逐漸面對的過程。

---

[34]　大陸新聞中心，「雪災損失　超過 SARS」，聯合報，2008 年 2 月 24 日，第
　　A13 版。
[35]　祝元梅，「2003 年春，以胡錦濤為總書記的黨中央領導全國各族人民，發
　　揚和衷共濟、迎難而上的精神，奪取了抗擊『非典』疫情的重大勝利」（2008
　　年 12 月 26 日），2009 年 6 月 25 日下載，《中國共產黨新聞網》，
　　http://cpc.people.com.cn/GB/64162/82819/141881/8582624.html。如：「人民
　　的生命安危，時刻揪著黨和國家領導人的心。人民的生命安危，就是黨和
　　政府義不容辭的職責與最高使命」、「中央領導集體的其他成員們也不顧個
　　人安危，深入抗擊『非典』一線的群眾中間。面對『非典』疫情蔓延的嚴
　　峻考驗，黨中央、國務院果斷決策」、「在這場抗擊『非典』的特殊戰鬥中，
　　全國各族人民大力發揚萬眾一心、眾志成城，團結互助、和衷共濟，迎難
　　而上、敢於勝利的精神，生動地體現了民族精神的強大力量」等等。
[36]　「突發公共衛生事件應急條例」（2003 年 5 月 20 日），2009 年 6 月 25 日下
　　載，《中華人民共和國中央政府》，http://www.gov.cn/zwgk/2005-05/20/
　　content_145.htm。
[37]　「溫家寶總理在關於『非典』問題特別會議上的講話」（2003 年 4 月 30 日），
　　2010 年 10 月 18 日下載，《中華人民共和國外交部》，http://big5.fmprc.gov.cn/
　　gate/big5/www.mfa.gov.cn/chn/pds/wjb/zzjg/yzs/dqzz/dnygjlm/zyjh/t24703.htm。

四、SARS（臺灣）[38]

　　2003 年 3 月 13 日臺灣發現第一個 SARS 病例，疫情在最初的一個月受到控制，維持零死亡、零社區感染、零境外移出的「三零紀錄」。但在 4 月中旬臺北市和平醫院發生院內集體感染事件，4 月 24 號中午臺灣相關單位決定將整間醫院關閉，院內的病人、醫護人員及探病家屬約 9 百多人全部被要求留在醫院內 14 日進行隔離觀察，之後疫情開始大規模擴散，多間大型醫院相繼發生疑似院內集體感染，並有多位醫護人員感染 SARS 殉職。

　　至 7 月 5 日，臺灣從世界衛生組織（WHO）的 SARS 疫區除名，衛生署疾病管制局統計的累計可能病例為 697 例，共 83 名病患死亡。在經濟方面，造成大約 18 億 6 千萬美元以上的商業損失，包括航空、旅遊、酒店、餐飲、服務以及交通等，各行各業都受到影響。時任衛生署長的塗醒哲，於 5 月 16 日以督導防疫工作不周，負起責任辭去衛生署長職務。

　　對於 SARS 疫情的防治，中華民國政府在臺灣民眾及國際監督下，於疫情盛行的當時，不僅幾乎完全透明於世人面前，在事件結束後，政府對於事件的經過亦詳盡紀錄以便查考。以政府對 SARS 發生大事記為例，幾乎將 SARS 在臺流行期間的所有重大事件都公布，讓事件的發生得到完整紀錄。如：92 年 3 月 8 日，勤姓臺商前往臺大醫院急診；92 年 3 月 14 日，衛生署證實勤姓臺商是國內第一例 SARS 可能病例，其妻也被感染住進臺大醫院；92 年 3 月 25 日，臺大醫院住院醫師蔡子修因照顧勤姓臺商太太成為第一個感染 SARS 的醫護人員；92 年 3 月 27 日，行政院宣布將 SARS 列為第四類法定傳染病，疑似被傳染者可留院隔離，公務員暫停前往中國、香港、越南等疫區；

---

[38] 「回顧今年臺灣 SARS 疫情」（2003 年 12 月 24 日），2010 年 6 月 2 日下載，《大紀元》，http://%3Cbr%3Ewww.epochtimes.com/b5/3/12/24/n435706.htm。

92 年 3 月 28 日，總統陳水扁與行政院長游錫堃均認為 SARS 疫情攸
關國民健康，我國應以嚴謹態度處理；92 年 3 月 31 日，陸委會主委
蔡英文宣布，馬祖小三通客貨運部分即日起因 SARS 疫情暫停；92 年
4 月 25 日，行政院緊急宣布，SARS 防疫級數由一級提升為二級管理；
全臺各醫療院所不得拒收 SARS 病患，若醫療空間不足由中央協調軍
方提供；92 年 5 月 1 日，總統陳水扁召開「因應 SARS 疫情國安高層
會議」，成立全民抗 SARS 委員會；92 年 5 月 2 日，立法院三讀通過
「SARS 防治及紓困暫行條例」，中央政府編列特別預算新臺幣 500 億
元作為防疫經費；92 年 5 月 12 日，和平醫院院長吳康文遭免職；92
年 5 月 20 日，WHO 表示，臺灣已成為全球 SARS 疫情擴散最快的地
區；92 年 5 月 23 日，立法院三讀通過新臺幣 500 億元的防治 SARS
及紓困特別預算；92 年 6 月 13 日，WHO 將臺灣的 SARS 疫情警示等
級由 C 級改善為 B 級、92 年 7 月 5 日，臺灣正式從 SARS 感染區除
名等等。[39]因訊息透明公開，使相關防護作為可依據實際狀況推動，
也有助於讓 SARS 疫情得到有效控制。

五、雪災

　　自 2008 年元月 10 日起，中國大陸發生 50 年以來最嚴重的雪災，
連續長達二十餘天在大陸地區的降雪與嚴寒，造成湖南、湖北、安徽、
貴州、雲南、河南、陝西、新疆、西藏、山西 10 個省區的重大災情，
至元月 25 日連長三角地區的江蘇也傳出災情。雪災期間，適逢農曆春
節人潮返鄉的「春運」高峰時期，洶湧等待返鄉過春節的民眾，使各
地因能源中斷，交通冰封大亂，電力系統受損等因素而災情愈加慘重。
如湖南境內高速公路中斷，造成大批返鄉民工被迫留置於長沙數日；
湖北電力中斷，人民因而欠缺能源無法禦寒；安徽房屋倒塌五千多間；

---

[39] 「SARS 疫情大事紀」，2010 年 10 月 18 日下載，《我的 E 政府》，http://www7.
www.gov.tw/todaytw/2005/TWtaiwan/ch08/2-8-10-0.html。

曾多達十數萬人被困在貴州各條公路上；連新疆塔克拉瑪干沙漠，也變成了雪原等等。[40]這場雪災也迫使中共高層啟動重大災害第三級預警方案因應。

中共在大量降雪成災後約二十天，才於 2008 年 2 月 1 日成立「國務院煤電油運和搶險抗災應急指揮中心」，設於中共國務院國家發展和改革委員會下，負責及時掌握有關方面的綜合情況，統籌協調跨部門、跨行業、跨地區的搶險抗災工作。應急指揮中心成員包含：中宣部等23 個單位。[41]並自 2 月 1 日起至 22 日，每日對外公布「煤電油運和搶險抗災工作進展情況」報告，分別以「交通運輸情況」、「電網運行情況」、「電煤供應情況」及「災區恢復重建情況」等 4 部分，監督檢視對抗雪災最新動態。[42]這些報告內容，仍不脫中共「災難不是新聞，抗災救災才是新聞」的傳統，如：不合情理的大篇幅報導貴州省貴陽市開陽縣永溫鄉的一名鄉幹部李彬，連續 26 天堅守抗凍救災第一線，農曆除夕夜因操勞過度誘發腦溢血病倒，經搶救無效於 2 月 10 日 22時許逝世，其靈柩被運回家鄉時，竟然有開陽縣數萬百姓，排隊 3 公里，夾道迎接哀悼；[43]或報導「中央領導為了老百姓安全回家，過一個祥和愉快的春節，不畏嚴寒，不辭勞苦，風塵僕僕，千里迢迢齊赴災區，讓百姓看到了在中國說了幾千年的『民為貴，社稷次之，君為輕』的生動景象」、「正是中央領導集體情繫百姓，並身先士卒、身體

40 白德華，「50 年最嚴重雪災　10 省凍壞了」（2008 年 1 月 27 日），2008 年 1 月 27 日下載，《聲動財經》，http://www.168club.com.tw/board/view.asp?gg=263&ID=197086。
41 「專題背景」，2008 年 2 月 20 日下載，《中華人民共和國國家發展和改革委員會》，http://www.ndrc.gov.cn/gwymdyyqxgzkx/。「國務院煤電油運和搶險抗災應急指揮中心」的組成包括：中宣部、發改委、公安部、民政部、財政部、鐵道部、交通部、信息產業部、商務部、衛生部、民航總局、安全監管總局、國務院新聞辦、氣象局、電監會、總參、武警、國務院應急辦、國家電網公司、南方電網公司、中石油集團、中石化集團、煤炭運銷協會。
42 「動態」，2008 年 2 月 20 日下載，《中華人民共和國國家發展和改革委員會》，http://www.ndrc.gov.cn/gwymdyyqxgzkx/dongtai/default.htm。
43 「貴州鄉官抗災累死　萬人慟哭」，文匯報，2008 年 2 月 12 日，第 A6 版。

力行地踐行『以人為本』、『執政為民』，表現出了極大的凝聚力、感召力和戰鬥力，才形成了當前的全國上下、萬眾一心、眾志成城的抗災救災局面」、「一個在危難面前從容不迫的民族，必定是一個戰無不勝的偉大民族」、「正如溫家寶總理所說，『在災害中，我們得到了一種信心、勇氣和力量，就是任何艱難困苦都難不倒中國人民』」等等；[44]復旦大學教授高希國更撰文歌頌救災，稱：「這場暴風雪呈現出來的，是萬眾一心眾志成城的民族凝聚力，是以人為本、親歷親為的執政作風，是不屈不撓自強不息的拼搏鬥志，是忠於天職無私奉獻的職業精神，是高瞻遠矚周密有序的危機管理，是守望相助八方支援的關愛情懷」、「在冰雪面前，國人交出了一份滿意的答卷，昭示了我國民族精神和時代精神的偉大力量。抗擊低溫雨雪冰凍災害所映出的偉大民族精神和時代精神，實在是為我們社會的核心價值提供了很好的詮釋，這也正是中國的脊梁」，[45]這些幾如文革時代鼓動民粹的宣傳，一再出現。

2月13日召開國務院會議研究部署災後重建工作，會議在不脫領導抗災偉大的宣傳思維下此次雪災具有如下特點：「全國抗擊歷史罕見的低溫、雨雪和冰凍災害工作取得重大的階段性勝利」、「全國交通運輸恢復正常，大部分受損電力線路和變電站得到修復，居民生活用電基本恢復正常，電廠煤炭庫存穩步回升，受災群眾生活得到及時安置，災區市場基本穩定，社會秩序井然」、「春運旅客返程高峰已經開始，災後重建的任務十分繁重」、「下一階段，抗擊冰雪災害將由應急搶險抗災轉入全面恢復重建」、「努力把這場災害造成的損失減少到最低程度」等等。[46]中共雖不斷的宣傳其政府的英明，但亦有實際的救助作為，如依據臺灣國防部情資顯示，1月10日起大陸20個省（市、區）

44　「新一屆黨中央成功應對雪災考驗」，2008 年 2 月 21 日，《中國評論新聞網》，http://www.chinareviewnews.com/doc/1005/6/7/6/100567656.html?coluid=7&kindid=0&docid=100567656。

45　高國希，「抗擊雪災映出的精神力量」，2008 年 2 月 21 日下載，《人民網》，http://theory.people.com.cn/BIG5/49154/49156/6888928.htm。

46　「溫家寶主持召開國務院會議研究部署災後重建工作」，2008 年 2 月 13日，《人民網》，http://politics.people.com.cn/BIG5/1024/6876491.html。

遭大規模降雪侵襲，解放軍總參謀部於 1 月底下令全力動員協助地區從事救災任務。截至 2 月 19 日止，計出動正規部隊及武警官兵 60 餘萬人次、民兵預備役人員 190 餘萬人次，從事抗雪救災任務；另自 1 月下旬起動用各型軍用運輸機 20 餘架，擔任物資運補及胡錦濤等高層至各地區視導任務計 50 餘架次，及持續災後復原工作。[47]又如總理溫家寶四處勘災、指揮救災，且利用各種媒體安撫人民情緒，如透過中央人民廣播電臺向全國聽眾表示慰問，向因災滯留在路上的大批聽眾提前拜年等外，[48]並對往後救災工作做出重要指示：[49]

(一) 以電網恢復重建為重點。受損高壓電網於 3 月底前完成修復、重建各受災地區電網設備並恢復電網正常運行。

(二) 立即動員，組織好春耕生產。對受災較嚴重地區的農民購種和修復農業設施給予適當補助，力爭災後有個相對好的收成。

(三) 進一步加強煤電油運保障工作，增加煤炭生產和供應；加強電力需求管理，壓縮高耗能、高排放企業和產能過剩行業用電，並繼續做好春運（返回工作地點）工作。

(四) 妥善安排受災群眾生活，幫助農民度過春荒，幫助群眾做好重建工作。

(五) 加強監測、監控因長時間低溫、雨雪冰凍所造成的可能引發地質災害、環境污染、公共衛生、基礎設施、交通運輸等方面解凍後再生的災害。

(六) 會議要求，各地區、各部門要加強組織領導，明確目標責任，千方百計克服困難，認真落實各項工作措施，奮力奪取抗災救災和災後重建的全面勝利。

---

[47] 「國防部 2 月份記者會參考資料」，2008 年 2 月 21 日，下載《中華民國國防部》，http://www.mnd.gov.tw/Publish.aspx?cnid=69&p=21512。

[48] 「溫家寶通過中央臺向全國聽眾表示慰問」，2008 年 2 月 3 日下載，《新華網》，http://big5.xinhuanet.com/gate/big5/news.xinhuanet.com/newmedia/2008-02/03/content_7556816.htm。

[49] 「溫家寶主持召開國務院會議研究部署災后重建工作」，2008 年 2 月 13 日下載，《人民網》，http://politics.people.com.cn/BIG5/1024/6876491.html。

至 2008 年 2 月 24 日，雪災告一段落後，中共國務院民政部宣布災情：雪災死亡 129 人，失蹤 4 人，直接經濟損失 1,516.5 億元人民幣。[50]

雖中共的救災作為讓雪災災情得以緩和，但雪災結束後，有網民質疑中共 3 項基本問題，第一，請問胡錦濤道歉了沒有？美國布希總統曾為美國政府對卡莉納風災處置不當公開道歉，胡錦濤呢？第二，負責官員引咎辭職了沒有？第三，有沒有公布真相？給老百姓一個交代？[51]此 3 個問題雖然充分反映人民對中共處置雪災作為的不滿，但中共對於民眾的質疑，也未見回應。更未見中共追究何以在雪災發生之初封鎖消息，導致人禍使雪災更加嚴重。[52]

六、四川汶川大地震

2008 年 5 月 12 日 14 時 28 分，四川汶川發生 7.8 級地震。中共領導階層對於震災的反應比對雪災的處置快速有效，如：中共中央政治局常委、國務院總理溫家寶，於當日下午乘專機抵達四川成都，趕往地震災區，指揮搶險救災工作。並在飛往災區的專機上指稱，總書記胡錦濤指示以溫家寶為總指揮，在國務院辦公廳下成立「抗震救災指揮部」，統一事權負責處理震災救助工作；[53]且溫家寶於同日晚上 11 點 40 分，在地震災區都江堰臨時搭起的帳篷內召開國務院抗震救災指揮部會議，開始抗震救災工作。[54]

---

[50] 「民政部通報近期低溫雨雪冰凍災情和救災工作情況」（2008 年 2 月 27 日），2008 年 5 月 30 日下載，《中華人民共和國民政部》，http://www.mca.gov. cn/article/zwgk/mzyw/200802/20080200011960.shtml。

[51] 劉曉竹，「南方雪災三問胡錦濤」（2008 年 2 月 7 日），2009 年 6 月 17 日下載，《中國博客》，http://www.rfachina.com/?q=node/1375。

[52] 劉文斌，「大陸 2008 年雪災應變模式及其意涵」，展望與探索，第 6 卷第 5 期(2008 年 5 月)，頁 33～34。

[53] 「溫家寶抵達四川指揮抗震救災工作」（2008 年 5 月 12 日），2009 年 6 月 5 日下載，《人民網》，http://politics.people.com.cn/BIG5/1024/7229713.html。

[54] 「溫家寶主持召開國務院抗震救災指揮部會議」，（2008 年 5 月 13 日），2009 年 6 月 3 日下載，《精彩中國》，http://big5.xinhuanet.com/gate/big5/news.

　　5月18日，國務院發出「關於國務院抗震救災總指揮部工作組組成的通知」，通令各相關部門加入救災工作；國務院抗震救災總指揮部設立搶險救災組等9個工作組。[55]

　　工作組參與單位包含：總參謀部等47個，[56]幾乎動員中共所有國家機器力量，投入救災。救災期間除每日以新聞發表會方式對外公布災情狀況與救災進度外，甚至在網路上建構「抗震救災每日通報」專屬網站，將最新救災狀況、災情損失公布於上，以利外界理解現況，

---

xinhuanet.com/newscenter/2008-05/13/content_8155473.htm。

[55]「關於國務院抗震救災總指揮部工作組組成的通知」（2008年5月19日），2009年6月3日下載，《人民網》，http://finance.people.com.cn/BIG5/7260828.html。9個工作組包括：一、搶險救災組：負責清理災區現場，搜索營救受災人員，發動基層幹部群眾開展自救互救，組織救援人員和物資的空運、空投工作。二、群眾生活組：負責制訂實施受災群眾救助工作方案以及相應的資金物資保障措施、群眾的緊急安置、保障災區群眾基本生活，接受和安排國內捐贈、國際援助，處理涉外事務。三、地震監測組：負責地震監測和次生災害防範；加強河湖水質監測和危險化學品等污染物防控，切實保障核設施運行安全。四、衛生防疫組：負責醫療救助和衛生防疫，防範和控制各種傳染病等疫病的暴發流行。五、宣傳組：負責災情和抗震救災信息新聞發布、宣傳報導的組織工作，引導國內外輿論。六、生產恢復組：負責幫助群眾抓緊開展生產自救，落實有關扶持資金、物資，開展恢復生產工作。七、基礎設施保障和災後重建組：負責組織研究擬定災後重建規劃，指導協調災後重建工作。八、水利組：負責災區水庫安全，河道受災造成變形的治理，研究解決飲用水源安全等問題。九、社會治安組：負責協助災區加強治安管理和安全保衛工作，切實維護社會穩定。

[56]依據「關於國務院抗震救災總指揮部工作組組成的通知」，參與單位包括：總參謀本部、公安部、安全監管總局（國家安全生產應急救援指揮中心）、地震局、武警部隊、成都軍區、民政部、財政部、住房城鄉建設部、農業部、商務部、紅十字會、科技部、國土資源部、環境保護部、氣象局、國防科工局、衛生部、發展改革委、質檢總局、食品藥品監管局、總後勤部、中央宣傳部、外交部、廣電總局、臺辦、新聞辦、港澳辦、工業和信息化部、人力資源社會保障部、國資委、保監會、交通運輸部、鐵道部、銀監會、電監會、郵政局、民航局、國家電網公司、水利部、總參、教育部、司法部、人民銀行、證監會、旅遊局、信訪局。

當然其中夾雜了中共官方宣傳救難人員英勇救難作為與中共領導階層親民愛民的諸多報導。[57]

國務院抗震救災總部，經歷 26 次會議，於 2008 年 10 月 14 日第 26 次會議中，表達因應救災階段任務的完成，不再保留國務院抗震救災總指揮部，改以「國務院成立恢復重建工作協調小組」接替災區重建任務。[58]第 26 次會議由溫家寶主持、抗震救災總指揮部副總指揮李克強、回良玉、國務委員兼國務院秘書長馬凱、國務委員孟建柱等多位重要幹部出席會議，會議中提出《四川汶川特大地震抗震救災工作總結報告》，照例認為面對四川強震，在中共黨中央指揮下獲得「重大勝利」，其檢討總結報告宣稱：「在黨中央、國務院、中央軍委的領導下，總指揮部有力有序有效地組織開展了抗震救災工作。深入貫徹落實科學發展觀，堅持以人為本，貫穿於整個抗震救災工作的全過程；堅持統一指揮協調，確保抗震救災工作高效運轉；堅持依靠各方面力量，形成強大攻堅合力；堅持按客觀規律辦事，充分發揮科學技術在抗震救災和災後重建工作中的作用。在災區黨委、政府直接領導下，經過災區幹部群眾和解放軍、武警官兵、公安民警以及社會各界的共同努力，抗震救災工作取得了重大勝利」，[59]同時強調，當前抗震救災

---

[57] 「抗震救災每日通報」，2009 年 7 月 1 日下載，《中國網》，http://www.china.com.cn/zhibo/zhuanti/node_7045221.htm。

[58] 「總結汶川特大地震抗震救災工作研究部署后重建任務」（2008 年 10 月 15 日），2009 年 6 月 17 日下載，《人民網》，http://politics.people.com.cn/BIG5/1024/8173322.html。

[59] 「溫家寶主持會議　總結汶川特大地震抗震救災工作」（2008 年 10 月 14 日），2009 年 6 月 17 日下載，《新華網》，http://news.xinhuanet.com/newscenter/2008-10/14/content_10193981.htm。總結報告宣稱：「在黨中央、國務院、中央軍委的領導下，總指揮部有力有序有效地組織開展了抗震救災工作。深入貫徹落實科學發展觀，堅持以人為本，貫穿於整個抗震救災工作的全過程；堅持統一指揮協調，確保抗震救災工作高效運轉；堅持依靠各方面力量，形成強大攻堅合力；堅持按客觀規律辦事，充分發揮科學技術在抗震救災和災後重建工作中的作用。在災區黨委、政府直接領導下，經過災區幹部群眾和解放軍、武警官兵、公安民警以及社會各界的共同努力，抗震救災工作取得了重大勝利。」

已進入災後恢復重建的階段，要力爭用 3 年左右時間完成恢復重建的
主要任務。重要作為包括：一要加快恢復重建工作；二要確保中央制
定的各項政策措施落實到位；三要明確恢復重建的領導工作機制。在
國務院領導下，災區省級人民政府對本地區恢復重建負總責。[60]

四川汶川地震，至 2008 年 9 月初的統計，造成直接經濟損失 8,451
億元人民幣，四川最嚴重，占總損失的 91.3%，甘肅占總損失的 5.8%，
陝西占總損失的 2.9%。[61]但至 2009 年 5 月 7 日，四川汶川地震 1 週年
前夕的 5 月 7 日，僅四川省政府公布該省在 5.12 汶川地震中，經審核
認定的死亡學生和已經核查但尚未宣告為死亡的失蹤學生共有 5,335
名，受傷學生中，被評定為殘障，並發給相關證明文件的有五百多名。
全四川省因地震而遇難人數，確定是 68,712 人、失蹤人口 17,921 人。[62]
明顯的，四川汶川地震發生 300 天之後，官方仍然無法確認全大陸傷
亡人員總數，引發外界不滿，但 2009 年 3 月 8 日四川省常務副省長魏
宏卻辯解說：「汶川地震最終的死亡人數，必須按照國家有關部委對死
亡人數，特別是失蹤人數的有關規定來進行，……因此在遇難者數字
沒有最終確定之前，對遇難學生人數也很難給出準確的數字」，也因
此，時至 2009 年 6 月 30 日，全大陸傷亡數字竟然仍是 2008 年 9 月
25 日，由中共國務院新聞辦公室根據「國務院抗震救災總指揮部」授
權發布的：「截至 2008 年 9 月 25 日 12 時，汶川地震已確認 69,227 人
遇難，374,643 人受傷，失蹤 17,923 人」。[63]

---

[60] 「溫家寶主持會議　總結汶川特大地震抗震救災工作」。
[61] 「汶川地震造成直接經濟損失 8451 億　四川最嚴重」（2008 年 9 月 4
日），2009 年 6 月 17 日下載，《中新網》，http://www.chinanews.com.cn/cj/kong/
news/2008/09-04/1370942.shtml。
[62] 「汶川地震　四川共死亡失蹤學生 5335 名」（2009 年 5 月 7 日），2009 年
6 月 1 日下載，《星島環球網》，http://www.stnn.cc/society_focus/200905/
t20090507_1023978.html。
[63] 張映光　李微敖，「300 天後，汶川地震死亡人數仍難公布」（2009 年 3 月
8 日），2009 年 6 月 17 日下載，《財經網》，http://www.caijing.com.cn/2009-
03-08/110114939.html。

中共對於正確傷亡人數無法公諸於世，引起外界諸多抨擊。但中共對於震災的後續輿論管制卻悄然興起。如四川震災 1 週年，中共力主全面主導輿論，並於 4 月下旬發出禁令，要求 5 個不准：（一）原則上不訪問遇難學生家長；（二）不自行調查和預測遇難人員名單，特別是遇難學生名單；（三）對房屋倒塌的原因不胡亂下結論、（四）災後重建項目、數據、方案統一根據中共公布的口徑報導；（五）災後重建中的個別問題，原則上內部反應。地震初期中共贏得廣泛讚譽的訊息相對公開，在 1 年後卻屢遭質疑。[64]

在中共救災約一個月後，初步因救災工作和救災物資處理失當，計 31 人被懲處，12 人被解職。[65]但眾所周知，地震的災害，最大的來源是建物的倒塌造成生命與財產的損傷，尤其是震災所涉及的七千多間校舍倒塌壓死、壓傷學生問題，依據中共的調查發現校舍倒塌程度多於政府建物的 4 倍，該調查卻認為如此結果，並無法認定校舍建築為偷工減料的「豆腐渣工程」。[66]

地震發生初期，中共相關官員對於民眾質疑「豆腐渣工程」問題，為平息民憤曾公開表態，一旦發現有豆腐渣校舍，將從嚴查處，絕不姑息。但是，在地震發生 1 年後，沒有 1 人因「豆腐渣工程」受到追究和懲罰。甚至有輿論認為中共官員希望透過金錢賠償和允許生第 2 胎等政策，盡可能平息遇難學生家長的不滿情緒。[67]另有部分輿論認

---

[64] 「信息公開已成往事川震災區輿論管制」，亞洲週刊（2009 年 5 月 17 日），頁 9。

[65] 「中國懲處震災失職官員」（2008 年 6 月 23 日），2009 年 6 月 18 日下載，《美國之音中文網》，http://www.voafanti.com/gate/big5/www.voanews.com/chinese/archive/2008-06/n2008-06-23-voa67.cfm?CFID=238431326&CFTOKEN=28786739&jsessionid=6630dd259e52503f40b97f1248374b291196。

[66] 「汶川地震校舍損毀嚴重較政府建築多 4 倍」（2009 年 5 月 25 日），2009 年 6 月 18 日下載，《中央社》，http://210.69.89.224/search3/hypage.cgi?hyqstr=aihnkpmhdhkcggookkckkfmglmolgmoijihpkloixhnjkpohinqhkiioqldmmhiivqglqnnesioqkmfmohgjipelkipiijpqellmnesfimbicjsefflmdihkmfghgmbicjpenempmlhnsimivqdlgjwlnmnumjjrnpsmkqgqhnu。

[67] 「川震滿週年　專家質疑為何不查豆腐渣工程」（2009 年 5 月 14 日），2009

為，未見中共對「豆腐渣工程」負責幹部懲處，係因中央政治局常委，中央政法委書記周永康，於 1999－2002 年任四川省委書記期間，[68]貪贓枉法聲名狼藉，四川境內「豆腐渣工程」與其有密切關係，因此，全力阻擾死難學生家長對「豆腐渣工程」的追究，甚至以打壓抗議民眾以收「殺一儆百」之效也在所不惜。[69]致使中共對於造成嚴重傷亡的震災，至今仍未能懲處該負責任官員。

七、八八水災[70]

　　2009 年 8 月 6 日至 8 月 10 日，因為颱風莫拉克侵襲臺灣所帶來創紀錄的雨量，使臺灣中南部及東南部發生嚴重水災，引發臺灣多處水患、坍崩與土石流。該起嚴重水災，起因於颱風莫拉克侵襲臺灣所帶來創紀錄的雨勢，故亦稱莫拉克風災。此為臺灣自 1959 年八七水災以來最嚴重的水患。高雄縣甲仙鄉小林村，因土石流造成滅村事件，更導致數百人遭到活埋。[71]此次水災依據中央災害應變中心統計至 2009 年 8 月 28 日 19：00 止，共造成全臺灣 678 人死亡、33 人受傷。因外界指責中華民國政府災後救援不力、引發民怨，使總統馬英九與國民黨政府聲望大幅滑落。最後更直接導致劉兆玄內閣於同年 9 月初宣布總辭。

年 6 月 18 日下載，《中央社》，http://210.69.89.224/search3/hypage.cgi?hyqstr= aihnkpjhdhkcggookkckkfmglmolgmoijihpkloixhnjkpohinqhkiioqldmmhiivqglq nnesioqkmfmohgjipelkipiijpqellmnesfimbicjsefflmcigkmfghgmbicjoenempmlh nsimivqdlgjwlnmnumjjrnpsmkqgqhnu。

[68]　「周永康簡歷」，2009 年 6 月 18 日下載，《新華網》，http://news.xinhuanet.com/ ziliao/2002-03/04/content_298986.htm。

[69]　潘金泮，「周永康防貪腐被揭阻追究豆腐渣工程」，前哨（香港），第 216 期（2009 年 2 月 1 日），頁 12。

[70]　s.v.「八八水災」，2010 年 6 月 3 日下載，《維基百科》，http://zh.wikipedia.org/ zh-tw/%E5%85%AB%E5%85%AB%E6%B0%B4%E7%81%BD。

[71]　s.v.「八八水災」。

　　該水災的發生與救助過程，在臺灣受到輿論的嚴密監督，以自由電子報為例，尚且成立「莫拉克風災新聞專區」，[72]全力監督政府救災作為與反應災害實情。

　　臺灣對於災害的救治，於 2000 年 8 月 25 日後全由「行政院災害防救委員會」統籌負責，採委員制任務編組，置委員 29 人至 33 人，其中 1 人為主任委員，由行政院副院長兼任，委員由主任委員報請行政院院長指定內政部、外交部、國防部、財政部、教育部、法務部、經濟部、交通部、行政院主計處、行政院新聞局、行政院衛生署、行政院環境保護署、行政院海岸巡防署、行政院原子能委員會、行政院國家科學委員會、行政院研究發展考核委員會、行政院農業委員會、行政院勞工委員會、行政院公共工程委員會、行政院原住民族委員會、行政院客家委員會、國家通訊傳播委員會等 22 個部會之副首長一人派兼，並已形成固定運作模式。[73]對於八八水災的救助亦依此模式進行。

　　八八水災後，中華民國政府在民意加強對天災救援反應的強大壓力下，大量運用軍隊力量投入救災，並因此加強國軍的反應作為能力與編制，如國防部通次室資通安全處長王德本於 2010 年 10 月 12 日對外宣布，國防部已完成「國軍執行救災任務通資指導計畫」，並完成「國軍救災資源管理系統」，連結行政院災防會應變管理資訊系統（EMIS）的軍網系統，補充過去對不了解應投入多少兵力設備之不足，做出更準確的規劃與行動。另外建構完成軍公民營相互支援機制，協調國家通訊傳播委員會（NCC）「高抗災通信傳播設施」、中華電信救災專案GSM 電話門號、林務局中繼通信系統等多重通信手段，結合國軍現有通資設施，執行救災任務。將八八水災時部署待命兵力的作法，改為

---

[72] 「莫拉克風災新聞專區」，2010 年 10 月 19 日下載，《自由電子報》，http://iservice.libertytimes.com.tw/2009/specials/Morakot/。

[73] 「業務簡介」，2010 年 10 月 19 日下載，《行政院災害防救委員會》，http://www.ndppc.nat.gov.tw/ContentList.aspx?MID=664&UID=734&PID=664。

前置兵力，並於 2009 年 10 月開始執行，經過多次救災行動，如：凡那比颱風、北二高走山災變等表現恰如預期。[74]

八、青海玉樹地震[75]

青海省玉樹藏族自治州玉樹縣境內於 2010 年 4 月 14 日 7 時 49 分發生大地震，重災區玉樹縣結古鎮附近西杭村的民屋幾乎全部（99％）倒塌。玉樹州紅十字會更稱當地 70% 學校房屋垮塌。

中共中央總書記胡錦濤，國務院總理溫家寶要求全力救援災民。地震發生時，胡錦濤正在巴西訪問，隨後推遲對委內瑞拉和智利訪問行程，提前返回大陸。溫家寶則推遲原定於 4 月 22 日至 25 日對汶萊、印尼和緬甸的正式訪問，並乘專機抵達青海玉樹地震災區指揮救災。雖然中共對於青海玉樹的賑災工作迅速展開，但仍有許多負面報導出現，如：[76]

> 日本《朝日新聞》英文版 4 月 17 日報導，中國中央宣傳部下達救災報導禁令，禁止大陸媒體對地震和政府的救災行動做負面報導。並要求優先報導黨政官員慰問災民。

美聯社報導，有年輕僧侶批評政府派去的一些救援人員消極對待救援。

紐約時報報導，官方少報傷亡人數、救援集中於市區大型建築而忽視周邊民房、無理由的拒絕藏族僧侶參與救援。

活佛昂文丹巴仁慶表示，經結古寺處理的遺體已達 3,400 具，但中共公布的數目卻只有千餘。

---

[74] 王宗銘，「記取八八水災教訓！國防部增建啟用救災資源管理系統」（2010 年 10 月 12 日），2010 年 10 月 19 日下載，《今日新聞網》，http://www.now news.com/2010/10/12/11490-2654188.htm。

[75] s.v.「2010 玉樹地震」，2010 年 6 月 3 日下載，《維基百科》，http://zh.wikipedia. org/zh-hk/2010%E5%B9%B4%E7%8E%89%E6%A8%B9%E5%9C%B0%E9 %9C%87。

[76] s.v.「2010 玉樹地震」。

4 月 17 日，藏族作家扎加和其餘 8 名知識分子，發表公開信批評中共政府的救災行動，並呼籲不要將捐款交給中共官方救援機構，以防貪污，而後扎加被捕。

「青海省抗震救災指揮部」從 4 月 16 日開始每天向中央人民廣播電臺、國際台、省交警總隊發布《青海玉樹抗震救災專題預報服務》，[77] 讓抗震救災訊息得以為外界知悉。截至 2010 年 5 月 30 日止，玉樹地震共造成 2,698 人遇難，其中已確認身份 2,687 人，無名屍體 11 具，失蹤 270 人。已確認身份的遇難人員：男性 1,290 人，女性 1397 人；青海玉樹籍 2537 人，省內非玉樹籍 54 人，外省籍 96 人（含香港籍 1 人）；遇難學生 199 人。[78]

九、甘肅舟曲水災

2010 年 8 月 7 日，持續暴雨使得土石衝進大陸甘肅省甘南藏族自治州的舟曲縣縣城，並截斷堵塞嘉陵江上游支流白龍江形成堰塞湖，致造成重大人員傷亡，電力、交通、通訊中斷，搜索至 8 月 27 日停止，至 9 月 7 日通報災害已造成 1,481 人遇難，284 人失蹤，累計門診治療 2,315 人，解救 1,243 人。[79]本次泥（土）石流災害，基本上仍是因大量降雨所造成。

8 月 8 日中午，中共總理溫家寶在趕赴災區的飛機上召開會議，召集隨行的國務院有關部門負責人開會，決定成立國務院舟曲抗洪救

---

[77] 「青海省抗震救災指揮部新聞中心舉行第十五次新聞發佈會」（2010 年 04 月 20 日），2010 年 12 月 14 日下載，《人民網》，http://society.people.com.cn/GB/41158/11415092.html。

[78] 中國廣播網，「青海玉樹地震確認最終死亡人數 2698 人」（2010 年 05 月 31 日），2010 年 12 月 14 日下載，《sina 新聞中心》，http://news.sina.com.cn/c/2010-05-31/162820381075.shtml。

[79] s. v.「2010 年舟曲泥石流災害」，2010 年 10 月 19 日下載，《維基百科》，http://zh.wikipedia.org/zh-tw/2010%E5%B9%B4%E7%94%98%E8%82%83%E7%9C%81%E8%88%9F%E6%9B%B2%E5%8E%BF%E7%89%B9%E5%A4%A7%E6%B3%A5%E7%9F%B3%E6%B5%81%E7%81%BE%E5%AE%B3。

災臨時指揮部並作出部署，[80]成立救人、清淤、地質災害排查、群眾安置、基礎設施恢復、衛生防疫等 8 個工作組。[81]

外界研究認為，大陸方面將舟曲水災定位為天災，並將其原因歸納為 5 點：（一）地質地貌原因；（二）兩年前四川地震震鬆山體；（三）氣象原因，因長期乾旱使岩體、土體縮收、裂縫暴露，形成地質隱患；（四）迅時的暴雨和強降雨；及（五）地質災害的隱蔽性，不易察覺。中共提出這些原因，也將舟曲水災定性為與中共政府的災前防範完全無關，中共甚至利用其掌握的宣傳系統，彰顯大陸官方的救災體系在總理溫家寶領導下，是迅速、溫馨而有效率的。[82]僅有部分官員、專家認為災害與「地方防災減災能力真的很差」有關。[83]

以《新華網》所成立的特別報導為例，其中各篇報導文章標題包括：「舟曲搶險救災應急性工作已基本完成」、「用智慧和忠誠創造奇跡—寫在全面奪取舟曲白龍江疏通勝利之際」、「胡錦濤、江澤民等黨員捐款 2 億多」、「第三批衛生部專家組順利抵達舟曲」、「舟曲建立防災避險預警搶撤『五戶聯保』機制」、「舟曲縣城中小學按計劃開學」、「8 月下旬完成舟曲災害損失評估」、「醫療隊全面轉入心理疏導和衛生防疫」、「舟曲城江橋頭的動情夜話」等，[84]對於

---

[80] 新華網，「溫家寶決定成立國務院舟曲抗洪搶險救災臨時指揮部」（2010 年 8 月 9 日），2010 年 10 月 19 日下載，《光明網》，http://www.gmw.cn/content/2010-08/09/content_1207217.htm。

[81] 「時間就是生命——舟曲特大泥石流災害搶險救災紀事」（2010 年 8 月 9 日），2010 年 10 月 20 日下載，《中華人民共和國中央人民政府》，http://big5.gov.cn/gate/big5/www.gov.cn/jrzg/2010-08/09/content_1674003.htm。

[82] 歐陽新宜，「一樣災情兩樣情——對甘肅舟曲應變的評論」，展望與探索，第 8 卷 9 期（2010 年 9 月），頁 22～24。

[83] 張璐晶，「國家減災委官員：地方防災減災能力真的很差」（2010 年 8 月 17 日），2010 年 10 月 20 日下載，《騰訊新聞》，http://news.qq.com/a/20100817/000043.htm。

[84] 「眾志成城　搶險救災——甘肅舟曲特大山洪泥石流災害報導專題」，2010 年 10 月 19 日下載，《新華網》，http://big5.xinhuanet.com/gate/big5/www.xinhuanet.com/politics/zqnsl/index.htm。

災情的報導仍然不是重點，對於是否該追究政府相關單位責任，亦未見輿論關注與施壓，與臺灣八八水災政府遭無情批判，猶如天壤之別。

由中共對 1976 年唐山大地震、2003 年初 SARS 疫情處理、2008 年元月雪災，及 2008 年 5 月四川震災、2010 年青海玉樹震災、2010 年甘肅舟曲水災的處理方式與態度的比較，將可具體研究與呈現中共對於重大災害處置的狀況，並可對應中共建政迄今的政治發展關係。同時將之與臺灣 1999 年 921 大地震、2003 年 SRAS 疫情處置、2009 年八八水災處置的狀況做比對，或可以標定中共政治發展的軌跡與兩岸關係可能的發展。

兩岸 SARS、雪災、震災、水災都有天災與人禍糾結的結果，在大陸境內處置上的不透明，與在臺灣相對透明的政治環境下的處置，其結果完全不同。

因 SARS、雪災同屬漸進不明確的屬性，與地震明顯明確的性質不同，水災則具有開始模糊漸近，結果明確的特性，若將同性質的重大災害兩兩相比，及兩岸相似重大災情的處置情形相比，會呈現如下的有趣結果：

表 5-1　兩岸政府面對明確明顯的大地震處置方式比較

災害名稱	唐山大地震	921 大地震（臺灣）	四川汶川大地震	青海玉樹地震
發生時間	1976 年 7 月 28 日 3 時 42 分 53.8 秒	1999 年 9 月 21 日 凌晨 1 時 47 分 15.9 秒	2009 年 5 月 12 日 14 時 28 分	2010 年 4 月 14 日 7 時 49 分
發生特性	明確明顯	明確明顯	明確明顯	明確明顯
損失情形	24.2 萬人死亡，重傷 16.4 萬人，倒塌民房	2,415 人死亡、30 人失蹤、11,306 人受傷、近 11 萬戶房屋	死亡人員至今不明，（至 2008 年 9 月初的統計，	重災區玉樹縣結古鎮附近西杭村的民屋幾乎全部

		530 萬間，直接經濟損失 54 億元（人民幣）。（此為官方公布數字，非中共官方估算損失程度高於此數倍）。	全倒或半倒，[85]行政院主計處於 1999 年 10 月間，發布 921 大地震分析報告，指大地震已造成新臺幣 3,000 億元（92 億美元）的財物損失。[86]	69,227 人遇難，374,643 人受傷，失蹤 17,923 人）造成的直接經濟損失 8,451 億元人民幣。	（99%）倒塌。玉樹州紅十字會稱當地 70%學校房屋垮塌。截至 2010 年 5 月 30 日止，玉樹地震造成 2,698 人遇難，其中已確認身分 2,687 人，無名屍體 11 具，失蹤 270 人
官方救助行動		救災工作受到偏激的「自力更生」思想影響，中共拒絕國際援助，致使死亡人數更高。	內政部在 3 分鐘內成立「緊急應變小組」。行政院院長蕭萬長隨即召集相關部會首長進行緊急會商，在不到 1 小時之內，成立重大地震中央處理中心，統籌指揮應變，並宣布 9 項緊急處理指示。[87]約 2 小時後，軍方接獲命令投入救災，總統李登輝於上午 9	地震當天（5 月 12 日）成立「抗震救災指揮部」，隸屬國務院，全力救災。	中共領導人胡錦濤、溫家寶要求全力救援災民，胡錦濤在對巴西進行訪問後，推遲對委內瑞拉和智利訪問，提前回國。溫家寶推遲原定於 4 月 22 日至 25 日對汶萊、印尼和緬甸的正式訪問，並乘專機抵達青海玉樹地震災區

---

[85] s.v.「921 大地震」，2009 年 6 月 26 日下載，《維基百科》，http://zh.wikipedia.org/wiki/921%E5%A4%A7%E5%9C%B0%E9%9C%87。

[86] 劉世鼎，「大地震全國財損 3000 億臺幣」（1999 年 10 月 12 日），2009 年 7 月 1 日下載，《中時電子報》，http://forums.chinatimes.com/report/921_quake/88101211.htm。

[87] 連戰，「九二一震災的檢討與省思」（1999 年 11 月 22 日），2009 年 6 月 26 日下載，《中時電子報》，http://forums.chinatimes.com.tw/report/921_rebuild/88112211.htm。

| | | 時抵達南投災區。9月 22 日，政府動用緊急預備金，提供各鄉鎮村長賑災。各國救難隊陸續抵臺協助救災。9月 25 日，總統發布緊急命令，立法院於 9 月 28 日追認通過，以減少行政上的程序，加速救災。[88] | | 指揮救災。 |
| 救助行動單位組成 | 不明。[89] | 9 月 22 日晚，總統府召開第 2 次高層會議，李總統宣布成立「九二一地震救災督導中心」，由副總統連戰擔任召集人，統一督導協調中央、地方政府及國軍全力投入救災。[90] | 47 個。 | 不明。但成立了抗震救災應急指揮部，下設綜合協調、氣象服務、現場氣象服務、技術保障、後勤保障、宣傳資訊等 6 個工作組。[91] |

---

[88] s.v.「921 大地震」。

[89] s.v.「唐山大地震」，2009 年 6 月 19 日下載，《百度百科》，http://baike.baidu.com/view/3267.htm。僅有中共宣傳資料稱：「唐山地震發生在城市集中、工業發達的京、津、唐地區，震級大，災害嚴重。黨中央、國務院決定實施國家級救災。成立各級指揮部，以解放軍為主體對口支援，有組織地進行自救、互救活動。十餘萬解放軍官兵緊急奔赴災區救援；全國各地 5 萬名醫護人員和幹部群眾緊急集中，救死扶傷和運送救災物資；危重傷患由專機、專列緊急疏散轉移到 11 個省市治療。」

[90] 連戰，「九二一震災的檢討與省思」。

[91] 「青海省抗震救災指揮部新聞中心舉行第十五次新聞發佈會」

官方資訊公布	不明。	媒體全天候向國內外報導震災各類訊息。[92]	救災中心成立後每日公布災情。	救災中心成立後每日公布災情。
官方宣傳作為	大肆宣傳官方救災成功。	未見大肆宣傳救災成功。	大肆宣傳官方救災成功。	禁止大陸媒體對地震和政府的救災行動做負面報導。並要求優先報導黨政官員慰問災民等。
外界評價	因資訊不透明致使人禍加重天災的損害程度。	政府設立各種機構或頒布相關法令協助重建，有關作為可由網路詳細查詢，[93]對政府救災批判隨處可見。	由先期的資訊透明走向資訊管制，並禁止隨意批評政府作為。	1. 日本《朝日新聞》英文版 4 月 17 日報導，中共中央宣傳部下達救災報導禁令，禁止大陸媒體對地震和政府的救災行動做負面報導。並要求優先報道黨政官員慰問災民等。 2. 美聯社報導，有年輕僧侶批評政府派去的一些救援人員消極對待救援。

---

[92] 廖慧娟，「掌握災情　中廣聯播 9 小時」（1999 年 9 月 21 日），2009 年 6 月 26 日下載，《中時電子報》，http://forums.chinatimes.com/report/921_quake/88092129.htm。

[93] 請參閱：《九二一地震政府文書線上展示》，http://va.archives.gov.tw/921online/index.htm。

				3. 紐約時報報導官方少報傷亡人數、救援集中於市區大型建築而忽視周邊民房、無理由的拒絕藏族僧侶參與救援。 4. 活佛昂文丹巴仁慶表示經結古寺處理的遺體已達 3,400 具，但中共公布的數目卻只有千餘。 5. 4 月 17 日，藏族作家欒加和其餘 8 名知識分子，發表公開信批評中共政府的救災行動，並呼籲不要將捐款交給中國官方救援機構，以防貪汙，而後欒加被捕。
高層官員究責	不明	無	無	無

資料來源：作者自行整理製作

表 5-2　兩岸政府面對漸進模糊的 SARS 與雪災處置方式比較

災害名稱	SARS（大陸）	SARS（臺灣）	雪災
發生時間	2002 年 11 月 16 日在廣東順德爆發，但被有意隱瞞。	臺灣於 2003 年 3 月 14 日發現第一個 SARS 病例；[94]世界衛生組織是於 3 月 15 日發布 SARS 病例通報。[95]	自 2008 年元月 10 日起延續長達二十餘天。
發生特性	漸進模糊	漸進模糊	漸進模糊
損失情形	242 人死亡經濟總損失額達 179 億美元。	至 2003 年 7 月 5 日世界衛生組織宣布臺灣從 SARS 感染區除名，期間共有 664 個病例其中 73 人死亡。	死亡 129 人，失蹤 4 人，直接經濟損失 1,516.5 億元人民幣。
官方救助行動	中共企圖隱瞞疫情，導致病毒在全球擴散。暴露中共醫療體制中存在的眾多問題和漏洞。	3 月 27 日行政院兩度召開跨部會會議，緊急將 SARS 列為第 4 類法定傳染病，並採取 7 項因應措施，在各重點醫院設立 SARS 特別門診。[96]	大量降雪成災後約二十天（於 2008 年 2 月 1 日），成立「國務院煤電油運和搶險抗災應急指揮中心」。
救助行動單位組成	不明確。[97]	行政院於 2003 年 4 月 28 日成立「行政院嚴重急性呼吸道症候群（SARS）疫情應變處理委員會」，並於同日召開臨時院會，通過「嚴重急性呼吸道	23 個。

---

[94] s.v.「SARS 事件」，2009 年 6 月 26 日下載，《維基百科》，http://zh.wikipedia.org/wiki/SARS%E4%BA%8B%E4%BB%B6。

[95] 索任，「嚴重急性呼吸症候群」，聯合報，2003 年 3 月 18 日，第 36 版。

[96] 李順德、魏忻忻、許麗珍，「疫情擴散 SARS 列法定傳染病，政院宣布七項因應措施，公務員暫停赴中港越，國內可能病例增至十例，我被世衛列病例集中區」，聯合報，2003 年 3 月 28，第 1 版。

[97] 中共宣稱指揮部由黨中央、國務院、軍隊系統和北京市的 30 多個部門和單位的人員組成，下設 10 個工作組和辦公室。

		症候群應變處理條例」草案，要求全國，共同抗疫。[98]	
官方資訊公布	政府禁止媒體報導有關病情。	衛生署幾乎每日公布疫情。	應急中心成立後每日公布。
官方宣傳作為	大肆宣傳官方防疫成功。	未見大肆宣傳官方防疫成功。	大肆宣傳官方救災成功。
外界評價	一般認為中共隱瞞疫情，致使 SARS 蔓延，但後期中共已顯著改善。	初期政府救助運作混亂，後期比較穩健，衛生署長葉金川成抗煞英雄。	因資訊不透明致使人禍加重天災的損害程度。
高層官員究責	衛生部長張文康、北京市長孟學農遭撤換。	中央和臺北市衛生首長下臺。	無。

資料來源：作者自行整理製作

表 5-3　兩岸政府面對漸進發生結果明確的水災處置方式比較

災害名稱	八八水災	甘肅舟曲水災
發生時間	2009 年 8 月 6 日至 8 月 10 日	2010 年 8 月 7 日
發生特性	漸進模糊發生、結果明確。	漸進模糊發生、結果明確。
損失情形	至 2009 年 8 月 28 日 19：00 止，共造成全臺灣共有 678 人死亡、33 人受傷。	造成重大人員傷亡，電力、交通、通訊中斷，搜索至 8 月 27 日停止。至 9 月 7 日通報災害已造成 1,481 人遇難，284 人失蹤，累計門診治療 2,315 人，解救 1,243 人。

---

[98] 「行政院第二八三七次院會決議」（2003 年 4 月 30 日），2009 年 6 月 26 日下載，《行政院》，http://www.ey.gov.tw/ct.asp?xItem=21565&ctNode=1229&mp=1。

官方救助行動	除搶救作為外,截至 2010 年 1 月 29 日止,中央政府(經濟部水利署)撥付淹水救助金至縣市政府共約新臺幣 28 億元,於 2009 年 8 月 27 日 100% 先撥畢,後依實際淹水戶數陸續更正撥付。[99]	8 月 8 日中午,中共總理溫家寶在趕赴災區的飛機上召開會議,召集隨行的國務院有關部門負責人召開會議,決定成立國務院舟曲抗洪救災臨時指揮部並作出部署。成立救人、清淤、地質災害排查、群眾安置、基礎設施恢復、衛生防疫等 8 個工作組
救助行動單位組成	22 個	不明
官方資訊公布	每日公布救災情況。	不定期公布救災情況。
官方宣傳作為	未見大肆宣傳官方救災成功。	大肆宣傳官方救災努力與成功,僅有部分官員、專家認為災害與「地方防災減災能力真的很差」有關。並動員傳媒糾合國際媒體擴大宣傳。如:中央電視臺邀集各國媒體代表討論救災狀況,各國媒體對於救災效率都表示認同。[100]
外界評價	中華民國政府遭指責災後救援不力、引發民怨,使總統馬英九與國民黨政府聲望大幅滑落。	災害似乎與中共政府的災前防範完全無關,中共甚至利用其掌握的宣傳系統,彰顯其政府在總理溫家寶領導下,是迅速、溫馨而有效率。有部分

[99] 「莫拉克颱風八八水災淹水救助金發放統計」2010 年 10 月 19 日下載,《財團法人九二一震災重建基金會》,http://www.taiwan921.lib.ntu.edu.tw/88pdf/A8801F.html。

[100] 「外媒報導我國舟曲泥石流災害 稱讚政府應急能力」(2010 年 8 月 13 日),2010 年 10 月 20 日下載,《中國網》,http://www.china.com.cn/international/txt/2010-08/13/content_20698927.htm。2010 年 8 月 12 日央視《環球視線》播出《外媒聚焦舟曲 稱中國「嫻熟」應對》,由水均益主持,邀集美國有線電視新聞網記者、英國廣播公司記者與談,並配合其他來賓,對中共就災做為大表讚揚,其宣傳目的極為明顯。

		外國媒體，如泰國《世界日報》、《曼谷郵報》、《民族報》，及以色列媒體等對中共救援行動給予肯定。[101]
高層官員究責	導致劉兆玄內閣於同年 9 月初宣布總辭。	無

資料來源：作者自行整理製作

　　因兩岸政治制度的不同，讓兩岸對於各自內部所面臨的事務，尤其是災難實情的瞭解，分別以不同的立場處理。而扮演讓被治者知悉事務真相的媒體，在兩岸也各自扮演不同的角色與立場。若以前述中國大陸關於災難新聞的報導模式是：「輕描淡寫的災情」＋「黨和毛主席的關懷」＋「災區人民的決心」為範本，臺灣媒體對於災害的報到模式卻呈現：「加重描寫的災情」[102]＋「執政黨和官員無能」[103]＋「災區人民無助待援」[104]的方式呈現。因而造成大陸民眾對於災難實情的不明甚或忽視，以致對於事實無法真實掌控，如此就可給主政者更大的揮灑空間。臺灣卻因透明，以致任何事實無所遁形，有助於被治者監督統治者作為，但卻又因此經常挑起受災民眾恐慌情緒，而限制了統治者應有跳脫既有行政流程框架快速反應作為的揮灑空間。

　　若以圖形對兩岸面對地震、疫病、雪災及水災等重大災害的透明程度，依據前述的比較結果，約略可呈現如圖 5-2 之現象：

---

101 吳建友、陳克勤，「國際媒體積極評價我舟曲救災行動」（2010 年 08 月 11 日），2010 年 10 月 21 日下載，《人民網》，http://media.people.com.cn/GB/40606/12403170.html。

102 臺灣記者經常以站立颱風積水或強風中顯示災害的嚴重，以爭取新聞編輯單位對該則新聞的青睞並吸引閱聽人的注意。

103 臺灣媒體以第 4 權自居，對當政者經常以批判為報導的出發點。

104 報導受害民眾的慘狀較具吸引閱聽人注意的功能。

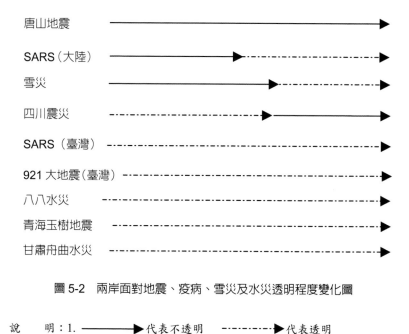

圖 5-2　兩岸面對地震、疫病、雪災及水災透明程度變化圖

說　　明：1. ──────▶代表不透明　　------------▶代表透明
　　　　2. 作者自行製作

　　有論者提出兩岸對於天災事件處理的比對，認為，相對而言，臺灣對天災的承受力要比中國大陸強。以每年夏天都會發生的颱風為例，首當其衝的臺灣，對於颱風訊息的掌握、事發時官員在媒體、輿論與民意監督下全力防災，及事後的檢討與改進，都踏實進行；相對於中國大陸媒體的畏縮，不經過許可不敢逕自報導災情消息，只能歌頌各級領導盡責抗災、慰問民眾，大陸的政治體制反應遲鈍，致使災情難以掌握等，是造成臺灣颱風災情通常比大陸輕的原因。更關鍵之處則是，臺灣的民主政治體制，與十分透明的防災對策系統，[105]大陸也因欠缺這些體制與系統，致使在雪災中出現「電網中斷、火車停擺幾天後，仍然讓 60 萬準備搭火車返鄉過年的民眾被困在廣州車站」、「收

---

[105] 劉正義，「中國大雪災的嘆息」，2008 年 2 月 6 日下載，《大紀元》，http://news.
epochtimes.com.tw/8/2/6/77003.htm。

入菲薄的農民工在被取消車次後，因住不起旅館而無助的在低溫的車站外廣場聚集數天」、「在湖南的京珠高速公路上數萬輛汽車被困，動彈不得，受困的數萬人多日沒吃東西，飢寒交迫，疲憊不堪」、「一輛要到深圳、廣州的車子，載有 30 名 2 至 16 歲的孩童，被困在冰天雪地 8 天」，[106] 唐山大地震受災情形可隱瞞數年，人命關天的 SARS 可隱匿不報，及四川汶川與青海玉樹大地震至今傷亡人數不明等不可思議的情況出現。甚至中共在四川地震開放訊息的教訓中，學會以「公開訊息，以控制訊息」的技巧（control the news by publicizing the news），[107]讓中共對外的訊息透明是否真的透明，甚或以假的透明作為控制訊息的手段，都遭外界存疑。另一項重要關鍵是，假若中共對於各類災害的真實狀況隨時空環境的演變而不斷透明，但負責官員被究責的狀況卻未見明顯增加，甚至無官員為災害的發生負責，則是兩岸面對災難至今最大的差別。

若將兩岸對於重大災害的處置加以相互比較，發現中共對於重大災害事件的處理方式，不論是完全不透明的唐山大地震，或先隱蔽後透明的 SARS 與雪災，或先透明後逐漸轉向隱蔽的四川震災，都不如臺灣面對重大災害所採取幾乎完全透明的程度。但中共對於重大災害的處理方式，由過去的完全不透明，轉而相對透明卻是不爭的事實。

兩岸相比較，臺灣政府因行政透明，而備受人民監督，大陸則因政府有意隱瞞或掌控並引導輿情，使政府受民意嚴厲監督的程度不及臺灣。

第三節　兩岸為人民服務比較

依據學者道爾（Robert A. Dahl）的研究認為，威權政體有利於集中資源發展經濟，發展的經濟造就了多元的社會（pluralistic social order）與競爭的政治要求（demands for competitive politics），這種發

---

[106] 劉正義，「中國大雪災的嘆息」。
[107] Stephanie Wang, "China"，（2009/2/15），last visited Nov., 3, 2010, *OpenNet Initiative*, http://opennet.net/research/profiles/china。

展所造成的社會體系，最終將與威權化霸權的政治體制相互衝突，[108]已如第參章所述。所以，道爾推論認為，自動自發相互競爭的經濟制度，產生多元社會，而多元社會將使其成員要求更多的參與決策，致使不允許霸權政體的存在。因此，更高層次的經濟發展，將使集權的社會架構難以維持，所以共產國家的經濟愈發展，將愈危及其單一極權政體的運作。[109]不僅道爾，其他諸多西方學者如：愛格斯坦（Alexander Eckstein）、費雪（George Fisher）等人也有類似看法。[110]

但道爾同時也認為，群眾與威權政府之間的關係，常依據政府的表現定位，其狀態如下：

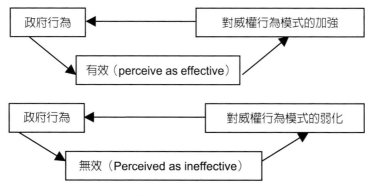

圖 5-3　威權體制行為模式的強化與弱化

資料來源：Robert A. Dahl, *Polyarchy*（New Haven: Yule University, 1971），
　　　　　p. 149.

若威權政府對於民眾需求的回應有效，則人民接受威權政府的程度將提高，反之則降低。換言之，「為人民服務」的成果卓著，則有助於中共繼續保持其威權統治，反之，其威權統治的態樣將遭受人民的挑戰。

[108] Robert A. Dahl, *Polyarchy*（New Haven: Yule University, 1971），p. 79.
[109] Dahl, *Polyarchy*, p. 78.
[110] Dahl, *Polyarchy*, p. 79. footnote 13th.

在中共近年將經濟建設發達到眾所屬目的程度後，雖然中共未因此而明顯走向民主，但中共威權體制的弱化，早已成為中共當前必須面對的問題。甚至學界認為中共因此必須由中央讓權予地方以免被推翻，[111]或因共黨意識形態的逐步破滅，使被統治者需要更多的專家來治理國家，而非對革命政府的需求。[112]依據圖 5-3 的因果關係，中共為維持其一黨專政的統治，就必須有效的為人民服務，才能維繫其統治地位。

二戰後，許多新興獨立國家依據共產黨教義，而非依據西方所讚揚的民主制度建構各該國的統治機器，所依據的必然是當時其領袖階層所認為最有利的統治模式，也必有其特殊的考量與信仰。[113]中共於1949 年建政時，也依據共產主義教義建構中華人民共和國政治體制，但隨著時空環境的改變，尤其是後冷戰時期迄今，中共與其他共產國家一般，必須與時俱進加以調整才能維持其統治效率，也才能維持其統治合法性或認受性（legitimacy）。

學者阿拉加巴（Muthiah Alagappa）認為統治合法性或認受性構成的 4 個要素分別是：一、共享的規範與價值；二、依據所獲權力建立制度；三、適當而有效的運用權力；四、被治者同意。若將此 4 個元素合起來，統治合法性則是「政治秩序必須植根於共同規範與價值的分享；而權力的運用必須在被治者同意下建構規矩及推動全體的利益」，[114]統治合法性更是治者與被治者不斷衝突與調和的結果，不是一

---

[111] Bruce Gilley, *China's Democracy Future*（New York: Columbia University Press, 2004），p. 60.並請參閱 Zheng Yongnian, *De Facto Federalism in China: Reforms and Central-Local Relations*（Singapore: World Scientific Publishing, 2007）一書相關論述。

[112] Gilley, *China's Democracy Future*, p. 87.

[113] Muthiah Alagappa, "Seeking a More Durable Basis of Authority"，in Muthiah Alagappa ed., *Political Legitimacy in Southeast Asia*（California: Stanford University Press, 1995），p. 294.

[114] Alagappa, "The Anatomy of Legitimacy"，in Muthiah Alagappa ed., *Political Legitimacy in Southeast Asia*, p. 15.

成不變的規定，且當前的統治合法性衝突與妥協的過程，將一直持續下去不會停止。[115]當然統治合法性更涉及參與者參與政治體系，與對現任政府的服從兩面性。不論是參與或服從都必須是自願的，尤其是自願擁抱體系的原則、制度與過程更是重要，若是被迫的參與，當然就不符合民主的精神，也只有參與者自願加入，才能使統治合法性可長可久。[116]只有在自由獲得保障，同時可進行參這與兩大要素下，才能得到多元社會（polyarchy）的實現，若僅自由卻無法參與，則只能是「寡頭競爭」（competitine oligarchies）政體。若沒有自由而被迫參與，則只能算是「全面霸權」（inclusive hegemony）政體，兩者都與民主、自由或多元相去甚遠。[117]以圖形表現如圖 5-4：

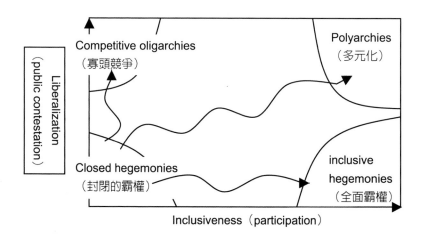

圖 5-4　自由化、包含化與民主化

資料來源：Robert A. Dahl, *Polyarchy* (New Haven: Yale University press, 1971), p. 7.

---

[115] Alagappa, "The Anatomy of Legitimacy", p. 14.
[116] Alagappa, "The Anatomy of Legitimacy", pp. 19～20.
[117] Dahl, *Polyarchy*, p. 7.

阿拉加巴進一步引述認為，若有好結構（institution）的社會，統治合法性必須建構在完善的參與過程上。但在開發中國家，因結構不夠完善，人民的抗議事件也僅止於初期，國家只好用武力鎮壓的方式，讓國家社會維持秩序。更進一步衍生說，在結構不完善的開發中國家，面對人民各類要求，為維持國家的統治合法性，將更依賴統治者表現，而不管統治者是否依據合法流程進行統治。[118]

學者巴克（Rodney Barker）主張，黨國體制的統治合法性是建築在受治者相信統治者更了解真理，並接受其統治而不提出質疑。[119]賀德（David Held）則認為，統治的服從是因為：一、人民沒有選擇、被鎮壓；二、傳統；三、民眾的冷漠；四、雖不喜歡卻默認；五、為了長遠的利益；六、蕭規曹隨；七、根據訊息做出最好的決定（服從）等原因所造成。[120]其意，是指由現有的訊息決定未來的服從。[121]因此，中共若能控制媒體、控制輿論、控制網絡等等資訊的傳播，將可利用人民的「無知」或「誤知」，讓人民以為已獲得最好的服務，就會讓人民繼續服從中共的統治；雖中共黨國體制的統治合法性，就是建立在這受治者相信統治者瞭解真理，並接受其統治，不提出異議的基礎上，[122]但其合法性也遭受三方面的挑戰：[123]

一、內部與外部的異議；

二、不斷發展的變遷；

三、兩者的綜合力量。

---

[118] Alagappa, "The Bases of Legitimacy"，in Muthiah Alagappa ed., *Political Legitimacy in Southeast Asia*, p. 31.

[119] Rodney Barker, *Political Legitimacy and the State*（New York: Oxford University Press, 1990）, p. 84.

[120] David Held, "Power and Legitimacy in Contemporary Britain" in Gregor McLenna, David Held, and Stuart Hall ed(s)., *State and Society in Contemporary Britain: A Critical Introduction*（U.K.：Cambridge 1984）, pp. 301～302. cited by Rodney Barker, *Political Legitimacy and the State*, p. 35.

[121] Barker, *Political Legitimacy and the Sate*, p. 36.

[122] Barker, *Political Legitimacy and the Sate*, p. 84.

[123] Barker, *Political Legitimacy and the Sate*, p. 103.

　　中共面臨信息爆炸的時代，一般判斷其短期內雖不易崩解，但中共對訊息的強力鎮壓所引發的統治合法性問題，可能長期存在。1989年至1991年發生的列寧式政黨大滅絕（mass extinction），也明顯的指向若中共不加以改變，則中共也必然要接受滅絕的命運。[124]中共相關單位為其政權的長存，在深入研究蘇聯解體的原因後，發現蘇聯的解體大致分為經濟、政治壓迫、社會文化及國際因素4大類，其中社會文化類中，尚且包含蘇聯領導人戈巴契夫（Gorbachev）放縱媒體多元化的結果，因此對於媒體（包含新興媒體：網路）的掌握，自然被中共極為重視。而中共也同時研究北韓、古巴、越南等列寧式政黨至今仍持續存在原因，與2003年至2004年盛行於中亞各國的「顏色革命」，發現只要大致能回應民意要求，並對非政府組織等社會力量可有效掌控者，都得以繼續保有政權。[125]因此，中共陷於一方面對於不利於其統治的訊息必須完全掌控，一方面卻又希望民意得以藉媒體浮現，且被中共知悉，並迅速回應民意提供適切服務以獲得民意支持的兩難之中。

　　中共於1949年建政迄今，在逐漸對外改革開放多年後，人民雖然因一黨專政而對於統治者沒有選擇的機會與權力，甚至因傳統、冷漠、利益、默認及其他各種原因，仍服膺於中國共產黨的統治，但對於外界資訊的接觸與理解，卻讓人民對當前中共的統治態樣具有反省的機會。統治機構建構不夠完善，尤其是法治（rule of law）相對不足的中共，就被迫必須一方面加強對人民的服務，以贏取人民的信服，一方面加強愛國教育才能穩固其統治的合法性，因此，中共對於國是（包

---

[124] Richard Baum, "Political Implication of China's Information Revolution: The Media, the Minders, and Their Message", in Chen Li ed., *China's Changing Political Landscape: Prospects for Democracy*（Washing, D. C. : Brookings Institution Press, 2008）, pp. 180～181.

[125] David Shambaugh, "Learning from Abroad to Reinvent Itself: External Influences on Internal CCP Reforms", in Chen Li ed., *China's Changing Political Landscape: Prospects for Democracy*, pp. 287-292.

括重大災害的處置）除必須讓民意更易向上傳達，更有效率向下加強服務外，實無其他方法。

中共國務院新聞辦公室於 2005 年 10 月 19 日發表《中國的民主政治建設》白皮書中所強調的「加強社會管理和公共服務」、「建設公共服務型政府，中國政府更加重視回應社會的公共訴求」明確提出提高執政能力為民服務的訴求。[126]正好證明中共領導人毛澤東自 1944 提出「為人民服務」的政治口號以來，「為人民服務」不僅成為中共不敢隨意棄離的政治圖騰，在現實層面上，中共在強調一黨專政之同時，必須不斷與時俱進加強「為人民服務」才得以生存，反之，若「為人民服務」績效不佳，其持續統治地位將遭受嚴厲挑戰。

為提升「為人民服務」的績效，在現有改革開放及與世界訊息流通日益緊密結合的趨勢中，中共已難有效完全封閉訊息，致使中共必須以更加透明的資訊，及更加貼近民意的方式，實現其統治，是現在與未來不得不的選擇，若違反這種趨勢，顯然其統治合法性將快速消逝。但中共，卻真的極力抵擋這種資訊透明的趨勢。以 2007 中共加強控制網路以達控制資訊傳播為例，中共對於網路關鍵字等用語掌握嚴密，相關網站動輒遭遇關閉處分。僅 2006 年新成立對於網路的管制機構就有「國務院新聞辦公室網絡宣傳管理局」、「中共中央宣傳部輿情信息局」、「國務院新聞辦網研中心輿情處」、「中共中央宣傳部網絡局」等單位。而對於網路控制的幾大特點包含：[127]

一、網路「關鍵字」基本由網管辦提供，以利管制追蹤。

二、網路控制部門，開始從簡單的控制走向利用式的控制。即從單一的網路控制轉向既控制又利用網路進行意識形態宣傳。

三、不僅對網路進行控制，也利用網路搜集輿情資訊。

---

[126] 「中國的民主政治建設」（2005 年 10 月 19 日），2009 年 7 月 1 日下載，《新華網》，http://news.xinhuanet.com/politics/2005-10/19/content_3645697_2.htm。

[127] 「揭開中國網路監控機制的內幕」，2009 年 1 月 17 日下載，《維權網》，http://crd-net.org/Article/Class1/200710/20071010162103_5948.html。

四、把經常牴觸禁忌的大膽平面媒體，如《南方都市報》、《民主與法制時報》、《第一財經日報》、《華夏時報》、《財經》雜誌等，列為嚴禁各大網站轉載傳媒。

至於中共以諸多的法律、法規禁止的網路內容和網路行為，大略包括：[128]

一、反對憲法確定的基本原則；

二、危害國家統一、主權和領土完整；

三、煽動抗拒、破壞憲法和法律、行政法規實施；

四、洩漏國家秘密，危害國家安全或者損害國家榮譽和利益；

五、煽動民族仇恨、民族歧視，破壞民族團結，或者侵害民族風俗、習慣；

六、破壞國家宗教政策，宣揚邪教、迷信；

七、散布謠言，擾亂社會秩序，破壞社會穩定；

八、宣傳淫穢、賭博、暴力或者教唆犯罪；

九、侮辱或者誹謗他人，侵害他人合法權益；

十、危害社會公德或者民族優秀文化傳統；

十一、損害國家機關信譽；

十二、煽動非法集會、結社、遊行、示威、聚眾擾亂社會秩序；

十三、以非法民間組織名義活動；

十四、含有法律、行政法規禁止的其他內容。

依據這些管理內容規定，除防止危害公序良俗者可以被外界大致接受，也是世界各國網管所共同執行的重要目的，但有些部分實難以被理解，甚至是箝制言論自由，如「反對憲法確定的基本原則」、「破壞國家宗教政策，宣揚邪教、迷信」、「損害國家機關信譽」、「以非法民間組織名義活動」等之規定，使大陸人民將被禁止在網路上討論，有關中共憲法規定之「中國共產黨領導的多黨合作和政治協商制度將

---

[128] s.v.「中華人民共和國網絡審查」。

長期存在和發展」，[129]使中共的統治合法性不准被民眾討論與質疑；禁止對宗教的討論，則不僅危害人民信仰的自由，更加諸中共對何種宗教係「邪教」的審查權力，違反中共憲法信仰自由之規定；[130]對於國家機關信譽討論的禁止，更使人民喪失監督政府施政的權力；[131]而對於非法民間組織的禁止，當然損及人民集會結社的自由，也違反中共當前憲法的相關規定。[132]

中共對於網路的監管還包括：[133]

一、以行政和司法手段威嚇

　　中共對於發表、製作被其認為不良信息者，主要以罰款、撤銷網站、刑事拘留等為處罰手段，甚至閱覽、下載相關信息者亦同。

二、引導網上輿論方向

　　除封網作為之外，中共也大力發展官方網站，積極進行網上宣傳。從 2006 年 5 月起，各級政府亦聘用網絡評論員（又名五毛黨），由他們以普通網友的身分，引導輿論，替黨和政

---

[129] 「中華人民共和國憲法（全文）」，2010 年 3 月 12 日下載，《人民網》，http://www.people.com.cn/GB/shehui/1060/2391834.html。

[130] 「中華人民共和國憲法（全文）」第 36 條：「中華人民共和國有宗教信仰自由」。

[131] 「中華人民共和國憲法（全文）」第 27 條：「一切國家機關和國家工作人員必須依靠人民的支持，經常保持同人民的密切關係，傾聽人民的意見和建議，接受人民的監督，努力為人民服務」。

[132] 「中華人民共和國憲法（全文）」第 35 條：「中華人民共和國公民有言論、出版、集會、結社、遊行、示威的自由」。

[133] 「中共忌憚網際網路民主力量」（2005 年 9 月 30 日），2010 年 3 月 12 日下載，《大紀元》http://news.epochtimes.com.tw/5/9/30/12234.htm。網路評論員，又名網評員。指專受雇傭或指導，以網路發表評論為全職或兼職的人員，是網路時代的一種新型職業。通常他們以普通網人的身分，發表評論，來試圖達到影響網路輿論之目的。因每發表一篇支持中共的網路文章，中共就支付人民幣 5 毛做為酬勞，故被戲稱為「5 毛黨」。s.v.「網路評論員」（2010 年 3 月 15 日）2010 年 4 月 25 日下載，《維基百科》，http://zh.wikipedia.org/zh-tw/%E7%BD%91%E7%BB%9C%E8%AF%84%E8%AE%BA%E5%91%98。

府的方針政策辯護。渠等定期接受相關部門的指導，利用業餘時間監察網路出現的「不文明行為、違法和不良信息」，及時通過電話、電子郵件、不定期參加會議等方式向相關單位提出監察意見。有些網絡安全保安分公司，更招收網絡保安員，負責網路監控，為服務單位及時刪除各種不良信息，並向具執法權的網監部門通報。中共並命令網路公司幫助政府過濾「敏感」與「不法」言論，發現後，立即停止傳輸，保存有關記錄，並向有關機關報告。

因網際網路日益發達，造成新的輿論力量，為了國家社會的安定，連號稱自由民主典範的美國，亦必須對違反公序良俗的網際網路內容進行監控。[134]在共產黨一向以監控、引導輿論作為統治重要手段的傳統下，中共進行網路監控自不例外，但其範圍、力度和標準卻超越各國對於公序良俗的維護標準，而是為了封鎖新聞言論，以致侵犯言論自由和基本人權，故引起爭議並有許多負面評價。[135]

立志於監視國際間網路運行狀況的「開放網路促進會」（Open Net Initiative；ONI），[136]在扣除部分沒有資料的俄羅斯等數個地區監控資料後，以圖形顯示全球各地網路控制的鬆緊情況，顯示中國大陸與中東地區並列為被政府高度過濾、監控與滲透的網路使用地區，如圖 5-5：

---

[134] 邱觀史，「世界各國如何加強網路監管　有害資訊明確界定限制」（2010 年 1 月 25 日），2010 年 3 月 10 日下載，《國際在線》，http://big5.cri.cn/gate/big5/gb. cri.cn/27824/2010/01/25/4865s2741246.htm。

[135] s.v.「中華人民共和國網絡審查」，2010 年 3 月 9 日下載，《維基百科》，http://zh.wikipedia.org/zh-tw/%E4%B8%AD%E5%8D%8E%E4%BA%BA%E 6%B0%91%E5%85%B1%E5%92%8C%E5%9B%BD%E7%BD%91%E7%B B%9C%E5%AE%A1%E6%9F%A5#.E6.B3.95.E5.BE.8B.E3.80.81.E6.B3.95. E8.A7.84.E7.A6.81.E6.AD.A2.E7.9A.84.E7.BD.91.E7.BB.9C.E5.86.85.E5.AE .B9.E5.92.8C.E7.BD.91.E7.BB.9C.E8.A1.8C.E4.B8.BA。

[136] "About ONI", last visited March, 10, 2010,《*OpenNet Initiative*》, http://opennet. net/about-oni。ONI 係由加拿大多倫多大學、美國哈佛大學及渥太華 SecDev 集團所組成。

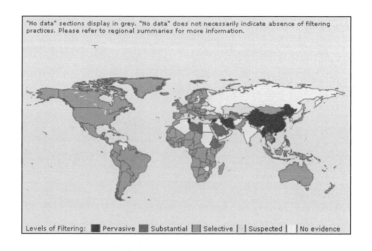

圖 5-5　ONI 全球網路控制圖

Data source： "Global internet filtering map", last visited March ,11, 2010, *OpenNet Initiative*, http://map.opennet.net/filtering-pol.html。

　　當前最能喚起民意的網路工具，在中國大陸所受到的控制卻越來越嚴，對於輿論的監控也愈來愈緊，使得逼迫中共進一步改革的力量被加強控制，市民社會（civil society）更難以興起並團結與中共的列寧式政黨組織對抗。以西方的觀點看，中國傳統儒家文化觀念中，缺乏個人權利或任何足以與國家最高權威相抗衡之群體社會權利概念，只有在君王施政不得民心時，才有農民叛亂的發生，[137]而中共當前經濟建設所帶人均 GDP 的提高及軍事力量的擴張，並沒有帶來民主，卻帶來中共對人民更高壓的統治，[138]進一步阻斷了人民「叛亂」的機會。

　　若以西方民主的角度看，「為人民服務」爭取到人民的支持後，會轉化為選票，讓西方政黨持續擁有執政的機會，與共產黨利用服務，

---

[137] Vicky Randall，「印度與中國政治軌道的差異」，David Potter, David Goldbalt, Margret Kiloh, Paul Lewis，王謙，李昌麟，林賢治，黃惟饒譯，**民主化的歷程**（臺北：韋伯文化，2000），頁 250。

[138] Mann, *The China Fantasy*, p. 95.

以穩固其政權，似乎有異曲同工之妙。當然必須承認的是共產主義國家（尤指中共）並沒有其他政黨可供人民選擇，人民對其不滿或許只能以消極抵制做為不滿的抒發，而無法如西方民主政黨政治國家一般，人民可快速給執政者予以懲罰，[139]如採取政黨輪替的手段，讓共產黨失去政權。但縱使僅有人民消極的抵制，也足以讓中共備感執政危機（risk），而不敢為所欲為。

統治合法性的建立，除相關政策成功外，仍必須具備道德的正當性。如修訂社會主義的反市場作為成為支持市場競爭，以達成經濟的改革等。[140]中共自改革開放至今，因經濟的發展，使人民物質生活得以改善，加上中共對內有效的控制，使人民對於中央政府的信任度偏高，且對於中央政府政治權威的挑戰也極低；[141]但對於與民眾接觸密切，甚至有利益糾葛的基層政府信賴度卻極為低落。為控制地方（甚至是為尋求道德的正當性），中共不僅必須改變黨國體制與社會的關係，其地方政府更必須與地方勢力妥協，使得中共對地方政府的控制力量有日益減弱的趨勢，[142]造成中共中央必須放權地方，且必須與地方政府妥協，甚至已然成為實質聯邦制國家的現象，早被學界注意。[143]依據當前中共中央政府牢牢掌握權威，也大致獲得民眾支持，但地方政府雖相對不獲民眾支持，卻擁有實際執行權力的特性，造成中央政府在政務的推動上，必須與地方政府相互妥協，中央與地方的權力布置，就可以圖 5-6 表示如下：

---

[139] Merilee S. Grindle, "Ready or Not: The Developing World and Globalization", Joseph S. Nye Jr. and John D. Donahue, ed(s)., *Governance in a Globalization World* (Washington D. C.: Brookings Institution Press, 2000), p. 196.

[140] Wei-Wei Zhang, *Transforming China*（New York: ST. Martin's Press, 2000）, p. 54.

[141] Joseph Fewsmith, "Saying in Power: What Does the Chinese Communist Party Have to Do" in Cheng Li ed., *China's Changing Political Landscape: Prospects for Democracy*, pp. 214～217.

[142] Fewsmith, "Saying in Power: What Does the Chinese Communist Party Have to Do", pp. 223～224.

[143] Zheng Yongnian, *De Facto Fereralism in China* (Singapore: World Scientific publishing, 2007), pp. 14, 39, 61, 83.

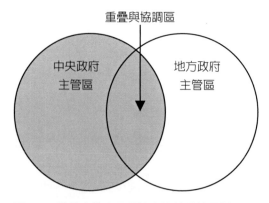

圖 5-6　當前中共中央與地方決策妥協關係

資料來源：Zheng Yongnian, *De Facto Federalism in China*（Singapore: World Scientific Publish, 2007）, p. 40.

　　這種權力分配，讓中共中央與地方政府力量相互折衝，使中共的統治已呈現非鐵板一塊現象，雖一方面有利於市民社會（civil society）的興起，但另一方面卻仍無法斷定，西方式民主是否足以在此環境中滋長。

　　本章開頭已述及民主該著重在過程或結果，甚或說，若著重參與過程卻得出不良結果是否可被人民接受的嚴肅問題與爭論，因此，衍生出，如表 5-4 的排列組合方式：

表 5-4　參與過程與決策結果排列組合

過程	結果
好	好
好	不好
不好	好
不好	不好

資料來源：作者自行繪製

　　西方式的民主顯然希望透過好的過程得到好的結果，但在實際執行面上卻經常因各種力量的積極參與及角力，雖最終妥協卻得到不好的甚至壞的「結果」；共產黨的決策模式雖也標榜追求好的過程並得到好的結果，但卻因限制參與的過程，在民意制約不足的情況下也難保證做出好的「結果」；這種思維與行為模式也反應在兩岸的政治制度安排中，就以國、共兩黨在大陸上的內戰時期為例，雖然兩黨都標榜追求民主，但中共早期領導人毛澤東卻著重於階級鬥爭，鄧小平也毫不留情的鎮壓天安門事件，中共顯然更強調菁英主義的抉擇，雖讓民眾表達對決策的意見，但其過程與結果都絕不能動搖共產黨的領導，其民主的概念實際上與西方所講的民主不同。[144]中共憲法至今仍明載堅持中國共產黨的領導，顯然其菁英領導模式與思維，並不因時空環境改變而有所動搖，臺灣則不論有意或無意，其發展卻接近西方式的民主，著重在決策過程的「好」，但也因此無法控制結果是否好。因此，兩岸制度運作是臺灣保證有好的過程，卻不保證有好的結果；大陸則是既不保證有好的過程，亦不保證有好的結果；兩相比較，現階段當然是臺灣的制度優於大陸的制度。

　　當前兩岸制度的比較，顯然臺灣的制度更貼近對人民透明、更接受民意的監督、更可能因為人民服務不足而被政黨輪替。當然就民意的表達而言比大陸的制度更為高明，以前述重大災害處理的比較，更證明這種觀點無誤。兩岸關係的發展再度證明係以制度認同為核心，若中共的制度無法透明、自由、法治到讓臺灣民眾認同與放心的地步，臺灣民眾根本無法接受中共所設定的統一目標。在民意壓力下，臺灣的政府也必然抵制與北京的進一步融合，則兩岸關係的進一步發展將難以令人放心。反之，若中共的政治體制逐漸趕上臺灣政府「為人民服務」的效率（包含過程與結果），則臺灣接受與大陸融為一體的可能性自然加大。

---

[144] John L. Thornton, "Long Time Coming: The Prospects for Democracy in China", Foreign Affairs(U.S.),Vol. 87 No. 1 (Jun./ Feb. 2008), p. 3.

　　依此推演，當前兩岸關係以制度競爭為核心，而制度競爭顯然並非過去所專注的兩岸民主化程度的競賽，更不是政府建構形式的競爭。縱使民主化可提升「為人民服務」的效能，兩岸真正的競爭，卻必須落實在「為人民服務」的績效而非民主化的形式上。更進一步是各自提出服務品質吸引對岸的人民支持，以獲取己方最大的政治利益（如：大陸吸引臺灣民眾使其不願獨立，臺灣吸引大陸民眾使其對臺灣友好），也因此，「為人民服務」的概念，不僅是當前兩岸關係發展的重要參考準繩，更將影響及兩岸關係的進展。當然，「為人民服務」的概念，應可取代過去兩岸關係研究中，以兩岸民主化程度做為相互競爭標準的概念，而成為未來兩岸關係的重要研究途徑與領域。

第陸章　結論

　　兩岸關係的核心，是制度的競爭，而制度的各自發展，又影響及兩岸人民對對方的接受程度。

　　中共雖因經濟的發展被外界認為可能會因社會的多元化，而備受人民要求民主化的壓力，但在現實層面上，中共是否會於短期內出現西方式的民主制度，則大部分專家學者抱持悲觀、不確定或相互爭論的看法。

　　不論依據中國共產黨領導人趙紫陽、溫家寶等人，堅持目前仍處於社會主義初級階段論；或依據共產主義理論認為，社會主義初級階段是人類發展跨越資本主義進入共產主義的初步成果，政治發展必然逐步進入共產主義境地，斷無回頭成就資本主義西方式民主的道理。甚或依據西方研究者的研究，都認為中共於短期內進入西方式民主制度似乎不可能，如，John L. Thornton 於 2008 年所做的研究顯示，中共官員雖然比過去更勇於談論民主化問題，[1] 但大陸各界對於何時可能出現民主的預判，則大多集中認為 15 年或 30 至 35 年，至於 5 年內或 60 年以後出現的，則幾乎沒人提及，[2] 也就是說，中共短期內不可能進入西方認可的民主，但長時間或許可能。

　　中國傳統上對於西方式的民主並無好的經驗與印象，如：百日維新失敗、袁世凱在民主初到中國時稱帝、1930 年代民主的中國與日本發生戰爭、隨後又有國共內戰、1949 年在中共建政後雖號稱民主卻發生文革動亂、再到 1980 年代末期爭取民主卻發生天安門事件等等，[3] 中共對於接受西方式民主化的疑懼可想而知。在全球化變遷中，各方期

---

[1]　John L. Thornton, "Long Time Coming: The Prospects for Democracy in China", Foreign Affairs (U.S.), Vol. 87 No. 1 (Jun./ Feb. 2008), p. 18.

[2]　Thornton, "Long Time Coming: The Prospects for Democracy in China", p. 20.

[3]　Thornton, "Long Time Coming: The Prospects for Democracy in China", p. 19.

待中共應該進入西方式民主的壓力雖有增無減，但中共卻常以美國全
民具有投票權的民主，是經過長時間演變才得以完成，作為其不願加
速民主化的藉口。[4]而代表美國充分民主化的公民投票權確實是經過
1776 年獨立、11 年後（1987）制訂憲法、89 年後（1865）廢止奴隸
制度、144 年後（1920）婦女始擁有投票權、188 年後（1964）憲法保
障才遍及所有公民的過程。[5]若依據美國民主化的進程，竟然長達近兩
百年才有今日的面貌，因此，外界期望中共於極短時間內變成類似美
國的西方式民主國度，似乎也不盡合理。

　　兩岸持續的保持某種敵對立場，尤其是中共至今從不放棄武力犯臺
企圖，是眾所周知的事，總統馬英九甚至透過國際媒體提出中共先撤飛
彈，兩岸再和談的主張。[6]就算中共無法於短期內滿足臺灣要求，至少
也必須對飛彈部署及兩岸和平協議的簽署採取「凍、減、談、撤、簽」
五大步驟，[7]才能符合當前一片緩和的趨勢。但中共卻於 2008 年 5 月 20
日，國民黨再度於臺灣執政後的 6、7 月間，將臺灣當面的廈門、龍田
和汕頭等防空飛彈基地，由原本射程分別約 80 和 100 公里的 S-300PMU

---

[4] Thornton, "Long Time Coming: The Prospects for Democracy in China", p. 20.

[5] Jean Daniel, "Democracy and the Nation", *in* Marc F. Plattner and João Carlos Espada ed(s)., *The Democracy Invention*（Maryland: Johns Hopkins University Press, 2000）, p. 85.

[6] 「馬：先撤飛彈再談和平協議 北京對臺領導小組換新」（2008 年 6 月 6 日），2010 年 9 月 16 日下載，《大紀元》，http://www.epochtimes.com.au/b5/8/6/6/n2144888.htm。

[7] 李仲維，「撤對臺飛彈 張榮恭首提『凍減談撤簽』五步驟」，2008 年 7 月 2 日，《中國評論新聞網》，http://www.chinareviewnews.com/doc/1006/1/0/3/100610375.html?coluid=7&kindid=0&docid=100610375。：國民黨政策會副執行長、大陸事務部主任張榮恭提出，所謂先撤飛彈再和談，是一種概念性的說法，沒辦法定義出撤到什麼地步才叫撤飛彈，因此未來兩岸在這個議題上可以採取「凍、減、談、撤、簽」五大步驟。所謂凍，就是大陸方面先凍結飛彈增加的數量；所謂減，就是大陸方面視兩岸交流的情況，主動減少對臺的飛彈數量；所謂談，就是兩岸開始針對撤彈問題進行談判；所謂撤，就是一邊談判，一邊撤彈，但大陸不一定要把飛彈數字撤到零的地步；最後是簽，就是兩岸簽署和平協議，這也是最後的目標。

I 和 II 型，改換裝成射程超過 200 公里的 S-300PMU III 型，將整個臺灣空域都包含在其射程範圍內。[8]中共中央軍委副主席徐才厚，也公開表示，儘管馬英九主政，但雙方的敵對關係並未消除，對臺軍力暫時也不會降低。[9]中共對臺武嚇的態勢顯然並沒有改變，兩岸的鬥爭態勢也沒有完全消除，至於鬥爭型態如何轉變，則是值得探討的問題。

　　兩岸關係未來的走向，以美國著名智庫蘭德公司的研究認為包含下列數種：

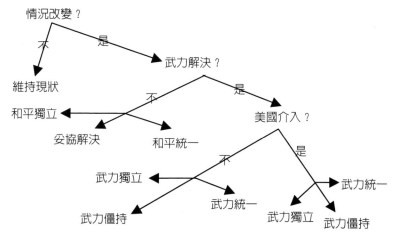

圖 6-1　兩岸關係未來走向

資料來源：Roger Cliff and David A. Shlapak, *U.S.—China Relations After Resolution of Taiwan's Status*（Santa Monica: RAND Corporation, 2007），p. 5.

　　在當前兩岸關係與國際局勢都轉向緩和的趨勢下，在圖 6-1 的架構中，當前兩岸最有可能發生的狀況可排序如下：

---

[8]　吳明杰，「直航前夕　共軍對臺飛彈換新」，**中國時報**，2008 年 7 月 2 日，第 A6 版。

[9]　陳世昌，「中共軍委副主席：對臺灣軍事力不會降低」，**聯合報**，2008 年 7 月 3 日，第 A13 版。

一、最優先選擇是「維持現狀」，再視情況發展。

二、第 2 項順位選擇是在不動武的情況下改變現狀，以「妥協解決」或「和平統一」比「和平獨立」的可能性高；因中共目前無法容忍臺灣的獨立，對兩岸關係的處置，仍以一個中國作為基礎。因此，和平獨立選項，在短期內不可能被中共接受，而獨立可能引發中共對臺動武。

三、第 3 順位是以動武解決當前問題，兩岸若武力相向，則不論美國是否介入，都可能引發美、中、臺 3 方難以估計的損失，因此其可能性最低。

中共若強行解決臺灣問題（如使用武力），則可能因經濟發展受挫，引發內部騷動及國際間大國如日本、美國及周邊國家的不安或干預，則對中共的「和平崛起」可能造成不利影響致得不償失。因此，中共是否有必要於此時以非和平方式面對臺灣問題，自然是必須深刻考慮的問題，更何況，若中共依現有的國際秩序安排，讓其國力自然增長，亦是解決臺灣問題的重要手段。[10]雖然中共對臺武力威脅並未因國民黨主政而撤除，中共軍事將領也公開表示對臺武力壓力絕不放鬆；但自 2008 年國民黨再度執政以來，馬英九總統以「不統、不獨、不武」政策積極改善兩岸關係，亦獲中共正面回應的時候，兩岸關係實無再度緊張，甚或爆發軍事衝突之必要。換言之，美、中、臺 3 方以不動武的相互僵持與競逐為當前最可能發展的趨勢。在兩岸關係雖緩和但卻不放棄各自獨立立場的堅持下，這種相互僵持與競逐的趨勢自然形成兩岸政府的生存競爭。

前已述及，國家認同可分由文化認同、族群認同與制度認同三個面向所構成，若此國家認同的三個面向推論正確，則中共當然亦以此方式建構其國家認同。而在面對臺灣問題時，對於兩岸存在無法立即解決的制度認同問題，只能要求從族群認同與文化認同面設法與臺灣

---

[10] Christopher R. Hughes, *Chinese Nationalism in the Global Era*（New York: Routledge, 2006）, p. 144.

進行連結,加強與臺灣關係,防止臺灣獨立。族群與文化的爭辯與是否為「中國人」的問題關係密切,此種爭辯早已成為兩岸統一或分離、緩和或緊張的重要關鍵。以外國人的眼光看,甚至認為兩岸的文化是否相互隸屬與同源的爭論,已經成為兩岸政治鬥爭的核心。[11]尤其在兩岸關係緩和後,中共更加強以文化及族群的認同化解對立。如中共領導人胡錦濤在 2008 年 12 月 31 日紀念《告臺灣同胞書》發表 30 周年座談會中,強調的 6 點意見(「胡六點」),其中就包含「推進經濟合作,促進共同發展」、「弘揚中華文化,加強精神紐帶」等屬於加強交流、增進相互理解與相互接納的軟性作為。2009 年 5 月 26 日胡錦濤會見國民黨主席吳伯雄時,也再度強調當前兩岸關係的 6 點意見:一、關於增進兩岸政治互信;二、關於兩岸經濟合作;三、關於加強兩岸文化教育交流;四、關於涉外事務;五、關於結束兩岸敵對狀態、達成和平協議;六、關於國共兩黨交流對話。[12]兩個 6 點意見的交集,是在強調一個中國與經濟、文化交流的重要,連於 2009 年 7 月舉行的第 5 屆兩岸經貿文化論壇,都包含「加強兩岸文化交流、鼓勵民間合編中華語文工具書」、「深化兩岸文化產業合作」、「共同打造文化產業鏈形成產業群」、「促進兩岸教育交流與合作」、「建立兩岸文化教育合作機制」等 6 點「共同建議」。[13]因此,以中共對於臺灣問題的解決,似乎已選擇經由文化、族群等的交流與認同,使兩岸人民產生並接受血濃於水、兩岸都是同一民族的感情後,再將南轅北轍的不同政治制度逐漸融合,以達成兩岸統一的目的。

檢視近年來大陸申請來臺與實際入境臺灣從事文教專業交流人數,可印證中共加強對臺文化聯繫作為的指標,其趨勢如圖 6-2、6-3 所顯示。

---

[11] Melissa J. Brown, *Is Taiwan Chinese？*（California: University of California Press, 2004）, p. 34.
[12] 「胡錦濤同中國國民黨主席吳伯雄舉行會談」(2009 年 5 月 26 日),2009 年 7 月 6 日下載,《新華網》,http://big5.xinhuanet.com/gate/big5/news.xinhuanet.com/politics/2009-05/26/content_11438557_1.htm。
[13] 白德華,「兩岸論壇閉幕 有建議沒利多」,中國時報,2009 年 7 月 13 日,第 A12 版。

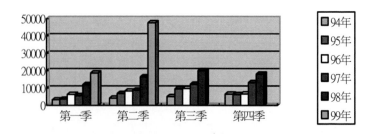

圖 6-2　大陸地區文教專業人士申請入臺從事文教交流活動統計圖
（民國 94 年至 99 年第 2 季）

資料來源：「兩岸文教交流統計」，2010 年 10 月 10 日下載，《行政院陸委
　　　　　會》，http://www.mac.gov.tw/。

　　圖 6-2 所呈現的是大陸申請來臺從事文教交流人數，在民國 94、
95、96、97、98、99 年每季都呈增加趨勢，97 年第 1 季稍降低，其原
因可能因接近臺灣總統、副總統選舉，大陸管制人員申請來臺，以免
生事端所致。99 年，因兩岸關係進一步緩和，使大陸申請來臺交流的
文教人數陡升。

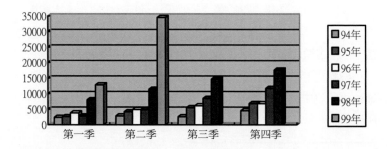

圖 6-3　大陸地區文教專業人士實際入臺從事文教交流活動統計圖
（民國 94 年至 99 年第 2 季）

資料來源：「兩岸文教交流統計」，2010 年 10 月 10 日下載，《行政院陸委
　　　　　會》，http://www.mac.gov.tw/。

　　圖 6-3 所呈現的就是，94、95、96、97、98 及 99 年前兩季，大陸從事文教交流實際入境臺灣人數呈長增長趨勢，97 年第 1 季稍降，也與總統、副總統選舉逼近，中共管制申請入境臺灣人數有關。而 99 年兩岸關係更形密切，且兩岸交通更加便利後，中共實際入臺進行文教交流人數陡升，似乎已成無法避免的趨勢。

　　若以中共加強文教交流以促成文化、族群認同，作為制度認同的基礎的趨向，可以簡單圖形表達如第壹章圖 1-1，其具體作為，當然是：

一、讓文化認同接軌，使臺灣文化與大陸文化認同更緊密結合。

二、讓族群認同接軌，使臺灣人自認為中國人。

三、讓制度認同接軌，並期待兩岸具有相同之政治、經濟生活方式，縱使初期僅能維持「一國兩制」，但最終仍以化解兩種制度成為一種制度作為追求的目標。[14]

　　從兩蔣提倡中華文化作為與中共鬥爭，爭取中華民國正朔地位的手段，到李前總統與民進黨執政時期推動去中國化政策，目的在將中華民國與其所依附的中華文化去除，為否定 1911 年建於中國大陸的中華民國這個政治符號作出準備；2008 年國民黨再度執政，中華民國政府對於中國傳統文化態度，卻又由「去中國化」到停止「去中國化」，甚至朝向「中國化」方向轉變。馬英九總統於 2008 年 5 月 20 日就職典禮的演說中，強調「以世界之大、中華民族智慧之高，臺灣與大陸一定可以找到和平共榮之道」。[15]同年 12 月「胡六點」亦呼應兩岸同源訴求，兩岸領袖顯然都以「中華民族」作為施政與改善兩岸關係的重點；且國民黨總統、副總統候選人選前提出的文化政策白皮書也強調「政治問題可以暫置一旁，從文化、學術、思想、歷史以及學生交

---

[14] 類似東西德屋頂理論的推演，讓兩岸同屬於一個主權之下，在經由相互的交往、瞭解、促進統合等方式，達到兩岸統一的目的。

[15] 「中華民國第 12 任總統馬英九就職演說」（2008 年 5 月 20 日），2010 年 9 月 16 日下載，《中華民國總統府》，http://www.president.gov.tw/2_special/2008_0520p/speech.html。

流交換開始，逐步培養兩岸人民互信互重基礎。臺灣輸出公民社會經驗與價值，誠摯協助促進中國大陸的社會進步，以互信互利維護臺海和平」；[16]2009 年 5 月，新聞局局長蘇俊賓對外公開表示，兩岸合拍電視劇政策最快將開放試辦一年；[17]經過兩岸合作催生的兩岸合編中華大辭典線上版，將於 2011 年年底前正式啟用，以統合兩岸的用語與意義；[18]陸生 3 法（大學法、專科學校法及兩岸人民關係條例）於 2010 年 8 月 19 日修訂通過後，不僅使兩岸大學教育交流獲得進一步確保，更使兩岸必須面對是否簽訂「教育交流與合作協議」問題，讓兩岸文教交流更進一步緊密。[19]又如中共文化部長蔡武，於 2010 年 9 月間率團來臺，參與「2010 年兩岸文化論壇」，並於會中提出加強兩岸文化交流等 4 項建議，[20]與會兩岸專家學者都呼籲應該簡化行政手續、放

---

[16] 「馬蕭文化政策」，2008 年 7 月 1 日下載，《國家政策研究基金會》，http://www.npf.org.tw/particle-4118-11.html，如：「重點培育本土文化優勢，成立『公共電視閩南語製作中心』及專屬頻道使臺灣成為全球優質閩南語文化的輸出中心」、「發起華人世界的『臺灣獎』，臺灣以其不同於中國大陸的海洋特質及開放精神，發起華人世界的『臺灣獎』，促進華人世界的價值交流」、「以文化為大使，創設『文化外交基金』及「設置境外『臺灣書院』」等政策。

[17] 「臺新聞主管機構擬對兩岸合拍電視劇開放試辦一年」（2009 年 5 月 14 日），2010 年 9 月 16 日下載，《你好臺灣》，http://www.hellotw.com/twdxs/sszj/200905/t20090514_453126.htm。

[18] 張德厚，「劉兆玄：中華大辭典明年底啟用」（2010 年 9 月 6 日），2010 年 9 月 16 日下載，《中時電子報》，http://news.chinatimes.com/politics/0,5244,50204474x132010090600777,00.html。

[19] 李建興，「陸生三法通過後招收陸生措施」（2010 年 8 月 26 日），2010 年 9 月 16 日下載，《財團法人國家政策研究基金會》，http://www.npf.org.tw/post/3/8000。

[20] 吳濟海、李凱，「2010 年兩岸文化論壇在臺舉行 武劉兆玄等出席」（2010 年 9 月 6 日），2010 年 9 月 16 日下載，《國際在線》，http://big5.cri.cn/gate/big5/gb1.cri.cn/27824/2010/09/06/5311s2980966.htm。蔡武的四點意見和建議：一是凝聚共識，推動兩岸文化交流制度化；二是深化交流，共同推動中華文化的傳承與發展；三是搭建交流平臺，不斷拓展交流領域；四是加強產業合作，增強兩岸文化產業的國際競爭力。強調全方位推動兩岸文化交流與合作，為增進兩岸同胞的相互了解與認知，為推動中華文化在海峽兩岸的

寬法規限制、落實智慧財產權保護、互設辦事處擴大合作機制,並共同致力文化遺產的保護與再利用,藉由兩岸優勢互補,打造國際影響力;[21]蔡武更希望進一步推動兩岸文化合作能簽署像 ECFA 一樣的文件,[22]讓兩岸的文化交流制度化進行。

兩岸文化交流,與相互契合的政策林林總總,不一而足,且不斷加深、加廣,使兩岸文化與族群的融合更進一步,最終將使兩岸制度的不同,成為兩岸最大的差別。

在中共國力日強,足以壓迫臺灣,而臺灣民眾對於中共制度的認同卻裹足不前的此時,中共制度近期的發展會成何種面貌,是否足以吸引臺灣民眾的期許、認同與支持,將成為中共解決臺灣問題的重要依據。反過來說,臺灣現行制度的運作,是否比中共的制度優良,並受臺灣民眾期許、支持與認同,也將成為臺灣問題中,臺灣民眾是否願意接受中共制度或抵抗中共制度的重要依據。

學術界的一般看法,認為經濟發展會造成中產階級的增長、對外更加開放,終於造成威權體制的崩解,民主政治的誕生,[23]這種以經濟發展帶動政治平順發展(soothing scenario)的觀點,幾乎已成為當前學術研究的主流意見。[24]所以一大部分學界意見認為,中共的政治發展也應該會隨著經濟的發展,而逐漸民主化,但亦有認為中共的政治發展不一定會隨經濟發展而平順發展的看法,[25]甚至認為中共政治的

傳承與發展貢獻自己的力量。

[21] 江昭倫,「兩岸文化論壇閉幕 與會專家提出寶貴建言」(2010 年 9 月 6 日),2010 年 9 月 16 日下載,《中央廣播電臺》,http://news.rti.org.tw/index_news Content.aspx?id=1&id2=1&nid=257502。

[22] 郭玫蘭、劉正慶,「蔡武:推動兩岸文化協議」(2010 年 9 月 5 日),2010 年 9 月 16 日下載,《msn 新聞》,http://news.msn.com.tw/news1844003.aspx。

[23] 請參閱:Samuel P. Huntington, *The third wave: democratization in the late twentieth century*(Oklahoma: University of Oklahoma Press, 1993 Edition 3);Robert A Dahl, *Polyarchy—Participation and Opposition*(New Haven: Yale University, 1971)等書的觀點。

[24] James Mann, *The China Fantasy*(London: Penguin Books, 2007),p. 7.

[25] 請參閱 Mann, *The China Fantasy* 一書觀點。

發展可能走出有別於平順(soothing scenario)與混亂(upheaval scenario)
的第 3 條路的可能。[26]經濟的發展是否造就西方式民主政治的實現，
是現階段對於中共政治發展爭辯最多的所在，樂觀者認為中共的政
治、經濟環境將更開放，悲觀者則認為中共將會出現一段時間的混亂
與崩解，但也可能走上政治情勢不開放卻持續經濟發展的第 3 條路
線。[27]

　　在諸多對中共政治發展及兩岸關係發展的研究中，所不斷爭論的
中共是否將隨經濟發展而民主化的問題，但在：一、民主化詮釋被西
方壟斷，甚至被稱為「西方文明之子」(modern democracy is a child of
western civilization)，不易與非西方文化世界的政治發展契合；[28]二、
民主化至今未有定型典範的認知狀況下，[29]使得中共是否民主化的爭
辯，存在有太多的不確定性。[30]因此，不如以較易掌握與理解的「為
人民服務」程度，作為中共政治發展衡量尺度，更能凸顯中共的政治
變遷狀況。「為人民服務」績效的展現，也可能指涉兩岸政府存在的價
值與相互競爭的依據。

　　面對 20 世紀末社會主義國家相繼垮臺，美國學者福山（Francis
Fukuyama）在 1992 年出版充滿爭議的《歷史的終結與最後一人》一
書，揚言歷史的演進讓君王政治、法西斯主義和共產主義都敗在自由
民主主義政府之下，往後將是民主自由主義主宰人類的政治生活。[31]但

---

[26] Mann, *The China Fantasy*, p. 10.

[27] Mann, *The China Fantasy*, pp. 10~11.

[28] Samuel P. Huntington, "The Future of Third Wave", *in* Marc F. Plattner and
João Carlos Espada ed(s)., *The Democracy Invention*, pp. 6-7.

[29] William R. Reisinger, "Choices Facing the Builders of a Liberal Democracy",
in Robert D. Grey ed., *Democratic Theory and Post-Communist Change*
（New Jersey: Prentice-Hall, 1997）, p. 24.民主的多樣性與不確定性早被學
界所公認。

[30] William R. Reisinger, "Establishing and Strengthening Democracy", in Robert
D. Grey ed., *Democratic Theory and Post-Communist Change*, p. 73.

[31] 請參閱，Francis Fukuyama, *The end of history and the last man*（New York：
Maxwell Macmillan International, 1992）一書相關論述。

事實證明社會主義或共產主義並沒有因為共產主義國家的垮臺而消
亡，人類世界也沒有完全依照西方的民主自由制度生活。之後英國著
名學者紀登斯(Anthony Giddens)，發表《第三條路》 (The Third Way:
The Renewal of Social Democracy)一書，認為「社會主義與共產主義雖
然已經消逝，但其英靈仍纏繞著我門」，[32]表示社會主義與共產主義仍
深切的影響著當前人類活動，在社會主義或共產主義無法順利推動，
又不全盤接受西方式的自由民主模式後，必須尋求第 3 條路。其發展
內涵包括：激進的中間派、新型的民主國家、積極的市民社會、民主
的家庭、新型的混合經濟、包容性的平等、積極的福利政策、社會投
資的國家、世界性的國家及世界性的民主。[33]這些爭議與論述更加重
中共這個共產主義國家，在經濟發展後不一定走向西方式民主的有力
支持。甚或因為共產主義意識形態的低落，及全球化使中共面臨國界
線模糊，少數民族可能追求分離，致使中共面臨分崩離析的壓力。[34]且
全球化的浪潮，使亞洲國家遭受西方經濟、文化、政治壓力的擠壓，
必須奮起抵抗等原因，[35]致使中共更加強調民族主義或愛國主義，以
鞏固其統治合法性，[36]讓民族主義或愛國主義粉飾中共施政的不足，
讓民族主義與愛國主義壓抑人民對中共的批評，致使中共政治的發展
離西方式民主的道路更加遙遠，此種發展也並非不可能。更何況西方
民主形式至今仍無固定，甚至被認為民主仍在創造發明之中
（democratic invention）。[37]更有學者認為多元（pluralism）比較接近於

---

[32] Anthony Giddence，鄭武國譯，*第三條路 (The Third Way: The Renewal of Social Democracy*）（臺北：聯經，1999），頁 2。
[33] Giddence，鄭武國譯，*第三條路*，頁 80。
[34] Roy Starrs, "Introduction", in Roy Starrs ed., *Nation Under Siege*（New York: Palgrave, 2004），p. 20.
[35] Starrs, "Introduction", p. 25.
[36] Peter Hays Gries, *China's New Nationalism: Pride, Politics, and Diplomacy* (L.A.: University of California press, 2004), p. 18.
[37] See Marc F. Plattner and João Carlos Espada ed(s)., *The Democracy Invention*（Maryland: Johns Hopkins University Press, 2000）。

現實，而民主比較接近於理想，[38]世人實無將多元化比為民主，並將此「虛妄」的民主（實為多元社會中各勢力的角逐）做為行事準則的道理。若「民主」根本就無固定形式，那麼若強將中共的政治制度與無一定標準型態的西方式民主作比擬也顯然不妥。更有甚者，依據西方民主的觀念，尤其是美國的民主觀念，其在建國初期，就已承認國家內部的各種利益衝突，並認為利益的衝突不能移除只能控制，[39]美國早期甚至從各州立法機關推派參議員代表地方利益，做為國家機關內潛在、長期、隱性的代表力量（不同於直選並代表及時、顯性的眾議院代表），[40]希望利用體制的引導讓不同利益的衝突成為民主。若以此觀點看待中共的體制，其所設立的政治協商會議，旨在調和各種利益的衝突，與西方民主典範美國標榜的民主精神，亦差別不遠，至於省級人民代表大會以上的民意機關，雖係以間接選舉方式產生，也不能簡單的認為是不民主的表現，更何況美國開國元勳更早有間接選舉以保障代表品質的想法，[41]顯見民主的內涵比其形式更為重要。以此觀點，中共政治協商制度的設立，與省級以上人大代表以間接方式選出，似乎與西方民主觀念典範的美國相比，也並不突兀。若中共政治制度安排無法明確的被指為不如西方民主，那麼中共與西方民主最大的差別，其核心應該僅是在執政黨是否可以替換問題而已。或有學者說，民主的過程，使利益受損的民眾，可以透過不服從的舉動，讓不公義的決策得以被修改或推翻，但何者是不公義的決策，又成為討論

---

[38] Rodney Barker, *Political Legitimacy and the State*（New York: Oxford University Press, 1990），p. 67.

[39] James Madison, Alexander Hamilton and Thomas Jefferson, "Constitutional Democracy" in John Author ed., *Democracy*（California: Wadsworth, 1992），p. 14.

[40] James Madison, "Federalist-number 63", in John Author ed., *Democracy,* pp.18-19.

[41] Madison, Hamilton and Jefferson, "Constitutional Democracy", in Author ed., *Democracy*, p. 12.

的議題，甚至可能因為鼓勵不服從錯誤決策，而讓人民依自我判斷做出對自己最有利的舉措，[42]讓社會因此陷入混亂。

　　縱使中共欠缺全民參與的民主決策過程，是否等同於中共的決策錯誤機率高過西方民主式國家，實有待進一步精確計算。因此，鼓勵人民參與並保有不遵守錯誤決策的西方民主化過程，似乎亦不比中共不民主化決策過程高明；但不可諱言的是，在中共的思想中，共產黨的領導地位不能被挑戰，因此，其執政品質的提升，只能依靠共產黨本身的完善，若共產黨拒絕或無力自我完善，在現有制度上，人民將難以有效制約，其危害可想而知；相對的，西方不僅靠外力也靠內部完善執政品質，看來西方的制度運行對人民權益的維護比較有保障。

　　但是，共黨與西方民主政府必須積極反應民意，以獲取繼續執政機會（如：西方與臺灣）或降低執政成本（如：中國大陸）的思維，似乎並無太大的差異。而積極反應民意最好的檢視方法並不在於民眾對於決策的參與程度，而是執政者為人民解決問題的程度，簡單說就是為人民服務的良窳。

　　要檢視政府對於人民服務的品質，其首要工作是讓人民瞭解國家事務，以利民意表達，並因此讓人民有檢視政府「為人民服務」績效的標準，顯然是兩岸政府所必須面對的挑戰，而讓政府事務透明更是「為人民服務」為重要指標。因此，是否政治事務或公眾事務透明至讓只要人民願意就可完全知悉的程度，就成為決定該政府為人民服務是否良好的第一個關鍵因素。

　　如前述，兩岸關係的研究，以兩岸制度的競爭為因，以兩岸關係的呈現為果的研究模式較為少見，致使對於兩岸制度如何競爭的研究不足，但卻因西方經濟建設成功將帶來民主化的研究成果，使兩岸關係研究領域中，就造成人云亦云的認為中共即將民主化的預判巢臼，

---

[42] John Rawls, "Civil disobedience and Legal Obligation", in Author ed., *Democracy*, pp. 311-322.

因此，對於兩岸關係的研究，形成等待中共民主化，及中共即將民主
化的侷限性與死角。雖然中共所面臨的民主化、多元化的壓力，使中
共由黨管一切、鐵板一塊的模式，轉向由黨領導下，勢力各自擴展活
動空間轉進是不爭的事實，如中共因應時空環境變遷對於基層民眾自
制管理機構的放鬆，就是重要的證明。[43]但若因為中共對於社會控制
的相對鬆散，就斷定中共必將民主化，可能失之武斷。

　　學界對於中共的走向，提出新威權、民主化、現代化或衝突理論
等不同詮釋方式，但卻無法全面解釋中共的情況看，其原因可能因為
中共幅員太過廣大，社會情況太過複雜，[44]所以無法用單一概念描繪
或解釋中共政治發展的動向所致，甚至可能現有的政治學理論與知
識，本就無法詮釋中共的發展亦未可知。就當前中共對於社會活動空
間控制的相對鬆散，有學者認為應該用蛻變控制(graduated control)模
式加以描述已如前述，[45]其控制概念顯然不同於西方民主國家認為市
民社會與國家機關的對立或相互競爭關係，而是在政府控制下壓迫各
類社會團體被政府所用；雖然中共當前對因改革開放所釋放出的社會
動力採蛻變式控制方式，讓中共穩於繼續統治，但無法預見往後中共
將持續專制或逐步轉向西方式的民主。[46]

　　依據杭亭頓的研究成果推論，美國的制度認同，已高於族群等其
他認同，才維持了這個移民社會國家的統一。因此，以白人社會為價
值核心的美國，竟可以在 2008 年經全民投票選出具有黑人血統，且外

43　Jie Chen, Chunlong Lu, Yiyin Yang, "Popular Support Grassroots Self-Government in Urban China", *Modern China*, vol. 33, No.4(2007/10), pp. 505〜528.

44　Kan Xiaoguang and Han Heng, "Graduated Controls: The State-Society Relationship in Contemporary China", *Modern China*, vol. 34, No.4(2008/1), p. 36.

45　Xiaoguang and Heng, "Graduated Controls: The State-Society Relationship in Contemporary China", pp. 38. 40〜49.

46　Xiaoguang and Heng, "Graduated Controls: The State-Society Relationship in Contemporary China", p. 52.

貌絕不像白人的歐巴馬（Barack Obama）為總統，表示在美國人心目中，只要能服膺現有美國運行的政治、經濟制度，為其人民帶來利益，不論其膚色、人種或所屬文化出身，都可獲得多數人民的支持。這種發展，再度證明人類政治發展中，尤其全球化促使族群、文化隔閡日漸淡薄時，制度認同的重要。

雖然中共至今未放棄武力犯臺，但 2008 年國民黨在臺灣再度執政後，兩岸關係卻迅速改善。從臺灣民意的角度看，兩岸關係的改善獲得臺灣民眾普遍的支持，依據行政院陸委會總結 2009 年各時期、各單位的民意調查，顯示民意對於兩岸關係的看法更呈現如下情勢：民眾統獨立場的分布，主張「廣義維持現狀」的民眾占絕大多數，而眾所周知所謂「廣義維持現狀」，包括「維持現狀，看情形再決定獨立或統一」、「維持現狀，以後走向統一」、「維持現狀，以後走向獨立」、「永遠維持現狀」等，不論統獨，都是要求當前先與中國大陸保持一定的距離，穩住局勢，再決定下一步走向（這種趨勢維持已久，不僅至 2009 年如此，至 2010 年其趨勢亦未改變）。[47]

---

[47] 「2009 年兩岸關係國內各界民意調查綜合分析」（2010 年 1 月 25 日），2010 年 6 月 14 日下載，《行政院陸委會》，http://www.mac.gov.tw/ct.asp?xItem=73767&ctNode=6333&mp=1。一、民眾對於未來一年兩岸關係的發展，樂觀（49%至 64.5%）高於悲觀（27.8%至 32%）。民眾對於政府處理兩岸關係的滿意度顯示，持滿意看法的民眾（42%至 54.7%），高於不滿意（30.5%至 43.2%），同時絕大多數（76.7%）的民眾認為整個行政團隊改善了兩岸關係。二、民眾對兩岸政策的整體評價，滿意（48.8%至 53.4%）高於不滿意（24.2%至 34.1%），同時大多數（59%）的民眾滿意政府推動兩岸交流的表現。三、58.9%至 73.8%的民眾支持透過兩岸制度化協商解決兩岸交流的問題，超過五成以上的民眾肯定兩岸協商成果維護了臺灣的利益（56.9%），同時國家的主權也沒有受到矮化（54.3%）。四、民眾主張「維持現狀，以後看情形再決定獨立或統一」的比率占大多數（33%至 53%），「永遠維持現狀」比率 7.6%至 29.8%、「維持現狀以後走向獨立」（緩獨）比率 7.8%至 21.4%、「維持現狀以後走向統一」（緩統）比率 3.7%至 11.5%。整體而言，主張廣義維持現狀的比率（包括維持現狀以後走向獨立、維持現狀以後走向統一、維持現狀以後看情形再決定獨立或統一，以及永遠維持現狀）仍占絕大多數（62%至 87.5%），與過去調查趨勢相同。

　　觀察中共的制度走向，再決定臺灣統獨，不僅是在臺灣的中華民國政府應在當前熱絡的兩岸關係中必須注意與把持的基本立場，更是反映現階段兩岸關係不再是主權之爭，而必須以制度競爭為依歸的現實。以大陸的觀點看，既然已經將擱置爭議作為推動對臺關係的重要政策，那麼如何推動內部制度的變革，使更符合臺灣民眾的期待，吸引臺灣人民更願與大陸接近，才是最終解決臺灣問題的關鍵。因此，在龐雜的兩岸關係研究理論建構過程中，將中共政治發展的現狀與預測作為研究兩岸關係發展的重要途徑，將是未來兩岸關係研究領域中不可或缺的一環。

　　有學者認為對於認同的定義與討論，至今難定於一尊，但綜合起來說，認同必須有下列四個成因：[48]

　　一、成員對於正式或非正式制度的尊重。

　　二、成員間共同社會目標的分享。

　　三、因與他者不同突顯本身。

　　四、因時空環境不同所形塑的認同差異，致有不同的世界觀。

　　兩岸分隔數十年所造成的隔閡，雖有 2008 年後兩岸和解拉近，但依然非一朝一夕之間所能完全解除。

　　若以中共運用「統一戰線」、「武裝鬥爭」與「黨的建設」革命三大法寶的觀點看待中共對臺作為，當前中共的對臺工作環境中，明顯的是欠缺「武裝鬥爭」的條件，而「黨的建設」在現階段仍屬於隱密甚至是諜報層次，不易觀察，但「統戰」卻可以公開而合法的進行，統戰之目的當然與爭取臺灣民眾對於中國、統一的認同密不可分。尤其是如何說動臺灣民眾認同其制度運行，為當前中共解決臺灣問題的核心所在。

---

[48] Rawi Abdelal, Yoshiko M. Herrera, Alastair Iain Johnston and Rose McDermott, "Identity as a Variable" in I Yuan ed., *Is There a Greater China Identity? – Security and Economic Dilemma* (Taipei: National Chingchi University Institution of International Relations, 2007), pp. 23-24.

臺灣民眾所服膺的制度，自然是以西方民主為標準，而民主卻又是不斷的發明過程，若依民主是世界的潮流與普世價值的觀點，兩岸的民主化比較上，顯然當前臺灣的民主化程度比大陸要高，但並不表示大陸的政治變遷不會摸索出新的路線，甚至發展出優於臺灣的西方式民主制度。政策的決定，不僅要結果是最符合民眾需求，更需要在過程中充滿正義，才是政治哲學家所追求的目標。[49]而拉近「正義過程」與「正義結果」的距離，才是政治發展的目的，但其中的落差真的只能用西方式的民主達成？以共產黨的決策模式為基礎的改良就無法達成？以現階段兩岸的制度看來，雖臺灣的制度比大陸的制度具有優勢，但未來似乎也難定論。

西方的政治發展也不是鐵板一塊，其實是個萬花筒，其中既有像瑞典那樣比中國大陸還要「社會主義（社會平等，共同富裕）」得多的「左派」國家，也有像美國那樣講究自由競爭、市場開放的「右派」國家，而且他們每個國家內部也是萬花筒，都有各自的左右派在相互爭論。[50]若西方的民主並無一定標準，卻要求中共的政治發展必須隨經濟發展而走向「西方式的民主」，似乎也不盡然合理。

中共政治發展因改革開放而更加快速，在改革開放的過程中，中共造成大量的地區與群體間的貧富差距與不公平現象眾所周知，前述，因人民無法認同中共的政治制度運作與法律保障效果，因此產生出不窮的人民陳情抗議事件，此種趨勢看似與民主化有極大關係，但比較政治學者道爾（Robert A. Dalh）卻認為社會的不公平不一定會造成多元團體持續爭取自身的權益，道爾以圖形說明如下：

---

[49] John Elster "The market and Forum: Three Varieties of Politica Theory", in John Authur ed., *Democracy*, p. 153.

[50] 楊偉中，「什麼是中國模式的特點？」，旺報，2010 年 10 月 5 日，第 C3 版。

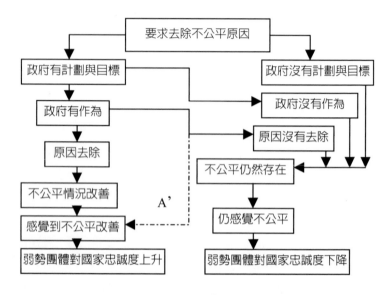

圖 6-4　極度不公平國家的可能發展

資料來源：Robert A. Dahl, *Polyarchy*（New Haven: Yule University, 1971），p. 91.
說　　明：A'表示即使政府有作為卻無效果，但讓人民認為不公平已經改善，仍有團結人民對其效忠之效果。

　　弱勢團體對國家忠誠度下降當然不等同於就會走上民主，更何況中共一方面掌握宣傳媒體，一方面積極發展經濟，因此，即使中國大陸的不公平情況難以於短期內獲得改善，也無法激起眾多的民眾給中共政府必須實行西方式民主的壓力。

　　現階段兩岸文化與族群認同的趨同雖是個趨勢，但若臺灣政黨再度輪替，則兩岸文化與族群認同又可能分離。不論如何，兩岸制度因「為人民服務」績效的不同，使制度競爭仍會在可見的未來占據兩岸關係的核心，若依據兩岸因加強交流使兩岸人民相互瞭解而緩和，那麼，縱使臺灣民意對於兩岸統、獨仍然分歧，但其強度也可能因此由獨的一端，向統的一端挪移。若以統計上的常態分配（normal distribution）看待臺灣民意的走向，將可以圖 6-5 表示如下：

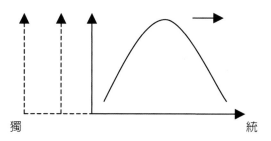

圖 6-5 臺灣民意統獨分配向統方向移動

資料來源：作者自行製作

　　縱使臺灣民意對於大陸制度仍保有認同與不認同的分歧但其強度也將大量減弱，使兩岸關係更進一步緩和。不僅緩和，亦有可能因臺灣制度優於中共的制度，讓兩岸國家認同關係與圖 1-1 的設想不同，而呈現大陸人民嚮往臺灣國家認同，尤其是指制度認同的方式轉變，而成圖 6-6 的形式：

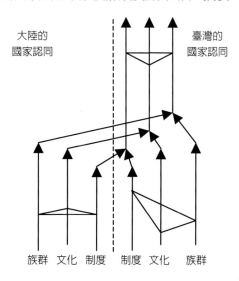

圖 6-6 臺灣制度優於大陸制度促使大陸民眾國家認同變化圖

資料來源：作者自行製作

　　由圖 1-1 到圖 6-6 的轉變，充分說明兩岸關係的核心：兩岸制度競爭，所帶來兩岸關係的可能轉變，因此兩岸制度競爭的政府為人民服務績效，對牽引兩岸關係變化的地位何等重要，功能又何等巨大。

　　當然，若中共為人民服務的制度若仍長期無法讓臺灣人民所理解甚至信服，縱使兩岸文化與族群認同逐漸趨同，臺灣人民仍會選擇與大陸保持距離甚至逐漸分離，以臺灣民意的常態分配就會形成 6-7 的圖形：

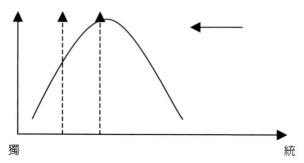

圖 6-7　臺灣民意統獨分配向獨方向移動

資料來源：作者自行製作

　　若臺灣主流民意形成與圖 6-5 大相逕庭的如圖 6-7 的分配，呈現臺灣民眾對大陸敬謝不敏態度，則兩岸關係的變遷，自然又與前述的推論完全不同，自不待言。

　　政府向被稱為必要之惡，此必要之「惡」是為人民的更加幸福而不得不准許其存在，絕不是人民為服務政府與其制度這個「惡」而存在，這絕對是當前全球的普世價值。換言之，政府與其制度的存在，必須為人民服務，若無法為人民服務則無存在的必要。民主的概念因西方文化的強勢運作影響，而認為政治發展必須逐步等同於西方民主才是進步的概念左右下，兩岸制度的競爭，也不知不覺中陷入模仿西方式民主澈底與否的相互拼比之中，兩岸也似乎不自覺的認定只有與西方式民主的標準愈接近，才是愈進步的國度。以臺灣的立場看，只

有在大陸的政治發展情況接近西方式民主，或超越臺灣的西方式民主程度，才能洽談兩岸和平相處甚或統一，否則就必須敵對與宣揚獨立。但在民主的標準無法確立，民主內涵不斷變動的情況下，又該如何評比兩岸與西方民主標準的接近程度，及進一步洽談統一或獨立？在兩岸關係發展中，兩岸制度競爭的局勢已難避免，那麼什麼制度才是人民心所嚮往的，是「民主」還是「為人民服務的績效」？「民主」的缺失既沒有一定標準已如前述，那麼似乎只剩「為人民服務」一項可確實加以檢視。若「為人民服務的績效」成為兩岸制度競爭的核心，那麼臺灣或西方民眾對「民主」的支持，其實不就僅剩下人民對「民主」的感情或是迷思而已？因此，以西方式的民主作為兩岸制度競爭的作法顯然並不可行，而必須以兩岸政府對各自人民的服務績效作為兩岸制度競爭的核心，才是正確的評比標準。

若兩岸制度對於人民服務的績效比較分出優劣，並吸引另一方人民的認同，那依據本書第貳章制度認同將拉動並純化文化認同與族群認同的推論，自然可化解兩岸分離的問題。在目前兩岸以實質分離的立場看，若臺灣制度為民服務的績效高於大陸的制度，則兩岸分離的問題不僅難解，甚至可能更加嚴重。

海耶克（Friedrich A. Hayek）說的好，先進的思維，必須先由智者的創新，在經歷長時間的逐漸擴散才會慢慢被一般人們所接受，而一般人們對於其所認可的意見，根本就不在乎是來自於洛克、盧梭、馬克思或數十年前某知名學者的創見，一般人們對這些知名智者甚至根本就不認識，[51]而智者的創新更不應該被現有的實證所侷限。[52]

提出兩岸必須以為人民服務的績效做為制度競爭的核心，而不是以民主制度的存在與否，雖必然接受各方的質疑與挑戰，但也必定是大膽的嘗試。

---

[51] Friedrich A. Hayek, "Majority Rule" in John Author ed. *Democracy*, (California: Wadsworth, 1992), p. 103.

[52] Hayek, "Majority Rule", p. 104.

參考書目

一、網路資料

1. "About ONI" ,last visited March, 10, 2010,《*OpenNet Initiative*》, http://opennet.net/about-oni。

2. "About Us" , last visited Jun., 11, 2008,《 Freedom House》, http://www.freedomhouse.org/template.cfm?page=2。

3. "Democracy Dialogues" ，last visited Jan., 11, 2008，《美國聯邦政府 UNIFO,STATE.GOV》，http://www.democracy.gov/。

4. "Freedom in the World 2009 Survey Release", last visited, Sep., 28, 2010, 《*Freedom House*》, http://www.freedomhouse.org/template.cfm?page=445。

5. "Freedom in the World 2010: Global Erosion of Freedom"（Jan. 12, 2010），May 13, 2010,《Freedom House》, http://www.freedomhouse. org/template.cfm?page=70&release=1120。

6. 《九二一地震政府文書線上展示》，http://va.archives.gov.tw/921online/ index.htm。

7. 《中華人民共和國全國人大常委會告臺灣同胞書》（2008 年 11 月 28 日），2010 年 11 月 15 日下載，《人民網》，http://tw.people.com.cn/GB/ 26741/139936/139938/8427598.html。

8. 「《館藏民國臺灣檔案匯編》揭『臺獨』謊言」（2007 年 11 月 13 日），2010 年 9 月 15 日下載，《新華網》，http://big5.xinhuanet.com/gate/big5/ news.xinhuanet.com/book/2007-11/13/content_7061214.htm。

9. 「『中國社會組織論壇（2008）』在人民大會堂隆重舉行」（2008 年 12 月 19 日），2010 年 12 月 15 日下載，《中華人民共和國內政部》，http://www. mca.gov.cn/article/zwgk/mzyw/200812/20081200024763.shtml。

10. 「『民眾對當前兩岸關係之看法』民意調查（民國 99 年 4 月 29 日～5 月 2 日）結果摘要」，2010 年 6 月 15 日下載，**《行政院陸委會》**，http://www.mac.gov.tw/public/Attachment/05715135456.pdf。

11. 「『皇甫平』解讀溫家寶『社會主義初級階段』說」（2007 年 3 月 18 日），2010 年 9 月 27 日下載，**《中國評論新聞網》**，http://www.chinareviewnews.com/doc/1003/3/0/4/100330430.html?coluid=7&kindid=0&docid=100330430。

12. 「2008 年兩岸關係國內各界民意調查綜合分析」（2009 年 2 月 16 日），2010 年 12 月 8 日下載，**《行政院陸委會》**，http://www.mac.gov.tw/ct.asp?xItem=68245&CtNode=5617&mp=1。

13. 「2009 年兩岸關係國內各界民意調查綜合分析」（2010 年 1 月 25 日），2010 年 10 月 8 日下載，**《行政院陸委會》**，http://www.mac.gov.tw/ct.asp?xItem=73767&ctNode=6333&mp=1。

14. 「Map of Freedom: Asia-Pacific」，last visited Sep., 28, 2010，**《Freedom House》**，http://www.freedomhouse.org/uploads/fiw09/MOF09_AsiaPacific.pdf。

15. 「SARS 疫情大事紀」，2010 年 10 月 18 日下載，**《我的 E 政府》**，http://www7.www.gov.tw/todaytw/2005/TWtaiwan/ch08/2-8-10-0.html。

16. 「WTO 簡介」（2003 年 11 月 5 日），2010 年 10 月 1 日下載，**《經濟部國貿局 WTO 入口網》**，http://cwto.trade.gov.tw/webPage.asp?CuItem=11546。

17. 「人民幣匯率中間價圖表」（2009 年 4 月 17 日），2009 年 4 月 17 日下載，**《中國人民銀行》**，http://www.pbc.gov.cn/huobizhengce/huobizhengcegongju/huilvzhengce/renminbihuilvjiaoyishoupanjia.asp?page=1&col=&fromyear=&frommonth=&fromday=&toyear=&tomonth=&today=。

18. 「十七大·資料：中國共產黨 25 年 5 修黨章」，2007 年 10 月 21 日下載，**《新華網》**，http://news.xinhuanet.com/newscenter/2007-10/21/content_6918636.htm。

19. 「十七大開幕胡錦濤作政治報告（全文）」，2007 年 10 月 15 日下載，**《中國評論新聞網》**，http://www.chinareviewnews.com/doc/1004/6/9/2/100469260.html?coluid=45&kindid=0&docid=100469260&mdate=1015124425。

20. 「川震滿週年　專家質疑為何不查豆腐渣工程」(2009 年 5 月 14 日)，2009 年 6 月 18 日下載，《中央社》，http://210.69.89.224/search3/hypage.cgi?hyqstr=aihnkpjhdhkcggookkckkfmglmolgmoijihpkloixhnjkpohinqhkiioqldmmhiivqglqnnesioqkmfmohgjipelkipiijpqellmnesfimbicjsefflmcigkmfghgmbicjoenempmlhnsimivqdlgjwlnmnumjjrnpsmkqgqhnu。

21. 「中共忌憚網際網路民主力量」(2005 年 9 月 30 日)，2010 年 3 月 12 日下載，《大紀元》http://news.epochtimes.com.tw/5/9/30/12234.htm。

22. 「中國民主政治建設白皮書（全文）」，2009 年 3 月 9 日下載，《國際在線》，http://gb1.chinabroadcast.cn/8606/2005/10/19/146@744130.htm。

23. 「中國共產黨章程（1956 年 9 月 26 日八大通過）」，2008 年 7 月 1 日下載，《新華網》，http://big5.xinhuanet.com/gate/big5/news.xinhuanet.com/ziliao/2002-03/04/content_2391956.htm。

24. 「中國共產黨新聞」，2007 年 11 月 1 日，《人民網》，http://www.people.com.cn/GB/shizheng/252/5089/5104/5201/20010429/455518.html。

25. 「田紀雲同志談萬裡：積極推進民主法制建設（下篇）」，2006 年 05 月 30 日，《人民網》，http://npc.people.com.cn/BIG5/15017/4418708.html。

26. 「中國的民主政治建設」(2005 年 10 月 19 日)，2009 年 7 月 1 日下載，《新華網》，http://news.xinhuanet.com/politics/2005-10/19/content_3645697_2.htm。

27. 「中國社會組織」，2008 年 1 月 16 日下載，《中國社會組織網》，http://www.chinanpo.gov.cn/web/showBulltetin.do?id=30642&dictionid=2201&catid=。

28. 「中國廣電總局宣傳管理司新聞通氣會紀要」(2007 年 4 月 21 日)，2010 年 10 月 1 日下載，《亞洲時報》，http://www.atchinese.com/index.php?option=com_content&task=view&id=32609&Itemid=64。

29. 「中國懲處震災失職官員」(2008 年 6 月 23 日)，2009 年 6 月 18 日下載，《美國之音中文網》，http://www.voafanti.com/gate/big5/www.voanews.com/chinese/archive/2008-06/n2008-06-23-voa67.cfm?CFID=238431326&CFTOKEN=28786739&jsessionid=6630dd259e52503f40b97f1248374b291196。

30. 「中華人民共和國憲法（全文）」，2010 年 3 月 12 日下載，《人民網》，http://www.people.com.cn/GB/shehui/1060/2391834.html。

31. 「中華民國第 12 任總統馬英九先生就職演說」(2008 年 5 月 20 日)，2010 年 10 月 6 日下載，《中華民國總統府》，http://www.president.gov.

tw/Default.aspx?tabid=131&itemid=13752&rmid=514&sd=2008/05/20&
ed=2008/05/20。

32. 「中華民國第十任總統、副總統就職慶祝大會」(2000 年 5 月 20 日)，
   2010 年 4 月 6 日下載，《中華民國總統府》，http://www.president.
   gov.tw/php-bin/prez/shownews.php4?issueDate=&issueYY=89&issueM
   M=05&issueDD=&title=&content=&_section=3&_pieceLen=50&_order
   By=issueDate%2Crid&_desc=1&_recNo=56。

33. 「公民廢國大行動聯盟　行動聲明」，(1999 年 7 月 11 日)，2010 年
   9 月 13 日下載，《美麗之島》，http://140.117.11.2/txtVersion/treasure/
   chilin-youth/M.940422404.A/M.940424064.C.html。

34. 「孔子學院總部」，2010 年 10 月 13 日下載，《國家漢辦／孔子學院
   總部》，http://www.hanban.edu.cn/node_7446.htm。

35. 「世界華文高峰會　馬英九建議兩岸合編『中華大辭典』」(2010 年 4
   月 16 日)，2010 年 5 月 26 日下載，《華夏經緯》，http://hk.huaxia.
   com/xw/twxw/2010/04/1844032.html。

36. 「包容性增長　inclusive growth」(2010 年 09 月 29 日)，2010 年 10
   月 22 日下載，《新華網》，http://big5.xinhuanet.com/gate/big5/news.
   xinhuanet.com/world/2010-09/29/c_12619091.htm。

37. 「外媒報導我國舟曲泥石流災害　稱讚政府應急能力」(2010 年 8 月
   13 日)，2010 年 10 月 20 日下載，《中國網》，http://www.china.com.cn/
   international/txt/2010-08/13/content_20698927.htm。

38. 「民主是個好東西」，2007 年 1 月 8 日下載，《新華網》，http://news.
   xinhuanet.com/comments/2007-01/08/content_5578110.htm。

39. 「民政部通報近期低溫雨雪冰凍災情和救災工作情況」(2008 年 2 月
   27 日)，2008 年 5 月 30 日下載，《中華人民共和國民政部》，http://www.
   mca.gov.cn/article/zwgk/mzyw/200802/20080200011960.shtml。

40. 「立法院教育委員會第四屆第四會期報告」，2008 年 7 月 1 日下載，
   《教育部全球資訊網》，http://www.edu.tw/content.aspx?site_content
   _sn=674。

41. 「全國首個省級志願者聯合會在廣州成立」，2009 年 1 月 8 日下載，
   《中國經濟網》，http://big5.ce.cn/xwzx/gnsz/gdxw/200812/05/t20081205_
   17594693.shtml。

42. 「回顧今年臺灣 SARS 疫情」（2003 年 12 月 24 日），2010 年 6 月 2 日下載，《大紀元》，http://%3Cbr%3Ewww.epochtimes.com/b5/3/12/24/n435706.htm。

43. 「臺灣的故事——在中與西、傳統與現代之間」，2008 年 1 月 17 日下載，http://www.gio.gov. tw/info/taiwan-story/culture/down/3-3.htm。

44. 「有包容的增長才能可持續增長」（2010 年 10 月 20 日），2010 年 10 月 21 日下載，《中國評論新聞網》，http://www.chinareviewnews.com/doc/1014/7/9/2/101479273.html?coluid=0&kindid=0&docid=101479273&mdate=1020081530。

45. 「自開放以來截至 99 年 2 月兩岸交流統計表」，2010 年 5 月 5 日下載，《行政院陸委會》，http://www.mac.gov.tw/big5/statistic/ass_lp/0a/9902/4.pdf。

46. 「行政院第二八三七次院會決議」（2003 年 4 月 30 日），2009 年 6 月 26 日下載，《行政院》，http://www.ey.gov.tw/ct.asp?xItem=21565&ctNode=1229&mp=1。

47. 「我們一貫認為，沒有民主就沒有現代化」，2008 年 1 月 11 日下載，《星島環球網》，http://www.singtaonet.com:82/global/hjt/hjt4/t20060421_195864.html。

48. 「抗震救災每日通報」，2009 年 7 月 1 日下載，《中國網》，http://www.china.com.cn/zhibo/zhuanti/node_7045221.htm。

49. 「李東生給十七大政改定調：積極穩妥不照搬西方模式」，2007 年 10 月 15 日下載，《多維新聞網》，http://www5.chinesenewsnet.com/MainNews/SinoNews/Mainland/2007_10_14_16_20_16_649.html。

50. 「汶川地震 四川共死亡失蹤學生 5335 名」（2009 年 5 月 7 日），2009 年 6 月 1 日下載，《星島環球網》，http://www.stnn.cc/society_focus/200905/t20090507_1023978.html。

51. 「汶川地震校舍損毀嚴重較政府建築多 4 倍」（2009 年 5 月 25 日），2009 年 6 月 18 日下載，《中央社》，http://210.69.89.224/search3/hypage.cgi?hyqstr=aihnkpmhdhkcggookkckkfmglmolgmoijihpkloixhnjkpohinqhkiioqldmmhiivqglqnnesioqkmfmohgjipelkipiijpqellmnesfimbicjsefflmdihkmfghgmbicjpenempmlhnsimivqdlgjwlnmnumjjrnpsmkqgqhnu。

52. 「汶川地震造成直接經濟損失 8451 億元 四川最嚴重」（2008 年 9 月 4 日），2009 年 6 月 17 日下載，《中新網》，http://www.chinanews.com.cn/cj/kong/news/2008/09-04/1370942.shtml。

53. 「防治非典指揮部成立　溫家寶要求做好 10 方面工作」（2003 年 4 月 25 日），2009 年月 6 月 9 日下載，《人民網》，http://people.com.cn/ BIG5/shizheng/16/20030425/980006.html。

54. 「兩岸兩會正式簽署『兩岸經濟合作架構協議』與『兩岸智慧財產權保護合作協議』，並就後續協商規劃達成共識（海基會新聞稿）」（2010 年 6 月 29 日），2010 年 9 月 3 日下載，《行政院陸委會》，http://www. mac.gov.tw/ct.asp?xItem=85508&ctNode=6740&mp=111。

55. 「周永康簡歷」，2009 年 6 月 18 日下載，《新華網》，http://news. xinhuanet.com/ziliao/2002-03/04/content_298986.htm。

56. 「林曼麗：故宮組織條例修正　無涉去中國化」，2008 年 7 月 1 日下載，《大紀元》，http://news.epochtimes.com/b5/7/3/21/n1653017.htm。

57. 「附表十二：民眾對自我認同的看法」，2008 年 1 月 17 日，《行政院陸委會》，http://www.mac.gov.tw/big5/mlpolicy/pos/9001/table12.htm。

58. 「附表十四：八十八年民眾對兩岸是『特殊的國與國關係』的看法」，2010 年 9 月 13 日下載，《行政院陸委會》，http://www.mac.gov.tw/ public/Attachment/9771117977.htm。

59. 「青海省抗震救災指揮部新聞中心舉行第十五次新聞發佈會」（2010 年 04 月 20 日），2010 年 12 月 14 日下載，《人民網》，http://society.people. com.cn/GB/41158/11415092.html。

60. 「突發公共衛生事件應急條例」（2003 年 5 月 20 日），2009 年 6 月 25 日下載，《中華人民共和國中央政府》，http://www.gov.cn/zwgk/ 2005-05/20/content_145.htm。

61. 「胡錦濤同中國國民黨主席吳伯雄舉行會談」（2009 年 5 月 26 日），2009 年 7 月 6 日下載，《新華網》，http://big5.xinhuanet.com/gate/big5/ news.xinhuanet.com/politics/2009-05/26/content_11438557_1.htm。

62. 「胡錦濤在黨的十七大上的報告」（2007 年 10 月 24 日），2010 年 6 月 2 日下載，《新華網特專題：中國共產黨第十七次全國代表大會》，http://news.xinhuanet.com/newscenter/2007-10/24/content_6938568_5.htm。

63. 「時間就是生命──舟曲特大泥石流災害搶險救災紀事」（2010 年 8 月 9 日），2010 年 10 月 20 日下載，《中華人民共和國中央人民政府》，http://big5.gov.cn/gate/big5/www.gov.cn/jrzg/2010-08/09/content_16740 03.htm。

64. 「財團法人九二一震災重建基金會」，2010 年 10 月 19 日下載，《財團法人九二一震災重建基金會》，http://www.taiwan921.lib.ntu.edu.tw/921_10/arch02-05.html。

65. 「馬：先撤飛彈再談和平協議　北京對臺領導小組換新」（2008 年 6 月 6 日），2010 年 9 月 16 日下載，《大紀元》，http://www.epochtimes.com.au/b5/8/6/6/n2144888.htm。

66. 「馬英九、蕭萬長文化政策」，2010 年 4 月 6 日下載，《臺灣向前行》，http://2008.ma19.net/files/ma-policy4you/pdf/culture.pdf。

67. 「馬蕭文化政策」，2008 年 7 月 1 日下載，《國家政策研究基金會》，http://www.npf.org.tw/particle-4118-11.html。

68. 「動態」，2008 年 2 月 20 日下載，《中華人民共和國國家發展和改革委員會》，http://www.ndrc.gov.cn/gwymdyyqxgzkx/dongtai/default.htm。

69. 「國民所得統計年報（96 年）」，2009 年 4 月 17 日下載，《中華民國統計資訊網》，http://www.stat.gov.tw/public/Attachment/812301405271.xls。

70. 「國防部 2 月份記者會參考資料」，2008 年 2 月 21 日下載，《中華民國國防部》，http://www.mnd.gov.tw/Publish.aspx?cnid=69&p=21512。

71. 「國家『十一五』時期文化發展規劃綱要」（2006 年 9 月 13 日），2010 年 6 月 3 日下載，《人民網》，http://culture.people.com.cn/GB/22226/4814178.html。

72. 「國家隨著階級的完全消滅而消亡」，2010 年 10 月 1 日下載，《馬克思主義研究網》，http://myy.cass.cn/file/200512082666.html。

73. 「專題背景」，2008 年 2 月 20 日下載，《中華人民共和國國家發展和改革委員會》，http://www.ndrc.gov.cn/gwymdyyqxgzkx/。

74. 「張銘清：中華文化是實現兩岸和平統一的基礎」，2010 年 11 月 15 日下載，《中共國務院臺灣事務辦公室》，http://www.gwytb.gov.cn/gzyw/gzyw1.asp?gzyw_m_id=1216。

75. 「眾志成城　搶險救災——甘肅舟曲特大山洪泥石流災害報導專題」，2010 年 10 月 19 日下載，《新華網》，http://big5.xinhuanet.com/gate/big5/www.xinhuanet.com/politics/zqnsl/index.htm。

76. 「第六次『江陳會談』順利完成，有效保障個人健康權益（陸委會新聞稿）」（2010 年 12 月 22 日），2010 年 12 月 25 日下載，《行政院陸委會》，http://www.mac.gov.tw/ct.asp?xItem=91352&ctNode=6839&mp=113。

77. 「莫拉克風災新聞專區」，2010 年 10 月 19 日下載，《自由電子報》，http://iservice.libertytimes.com.tw/2009/specials/Morakot/。

78. 「莫拉克颱風八八水災淹水救助金發放統計」2010 年 10 月 19 日下載，《財團法人九二一震災重建基金會》，http://www.taiwan921.lib.ntu.edu.tw/88pdf/A8801F.html。

79. 「陸委會：高度民意肯定兩岸制度化協商有助於兩岸關係和平穩定」（2010 年 5 月 7 日），2010 年 9 月 8 日下載，《行政院陸委會》，http://www.mac.gov.tw/ct.asp?xItem=79399&ctNode=5649&mp=1。

80. 「揭開中國網路監控機制的內幕」，2009 年 1 月 17 日下載，《維權網》，http://crd-net.org/Article/Class1/200710/20071010162103_5948.html

81. 「曾慶紅強調以迎接十七大為主線全面加強党的建設」，2007 年 3 月 1 日下載，《中華人民共和國中央人民政府》，http://big5.gov.cn/gate/big5/www.gov.cn/ldhd/2007-03/01/content_539034.htm。

82. 「新一屆黨中央成功應對雪災考驗」，2008 年 2 月 21 日下載，《中國評論新聞網》，http://www.chinareviewnews.com/doc/1005/6/7/6/100567656.html?coluid=7&kindid=0&docid=100567656。

83. 「業務簡介」，2010 年 10 月 19 日下載，《行政院災害防救委員會》，http://www.ndppc.nat.gov.tw/ContentList.aspx?MID=664&UID=734&PID=664。

84. 「溫家寶：社會主義民主歸根結底是讓人民當家作主」（2007 年 3 月 16 日），2010 年 6 月 2 日下載，《新華網》，http://news.xinhuanet.com/misc/2007-03/16/content_5855588.htm。

85. 「溫家寶：政經改革停滯倒退是死路一條」（2010 年 8 月 22 日），2010 年 11 月 12 日下載，《鳳凰網》，http://big5.ifeng.com/gate/big5/news.ifeng.com/mainland/detail_2010_08/22/2049123_0.shtml。

86. 「溫家寶：關於社會主義初級階段的歷史任務和我國對外政策的幾個問題」（2007 年 2 月 26 日），2010 年 9 月 27 日下載，《新華網》，http://big5.xinhuanet.com/gate/big5/news.xinhuanet.com/politics/2007-02/26/content_5775212.htm。

87. 「溫家寶主持召開國務院抗震救災指揮部會議」，（2008 年 5 月 13 日），2009 年 6 月 3 日下載，《精彩中國》，http://big5.xinhuanet.com/gate/big5/news.xinhuanet.com/newscenter/2008-05/13/content_8155473.htm。

88. 「溫家寶主持召開國務院會議 研究部署災后重建工作」，2008 年 2 月 13 日下載，《人民網》，http://politics.people.com.cn/BIG5/1024/6876491.html。

89. 「溫家寶主持會議　總結汶川特大地震抗震救災工作」（2008 年 10月 14 日），2009 年 6 月 17 日下載，《新華網》，http://news.xinhuanet.com/newscenter/2008-10/14/content_10193981.htm。

90. 「溫家寶決定成立國務院舟曲抗洪搶險救災臨時指揮部」（2010 年 8月 9 日），2010 年 10 月 19 日下載，《光明網》，http://www.gmw.cn/content/2010-08/09/content_1207217.htm。

91. 「溫家寶抵達四川指揮抗震救災工作」（2008 年 5 月 12 日），2009 年6 月 5 日下載，《人民網》，http://politics.people.com.cn/BIG5/1024/7229713.html。

92. 「溫家寶通過中央臺向全國聽眾表示慰問」，2008 年 2 月 3 日下載，《新華網》，http://big5.xinhuanet.com/gate/big5/news.xinhuanet.com/newmedia/2008-02/03/content_7556816.htm。

93. 「溫家寶登上《時代》封面坦承中國政改阻力北京新浪網」（2010 年10 月 15 日），2010 年 11 月 12 日下載，《sina 新浪新聞網》，http://news.sina.com.tw/article/20101015/3844407.html。

94. 「溫家寶總理在關於『非典』問題特別會議上的講話」（2003 年 4 月30 日），2010 年 10 月 18 日下載，《中華人民共和國外交部》，http://big5.fmprc.gov.cn/gate/big5/www.mfa.gov.cn/chn/pds/wjb/zzjg/yzs/dqzz/dnygjlm/zyjh/t24703.htm。

95. 「零八憲章全文」（2008 年 12 月 10 日），2010 年 5 月 13 日下載，《苦勞網》，http://www.coolloud.org.tw/node/31858。

96. 「臺『南方澳』21 漁船擅往中國湄洲進香」2005 年 9 月 10 日下載，《大紀元》，http://www.epochtimes.com/b5/5/9/10/n1047759.htm。

97. 「臺新聞主管機構擬對兩岸合拍電視劇開放試辦一年」（2009 年 5 月14 日），2010 年 9 月 16 日下載，《你好臺灣》，http://www.hellotw.com/twdxs/sszj/200905/t20090514_453126.htm。

98. 「臺灣九二一大地震記事」（2008 年 2 月 7 日），2010 年 10 月 19 日下載，《財團法人九二一震災重建基金會》，http://e-info.org.tw/921/newpdf/ST008-1.pdf。

99. 「臺灣站起來，代表著人民的自信和國家的尊嚴」，2000 年 5 月 20日下載，《陳總統網站》，http://www.taiwanpresident.org/page3.htm。

100.「臺灣新版高中歷史教科書被大幅修改」，2008 年 7 月 1 日下載，《你好臺灣》，http://www.nihaotw.com/zt/ztkb/200706/t20070630_239824.htm。

101. 「趙紫陽在中國共產黨第十三次全國代表大會上的報告」（1987 年 10
月 25 日），2010 年 9 月 30 日下載，《中國共產黨歷次全國代表大會
數據庫》，http://cpc.people.com.cn/GB/64162/64168/64566/65447/
4526368.html。

102. 「總統主持 98 年上半年陸海空軍將官晉任布達暨授階典禮」（2008
年 12 月 30 日），2010 年 10 月 5 日下載，《中華民國總統府》，
http://www.president.gov.tw/Default.aspx?tabid=131&itemid=14579&rm
id=514&sd=2008/12/29&ed=2008/12/30。

103. 「總統主持國安高層會議」（2006 年 2 月 27 日），2010 年 9 月 13 日
下載，《中華民國總統府》，http://www.president.gov.tw/Default.aspx?
tabid=131&itemid=11391&rmid=514&sd=2006/02/27&ed=2006/02/27。

104. 「總統以視訊直播方式於世界臺灣同鄉聯合會第二十九屆年會中致
詞」（2002 年 8 月 4 日），2010 年 9 月 13 日下載，《中華民國總統府》，
http://www.president.gov.tw/Default.aspx?tabid=131&itemid=1311&rmi
d=514&sd=2002/08/03&ed=2002/08/03。

105. 「總統出席『臺灣人公共事務會』（FAPA）25 週年慶祝晚宴」（2007
年 3 月 4 日），2010 年 3 月 13 日下載，《中華民國總統府》，http://www.
president.gov.tw/Default.aspx?tabid=131&itemid=12424&rmid=514&sd
=2007/03/04&ed=2007/03/04。

106. 「總統與哈佛大學費正清研究中心視訊會議 」（2010 年 4 月 6 日），
2010 年 10 月 6 日下載，《中華民國總統府》，http://www.president.
gov.tw/Default.aspx?tabid=131&itemid=20970&rmid=514&sd=2010/04/
05&ed=2010/04/06。

107. 「總統與臺南鄉親歡聚新年團圓餐敘」（2006 年 1 月 29 日），2010 年
9 月 13 日，《中華民國總統府》，http://www.president.gov.tw/Default.aspx?
tabid=131&itemid=11316&rmid=514&sd=2006/01/29&ed=2006/01/30。

108. 「總結汶川特大地震抗震救災工作研究部署災后重建任務」（2008 年
10 月 15 日），2009 年 6 月 17 日下載，《人民網》，http://politics.
people.com.cn/BIG5/1024/8173322.html。

109. 「關於國務院抗震救災總指揮部工作組組成的通知」（2008 年 5 月 19
日），2009 年 6 月 3 日下載，《人民網》，http://finance.people.com.cn/
BIG5/7260828.html。

110. 「攜手推動兩岸關係和平發展　同心實現中華民族偉大復興」（2009年1月1日），2010年6月23日下載，《人民網》，http://politics.people.com.cn/GB/1024/8611414.html。

111. 「胡錦濤在美國耶魯大學的演講（全文）」，2009年1月14日下載，《新華網》，http://news.xinhuanet.com/newscenter/2006-04/22/content_4460879.htm

112. Arch Puddington, "Freedom in the World 2009: Setbacks and Resilience", late visited Jan., 16, 2009, 《Freedom House》, http://www.freedomhouse.org/uploads/fiw09/FIW09_OverviewEssay_Final.pdf。

113. Jonathan Spence, 'Confucian Ways: Transcript', in Reith Lecture-60th anniversary of the BBC 4 radio, last visited Jun., 7, 2008, 《BBC home》, http://www.bbc.co.uk/radio4/reith2008/transcript1.shtml。

114. s.v. "integration", last visited Sep., 3, 2010, 《Vikepedia》，http://en.wikipedia.org/wiki/Integration。

115. s.v.「2010年舟曲泥石流災害」，2010年10月19日下載，《維基百科》，http://zh.wikipedia.org/zh-tw/2010%E5%B9%B4%E7%94%98%E8%82%83%E7%9C%81%E8%88%9F%E6%9B%B2%E5%8E%BF%E7%89%B9%E5%A4%A7%E6%B3%A5%E7%9F%B3%E6%B5%81%E7%81%BE%E5%AE%B3。

116. s.v.「八八水災」，2010年6月3日下載，《維基百科》，http://zh.wikipedia.org/zh-tw/%E5%85%AB%E5%85%AB%E6%B0%B4%E7%81%BD。

117. s.v.「中國維權運動」，2010年12月15日下載，《維基百科》，http://zh.wikipedia.org/wiki/%E7%B6%AD%E6%AC%8A%E9%81%8B%E5%8B%95。

118. s.v.「中華人民共和國網絡審查」，2010年3月9日下載，《維基百科》，http://zh.wikipedia.org/zh-tw/%E4%B8%AD%E5%8D%8E%E4%BA%BA%E6%B0%91%E5%85%B1%E5%92%8C%E5%9B%BD%E7%BD%91%E7%BB%9C%E5%AE%A1%E6%9F%A5#.E6.B3.95.E5.BE.8B.E3.80.81.E6.B3.95.E8.A7.84.E7.A6.81.E6.AD.A2.E7.9A.84.E7.BD.91.E7.BB.9C.E5.86.85.E5.AE.B9.E5.92.8C.E7.BD.91.E7.BB.9C.E8.A1.8C.E4.B8.BA。

119. s.v.「社會主義民主」，2010年6月2下載，《維基百科》，http://zh.wikipedia.org/zh/%E7%A4%BE%E6%9C%83%E6%B0%91%E4%B8%

BB%E4%B8%BB%E7%BE%A9#.E7.8F.BE.E4.BB.A3.E7.A4.BE.E6.9
C.83.E6.B0.91.E4.B8.BB.E4.B8.BB.E7.BE.A9.E7.9A.84.E4.B8.BB.E5.
BC.B5。

120. s.v. 「2010 玉樹地震」，2010 年 6 月 3 日下載，《維基百科》，http://zh.
wikipedia.org/zh-hk/2010%E5%B9%B4%E7%8E%89%E6%A8%B9%E
5%9C%B0%E9%9C%87。

121. s.v.「兩岸包機」，2010 年 8 月 6 日下載，《維基百科》，http://zh.wikipedia.
org/zh-tw/%E4%B8%A4%E5%B2%B8%E5%8C%85%E6%9C%BA。

122. s.v.「臺灣省」，2010 年 9 月 10 日下載，《維基百科》，http://zh.wikipedia.
org/zh-tw/%E5%8F%B0%E7%81%A3%E7%9C%81。

123. s.v. "Cultural hegemony"，last visited Dec., 14, 2010 《Wikipedia》，
http://en.wikipedia.org/wiki/Cultural_hegemony.

124. s.v. 「921 大地震」，2009 年 6 月 26 日下載，《維基百科》，http://zh.
wikipedia.org/wiki/921%E5%A4%A7%E5%9C%B0%E9%9C%87。

125. s.v. 「SARS 事件」，2009 年 6 月 26 日下載，《維基百科》，http://zh.
wikipedia.org/wiki/SARS%E4%BA%8B%E4%BB%B6。

126. s.v. 「為人民服務」，2009 年 7 月 6 日下載，《維基百科》，http://zh.
wikipedia.org/wiki/%E4%B8%BA%E4%BA%BA%E6%B0%91%E6%9
C%8D%E5%8A%A1。

127. s.v. "Chinese democracy movement"，last visited Jun., 11,2008，
《Wikipedia》，http://en.wikipedia.org/wiki/Chinese_democracy_movement

128. s.v.「SARS 事件」，2009 年 6 月 19 日下載，《維基百科》，http://zh.
wikipedia.org/wiki/SARS%E4%BA%8B%E4%BB%B6。

129. s.v.「唐山大地震」，2009 年 6 月 19 日下載，《百度百科》，http://baike.
baidu.com/view/3267.htm。

130. s.v.「唐山大地震」，2009 年 6 月 19 日下載，《維基百科》，http://zh.
wikipedia.org/wiki/%E5%94%90%E5%B1%B1%E5%A4%A7%E5%9C
%B0%E9%9C%87。

131. s.v.「網路評論員」（2010 年 3 月 15 日）2010 年 4 月 25 日下載，《維
基百科》，http://zh.wikipedia.org/zh-tw/%E7%BD%91%E7%BB%9C%
E8%AF%84%E8%AE%BA%E5%91%98。

132. State's Zoellick, "*United States Urges China To Be Responsible World
Citizen*"（2005/9/25），last visited Sep., 13, 2010, 《**Washintob File**》，
http://news.findlaw.com/wash/s/20050922/20050922120813.html。

133. 大陸新聞組，「維持原判　劉曉波：我無罪」（2010 年 2 月 11 日），2010 年 9 月 28 日下載，《視界新聞網》，http://www.worldjournal.com/view/full_news/6023586/article-%E7%B6%AD%E6%8C%81%E5%8E%9F%E5%88%A4-%E5%8A%89%E6%9B%89%E6%B3%A2%EF%B8%B0%E6%88%91%E7%84%A1%E7%BD%AA?instance=m2b。
134. 中國廣播網，「青海玉樹地震確認最終死亡人數 2698 人」（2010 年 05 月 31 日），2010 年 12 月 14 日下載，《sina 新聞中心》，http://news.sina.com.cn/c/2010-05-31/162820381075.shtml。
135. 中華人民共和國國家統計局，「1-2 國民經濟和社會發展總量與速度指標」，2010 年 9 月 28 日下載，《中國統計年鑑 2009》，http://www.stats.gov.cn:82/tjsj/ndsj/2009/indexch.htm。
136. 中華人民共和國國家統計局，「9-8 東、中、西部及東北地區城鎮居民家庭基本情況（2008 年）」2010 年 9 月 28 日下載，《中國統計年鑑 2009》，http://www.stats.gov.cn:82/tjsj/ndsj/2009/indexch.htm。
137. 王宗銘，「記取八八水災教訓！國防部增建啟用救災資源管理系統」（2010 年 10 月 12 日），2010 年 10 月 19 日下載，《今日新聞網》，http://www.nownews.com/2010/10/12/11490-2654188.htm。
138. 白德華，「50 年最嚴重雪災 10 省凍壞了」（2008 年 1 月 27 日），2008 年 1 月 27 日，《聲動財經》，http://www.168club.com.tw/board/view.asp?gg=263&ID=197086。
139. 江昭倫，「兩岸文化論壇閉幕與會專家提出寶貴建言」（2010 年 9 月 6 日），2010 年 9 月 16 日下載，《中央廣播電臺》，http://news.rti.org.tw/index_newsContent.aspx?id=1&id2=1&nid=257502。
140. 吳廷俊、夏長勇，「對我國公共危機傳播的歷史回顧與現狀分析（2）」（2010 年 9 月 2 日），2010 年 10 月 18 日下載，《人民網》，http://media.people.com.cn/GB/137684/12619102.html。
141. 吳建友、陳克勤，「國際媒體積極評價我舟曲救災行動」（2010 年 08 月 11 日），2010 年 10 月 21 日下載，《人民網》，http://media.people.com.cn/GB/40606/12403170.html。
142. 吳濟海、李凱，「2010 年兩岸文化論壇在臺舉行　蔡武劉兆玄等出席」（2010 年 9 月 6 日），2010 年 9 月 16 日下載，《國際在線》，http://big5.cri.cn/gate/big5/gb1.cri.cn/27824/2010/09/06/5311s2980966.htm。
143. 李仲維，「撤對臺飛彈　張榮恭首提『凍減談撤簽』五步驟」，2008 年 7 月 2 日下載，《中國評論新聞網》，http://www.chinareviewnews.

com/doc/1006/1/0/3/100610375.html?coluid=7&kindid=0&docid=10061
0375。

144. 李建興，「陸生三法通過後招收陸生措施」（2010 年 8 月 26 日），2010
年 9 月 16 日下載，《財團法人國家政策研究基金會》，http://www.npf.
org.tw/post/3/8000。

145. 沈正賦，「唐山大地震死亡人數為何三年後才允許報導？」（2005 年 7
月 27 日），2010 年 10 月 18 日下載，《中華網新聞》，http://news.china.
com/zh_cn/history/all/11025807/20050727/12519124.html。

146. 邱觀史，「世界各國如何加強網路監管　有害資訊明確界定限制」
（2010 年 1 月 25 日），2010 年 3 月 10 日下載，《國際在線》，http://big5.
cri.cn/gate/big5/gb.cri.cn/27824/2010/01/25/4865s2741246.htm。

147. 俞可平，「民主是個好東西」1997 年 1 月 5 日下載，《新華網》，
http://news.xinhuanet.com/comments/2007-01/08/content_5578110.htm。

148. 南方朔，「從 CECA 到 ECFA 的『茶壺風暴』：八字還沒一撇呢」（2009
年 3 月 5 日），2010 年 7 月 2 日下載，《中國網》，http://www.china.com.cn/
overseas/txt/2009-03/05/content_17378385.htm。

149. 洪振華，「廿世紀臺灣師範教育與國家認同塑造」，發表於「第四屆教
育哲史討論會」（國立臺灣師範大學：國立臺灣師範大學，2002 年 10
月 29 日），2010 年 9 月 8 日下載，http://pb1.ed.ntnu.edu.tw/~seph/
1029-2.htm。

150. 「省府簡介」，2010 年 9 月 10 日下載，《臺灣省政府》，http://www.tpg.
gov.tw/tpg/pagedoc.php?nd1=TPG&nd2=intro#。

151. 胡錦濤，「攜手推動兩岸關係和平發展　同心實現中華民族偉大復興
——在紀念《告臺灣同胞書》發表 30 周年座談會上的講話」（2009
年 01 月 01 日），2010 年 5 月 3 日下載，《人民網》，http://politics.people.
com.cn/GB/1024/8611414.html。

152. 徐學江，「唐山大地震死亡人數為何三年後才允許報導」（2006 年 7
月 25 日），2009 年 8 月 6 日下載，《南方網》，http://www.southcn.com/
nflr/wszj/200607280229.htm。

153. 祝元梅，「2003 年春，以胡錦濤為總書記的黨中央領導全國各族人民，
發揚和衷共濟、迎難而上的精神，奪取了抗擊『非典』疫情的重大勝
利」（2008 年 12 月 26 日），2009 年 6 月 25 日下載，《中國共產黨新
聞網》，http://cpc.people.com.cn/GB/64162/82819/141881/8582624.html。

154. 高國希，「抗擊雪災映出的精神力量」，2008 年 2 月 21 日下載，《人民網》，http://theory.people.com.cn/BIG5/49154/49156/6888928.htm。

155. 張映光 李微敖，「300 天後，汶川地震死亡人數仍難公布」（2009 年 3 月 8 日），2009 年 6 月 17 日下載，《財經網》，http://www.caijing.com.cn/2009-03-08/110114939.html。

156. 張德厚，「劉兆玄：中華大辭典明年底啟用」（2010 年 9 月 6 日），2010 年 9 月 16 日下載，《中時電子報》，http://news.chinatimes.com/politics/0,5244,50204474x132010090600777,00.html。

157. 張燦鍙，「文化：臺灣問題的根源」，2008 年 7 月 1 日下載，《獨立建國論壇》，http://www.wufi.org.tw/george/oncultr.htm#04。

158. 張璐晶，「國家減災委官員：地方防災減災能力真的很差」（2010 年 8 月 17 日），2010 年 10 月 20 日下載，《騰訊新聞》，http://news.qq.com/a/20100817/000043.htm。

159. 張麗娜，「一邊一國／民進黨民調：臺灣民族認同上揚 53.6%自認是「臺灣人」（2002 年 8 月 21 日），2010 年 4 月 14 日下載，《NOWnews》，http://www.nownews.com/2002/08/21/91-1342532.htm。

160. 許高慶，「陸客來臺觀光全面開放後對臺灣的影響分析」（2010 年 9 月 3 日），2010 年 9 月 8 日下載，《國家政策研究基金會》，http://www.npf.org.tw/post/3/8040。

161. 連戰，「九二一震災的檢討與省思」（1999 年 11 月 22 日），2009 年 6 月 26 日下載，《中時電子報》，http://forums.chinatimes.com.tw/report/921_rebuild/88112211.htm。

162. 郭玫蘭、劉正慶，「蔡武：推動兩岸文化協議」（2010 年 9 月 5 日），2010 年 9 月 16 日下載，《msn 新聞》，http://news.msn.com.tw/news1844003.aspx。

163. 陳家剛，「全球化時代的新制度主義」，（2007 年 7 月 6 日），2010 年 9 月 13 日下載，《中國選舉與治理》http://www.chinainnovations.org/read.asp?type01=1&type02=3&type03=1&articleid=1169。

164. 陳華昇，「推動縣市制度改革以落實地方自治之研析」，（2001 年 12 月 27 日），2010 年 9 月 10 日下載，《財團法人國家政策研究基金會》，http://old.npf.org.tw/PUBLICATION/IA/090/IA-R-090-090.htm。

165. 楊孟瑜，「臺變相廢除國民大會」（2000 年 4 月 25 日），2010 年 9 月 13 日下載，《BBC CHINESE com.》，http://news.bbc.co.uk/hi/chinese/news/newsid_725000/7259922.stm。

166. 楊明娟，「溫家寶再提政改　胡錦濤在場」(2010 年 10 月 1 日)，2010 年 11 月 12 日下載，《中央廣播電臺》，http://news.rti.org.tw/index_newsContent.aspx?id=1&id2=3&nid=261200。

167. 鄒聲文、劉東凱，「胡錦濤出席第五屆 APEC 人力資源開發部長級會議」(2010 年 09 月 16 日)，2010 年 10 月 22 日下載，《中華人民共和國中央人民政府》，http://big5.gov.cn/gate/big5/www.gov.cn/ldhd/2010-09/16/content_1703824.htm。

168. 鄒麗泳，「蔡英文：臺灣突然接到 WHA 邀請函　非常恐怖」(2009 年 5 月 2 日)，2010 年 7 月 2 日下載，《中國評論新聞網》，http://www.chinareviewnews.com/doc/1009/5/7/8/100957857.html?coluid=7&kindid=0&docid=100957857。

169. 廖慧娟，「掌握災情　中廣聯播 9 小時」(1999 年 9 月 21 日)，2009 年 6 月 26 日下載，《中時電子報》，http://forums.chinatimes.com/report/921_quake/88092129.htm。

170. 劉世鼎，「大地震全國財損 3000 億臺幣」(1999 年 10 月 12 日)，2009 年 7 月 1 日下載，《中時電子報》，http://forums.chinatimes.com/report/921_quake/88101211.htm。

171. 劉正義，「中國大雪災的嘆息」，2008 年 2 月 6 日下載，《大紀元》，http://news. epochtimes.com.tw/8/2/6/77003.htm。

172. 劉曉竹，「南方雪災三問胡錦濤」(2008 年 2 月 7 日)，2009 年 6 月 17 日下載，《中國博客》，http://www.rfachina.com/?q=node/1375。

173. 蔡逸儒，「兩岸制度之爭的隱憂」(2008 年 4 月 28 日)，2010 年 2 月 22 至下載，《聯合早報網》，http://www.zaobao.com/special/forum/pages6/forum_zp080428a.shtml。

174. 衛敏麗，「截至 2009 年底中國登記註冊社會組織近 42.5 萬個」(2010 年 2 月 4 日)，2010 年 11 月 24 日下載，《中國新聞網》，http://www.chinanews.com.cn/gn/news/2010/02-04/2108325.shtml。

175. 「教育部推動國民中小學鄉土教育實施要點」，2008 年 7 月 1 日下載，《教育部國教專業社群網》，http://teach.eje.edu.tw/data/kunda/2001571449/%B8%EA%AE%C6%A4%BB.htm。

176. 鄭永年，「中國和諧社會要求重建社會契約」(2006 年 12 月 25 日)，2006 年 12 月 25 日下載，《聯合早報》，http://www.zaobao.com/cgi-bin/asianet/gb2big5/g2b.pl?/special/forum/pages4/forum_zp061225.html。

177. 鄭永年，「兩岸關係從統獨之爭到制度競爭」（2008 年 4 月 1 日），2010
年 2 月 22 日下載，《**聯合早報網**》，http://www.zaobao.com/special/forum/
pages6/forum_zp080401a.shtml。

178. 鄭青原，「沿著正確政治方向積極穩妥推進政治體制改革——三論牢
牢抓住歷史機遇、全面建設小康社會」（2010 年 10 月 27 日），2010
年 10 月 27 日下載，《**人民網**》，http://opinion.people.com.cn/GB/40604/
13056137.html。

179. 盧義方，「李登輝：省級多餘　必須精簡」，（1998 年 9 月 22 日），2010
年 9 月 10 日下載，《**中時電子報**》，http://forums.chinatimes.com.tw/
report/vote2000/soong/87092201.htm。

二、報紙資料

1. 「社論」，**臺灣日報**，中華民國八十七年一月十五日，第 2 版。

2. 李順德、魏忻忻、許麗珍，「疫情擴散 SARS 列法定傳染病　政院宣
布七項因應措施　公務員暫停赴中港越　國內可能病例增至十例
我被世衛列病例集中區」，**聯合報**，2003 年 3 月 28，第 1 版。

3. 聯合報採訪訪團，「修憲完成三讀」，**聯合報**，1997 年 7 月 19 日，第
1 版。

4. 索任，「嚴重急性　呼吸症候群」，**聯合報**，2003 年 3 月 18 日，第 36 版。

5. 李順德、魏忻忻、許麗珍，「暫停赴中港越　國內可能病例增至十例 我
被世衛列病例集中區」，**聯合報**，2003 年 3 月 28，第 1 版。

6. 「陳水扁政府去中國化爭議事件匯整表」，**聯合報**，2003 年 12 月 5
日，第 A2 版。

7. 黃雅詩，「高普考科名　全面去中國化」，**聯合報**，2003 年 12 月 5 日，
第 A1 版。

8. 「中共中央關於加強黨的執政能力建設的決定」，**人民日報**，2004 年
9 月 27 日，第 1 版。

9. 陳東旭，「臺北故宮　修改組織條例北京學者：又搞去中國化」，**聯合
報**，2007 年 1 月 19 日，第 A17 版。

10. 鄭文正，「馬：若執政　可改黨名」，**聯合報**，2007 年 1 月 22 日，版 A1。

11. 李祖舜，「馬調整說法『黨無改名問題』」，**聯合報**，2007 年 1 月 23
日，第 A4 版。

12. 薛荷玉，「杜正勝：用成語是教育失敗」，**聯合報**，2007 年 1 月 25 日，第 A11 版。

13. 韓國棟，「高中歷史課本大翻修、統獨來了國父沒了」，**中國時報**，2007 年 1 月 29 日，第 A1 版。

14. 「經濟此消彼長大陸天價尋寶　臺灣趁勢撈錢」，**聯合報**，2007 年 1 月 30 日，第 A13 版。

15. 大陸新聞中心，「追討海外文物　中共鎖定美英」，**聯合報**，2007 年 2 月 1 日，第 A13 版。

16. 「社論：『法理臺獨』碰壁，『心理臺獨』猛燒！」，**聯合報**，2007 年 2 月 2 日，第 A2 版。

17. 朱建陵，「《天安門脈動》轉型期『愚公』維權當先鋒」，**中國時報**，2007 年 5 月 7 日，第 A13 版。

18. 王銘義、朱建陵、林克倫，「胡錦濤連任總書記　提 6 項『一定』保證」，**中國時報**，2007 年 10 月 23 日，第 A13 版。

19. 「貴州鄉官抗災累死　萬人慟哭」，**文匯報**，2008 年 2 月 12 日，第 A6 版。

20. 大陸新聞中心，「雪災損失　超過 SARS」，**聯合報**，2008 年 2 月 24 日，第 A13 版。

21. 吳明杰，「直航前夕　共軍對臺飛彈換新」，**中國時報**，2008 年 7 月 2 日，第 A6 版。

22. 陳世昌，「中共軍委副主席：對臺灣軍事力不會降低」，**聯合報**，2008 年 7 月 3 日，第 A13 版。

23. 李明賢，「外交休兵　胡釋善意　巴拉圭要求金援　北京拒絕」，**聯合報**，2009 年 6 月 29 日，第 A1 版。

24. 白德華，「兩岸論壇閉幕　有建議沒利多」，**中國時報**，2009 年 7 月 13 日，第 A12 版。

25. 楊偉中，「什麼是中國模式的特點？」，**旺報**，2010 年 10 年 5 日，第 C3 版。

26. 江慧真、陳嘉宏、仇佩芬、單厚之、呂昭隆，「本報專訪　馬：爭取夠長時間　兩岸深度交流」，**中國時報**，2010 年 9 月 1 日，第 A1 版。

27. 李志德，「中國政改方向　高官式民主」，**聯合報**，2010 年 9 月 23 日，第 A19 版。

28. 魏碧洲、曹健、賴錦宏，「沒政治改革　經改成果會得而復失」，**聯合報**，2010 年 9 月 24 日，第 A2 版。

29. 傅依傑，「在聯大‧破天荒溫家寶倡中國要政改」，**聯合報**，2010 年 9 月 25 日，第 A1 版。

30. 李春，「溫家寶談政改　高層共識：限權入手」，**聯合報**，2010 年 10 月 1 日，第 A23 版。

31. 羅印冲，「德學者看兩岸／了解、需要　才能消除敵意」，**聯合報**，2010 年 10 月 3 日，第 A4 版。

32. 尹德瀚、羅培菁、鍾玉玨，「爭人權　繫獄中　劉曉波獲諾貝爾和平獎　中共抗議」，**中國時報**，2010 年 10 月 9 日，第 A1 版。

33. 亓樂義「中共批違諾貝爾宗旨　封鎖消息」，**中國時報**，2010 年 10 月 9 日，第 A2 版。

34. 黃文正、黃菁菁，「國際發聲　促中國速放人」，**中國時報**，2010 年 10 月 9 日，第 A2 版。

35. 陳東旭，「天安門廣場　豎起孔子雕像」，**聯合報**，2011 年 1 月 13 日，第 A1 版。

36. 劉文仕，「『省』調一層級，縣市政府發展更積極」，**自立早報**，1998 年 5 月 25 日，第 11 版。

37. 陳敏鳳、劉寶傑，「扁：2006 催生臺灣新憲法」，**聯合報**，2003 年 9 月 29 日，頭版。

三、英文資料

1. Alagappa, Muthiah ed.. *Political Legitimacy in Southeast Asia*. California: Stanford University Press, 1995.

2. Alagappa, Muthiah. *Taiwan's presidential politics : democratization and cross strait relations in the twenty-first century*. N.Y. : M.E. Sharpe, 2001.

3. Anderson, Benedict. *Imagined Communities: Reflection on the Origin and Spread of Nationalism*. London: Verso, 1991.

4. Author, John ed.. *Democracy*. California: Wadsworth, 1992.

5. Barker, Rodney. *Political Legitimacy and the State*. New York: Oxford University Press, 1990.

6. Bergsen, C. Fred, Bates Gill, Nicholas R. Lardy and Derek Mitchell. *China: The Balance Sheet*. New York: Public Affairs, 2006.

7. Bernstein, Thomas P. and Xiaobo Lü. *Taxation without Representation in Contemporary Rural China* .New York: Cambridge University Press, 2003.

8. Birch, Anthony H.. *Nationalism and National Integration*. London: Unwin Hyman, 1989.

9. Boerner, Peter ed.. *Concepts of Nationalism-An Interdisciplinary Dialogue*. Germany: Auflage, 1986.

10. Glaser, Bonnie and Brad Glosserman. *Promoting confidence building across the Taiwan Strait.* Washington, D. C.: CSIS Press, 2008.

11. Brown, Melissa J.. *Is Taiwan Chinese* ? . California: University of California Press, 2004.

12. Bush, Richard C.. Untying the *Knot-Making Peace in the Taiwan Strait.* Washington D.C.: The Bookings Institution, 2005.

13. Calhoun, Craig. *Nationalism*. Minneapolis: University of Minnesota Press, 1997.

14. Chang, Julian and Steven M. Goldstein, ed(s)., *Economic Reform And Cross-strait Relations: Taiwan And China in the WTO.* N.J. : World Scientific, 2007.

15. Chee, Chan Heng ed.. *The New Asia- Pacific Order*. Singapore: Institute of Southeast Asian Studies, 1997.

16. Chen, Tun-jen, Chi Huang and Samuel S. G. Wu, ed.., *Inherited Rivalry: Conflict Across the Taiwan Straits,* Colorado : Lynne Rin, 1995.

17. Dahl, Robert A.. *Polyarchy*. New Haven: Yale University press, 1971.

18. Edmonds, Martin, Chyungly lee and Greg Mills ed(s)..*Preveting Insecurity: Lessons From and For East Asia* . South Africa: The South African Institute of International Affairs press, 2003.

19. Friedrich, Carl J. and Zbigniew K. Brzeninski., *Totalitarian Dictatorship and Autocracy*. MA: Harvard University Press,1965, 2nd ED.

20. Fukuyama, Francis. *State Building*. London: Profile Books LTD, 2004。

21. Gellner, Ernest. *Nations and Nationalism*. Oxford: Basil Blackwell, 1984.

22. Geraint Party and Michael Moran ed(s), *Democracy and Democratization*. New York: Routledge, 1994.

23. Gilley, Bruce. *China's Democracy Future*. New York: Columbia University Press, 2004。

24. Grey, Robert D. ed.. *Democratic Theory and Post-Communist Change*. New Jersey: Simon and Schuster, 1997.
25. Gries, Peter Hays. *China's New Nationalism: Pride, Politics, and Diplomacy*. L.A.: University of California press, 2004.
26. Guo, Sujian ed.. *China's "Peaceful Rise" in the ^{21}st Century* .Burlington: Ashgate, 2006.
27. Haas, Ernst B.. *Nationalism, Liberalism, and Progress*. New York: Cornell University Press, 1997.
28. Hays, Peter and Stanley Posen eds.. *State and Society in ^{21}st-century China*. New York: Routledge Curzon, 2004.
29. Herschensohn, Bruce ed.. *Across the Taiwan Strait-Democracy: The Bridge between Mainland China and Taiwan*. Lanham : Lexington Books, 2002.
30. Hughes, Christopher R.. *Chinese Nationalism in the Global Era*. New York: Routledge, 2006.
31. Hughes, Christopher. *Taiwan and Chinese nationalism*. New York: Routledge, 1997.
32. Huntington, Samuel P.. *The Clash of Civilizations and the Remarking of World Order*. New York: Simon and Schuster, 1996.
33. Huntington, Samuel P.. *Who Are We?* . NY: Simon & Schuster, 2004.
34. I, Yuan (ed.), *Is There a Greater China Identity? – Security and Economic Dilemma*. Taipei: National Chingchi University Institution of International Relations, 2007 .
35. Kastner, Scott L. ， *Political Conflict and Economic Interdependence Across the Taiwan Strait and Beyond*. California: Stanford Univ Pr, 2009.
36. Keohane, Robert O. and Joseph S. Nye JR. ed(s).. *Governance in A Globalizing World* . Washington D.C.: Brooking Institution Press, 2000.
37. Kim ,Ilpyong J. ed..*The Strategic Triangle: China, the United States and the Soviet Union*, New York: Paragon House publisher, 1987.
38. Kurlantzick, Joshua. *Charm Offensive* .New Haven and London: Yale University Press, 2007.
39. Kynge, James. *China Shakes the World* .New York: Houghton Mifflin Company, 2006.

40. li, Cheng *China's Changing Political Landscape: Prospects for Democracy*. Washington D. C.: Brooking Institution Press, 2008.

41. Lin, Bih-Jaw ed.. *Contemporary China and the Changing International Community*. Taipei: Institution of International Relations, 1993.

42. Mann, James *The China Fantasy*. New York: Penguin Books, 2007.

43. Myers, Ramon H. and Jialin Zhang，*The struggle across the Taiwan strait : the divided China problem*. Calif. : Stanford University, 2006.

44. Näth, Marie-Luise ed.. *The Republic of China on Taiwan in International Politics*. Germany : Peter Lane, 1998.

45. Nye Jr., Joseph S. and John D. Donahue ed(s)., *Governance in A Globalization World*. Washington D.C.: Brookings Institution Press, 2000.

46. Plattner, Marc F. and Joao Carlos Espada ed(s)., *The Democracy Invention*. Maryland: Johns Hopkins University press, 2000.

47. Poole, Ross. *Nation and Identity*. New York: Routledge, 1999.

48. Rosecrance, Richard ed.. *The new Great Power Coalition-Toward a World Concert of Nations*. Maryland: Rowman and Littlefield Publishers, 2001.

49. Ross, Robert S. and Zhu Feng ed(s)., *China Ascent*（Ithach: Cornell University, 2008）.

50. Smith, Anthony D.. *National Identity*. Las Vegas : University of Nevada, 1991.

51. Starrs, Roy ed.. *Nation Under Siege*. New York: Palgrave, 2004.

52. Tai, Wan-chin ed.. *New Development in Asia Pacific and the World.*臺北：時英，2006.

53. Teather, David C. B. and Herbert S. Yee ed(s).. *China in Transition*. New York: ST. Martin's Press, 1999.

54. Teather, David C. B.. and Herbert S. Yee ed(s)., *China in Transition* . Londen: Macmillan Press, 1999.

55. Tucker, Nancy Bernkopf. *Dangerous Strait- The U.S. – Taiwan – China Crisis*. New York: Columbia University Press, 2005.

56. Wachman, Alan M.. *Taiwan - National Identity and Democratization* . New York : An East Gate Book, 1994.

57. Zhang, Wei-Wei. *Transforming China*. New York: St. Martin's Press, 2000.

58. Zheng, Yongnian. *De Facto Federalism in China: Reforms and Central-Local Relations*. Singapore: World Scientific Publishing, 2007.

四、期刊資料

1. 吳得源（Der-Yuan Wu），"Maintaining Status Quo across the Taiwan Strait: A Constructivist/Institutionalist Perspective"，*Issues & Studies* (Taipei), 44 卷 1 期（2008/03），pp.33-69.

2. 李瓊莉（Chyungly Lee），"Cross-Strait Economic Ties and Taiwan's Economic Security: An Analytical Framework from a Nontraditional Security Perspective"，*Issues & Studies*(Taipei), 43 卷 1 期（2007/03），pp.189-216.

3. 林正義（Cheng-Yi Lin），"The Rise of China and Taiwan's Response: The Anti-Secession Law as a Case Study"，*Issues & Studies*(Taipei), 43 卷 1 期（2007/03），pp. 159-188.

4. 林岡（Gang Lin），"U.S Strategies in Maintaining Peace across the Taiwan Strait"，*Issues & Studies*(Taipei), 43 卷 2 期（2007/06），pp.217-236.

5. Chan, Steve. "The Politics of Economic Exchange: Carrots and Sticks in Taiwan-China-U.S. Relations". *Issues & Studies* (Taipei), 42 卷 2 期（2006/06），pp. 1～22.

6. Beech, Hannah. "Democracy". *Time* (2009/1/12), pp. 30-34.

7. Chen, Jie. Chunlong Lu, Yiyin Yang. "Popular Support Grassroots Self-Government in Urban China". *Modern China*, vol. 33, No.4(2007/10), pp. 505～528.

8. Chung, Jae Ho. Hongyi Lai and Ming Xia."Mounting Challenge to Governance in China: Surveying Collective Protestors, Religious Sects and Criminal Organizations". *The China Journal*(2006/6), No. 56, pp. 1-31.

9. Clark, Cal. "The U.S. Balancing Role in Cross-Strait Relations: The Irony of "Muddling Through"". *Issues & Studies* (Taipei), 42 卷 3 期（2006/09），pp. 129-163.

10. Elegant, Simon. "China On Ice". *Time*, 2008,2,11, pp. 30～33.

11. March, James G. and John P. Olsen. "The New Institutionalism: Organizational Factors in Political Life". *The American Political Science Review*, Vol. 78, No. 3(Sept. 1984), pp. 734～749.

12. Robertson, Benjamin and Melinda Liu. "Can the Sage Save China?". *Newsweek*, (New York), 2006.3.20, pp. 21～24.

13. Shaocheng, Tang. "The European Union and the Two Sides of the Taiwan Strait(1996-2009)-A Content Analysis". *Issues & Studies*(Taipei), Vol. 46, No.1 (2010/03), pp. 55-88.

14. Shu, Keng, Lu-Huei Chen and Kuan-Po Huang, "Sense, Sensitivity, and Sophistication in Shaping the Future of Cross-Strait Relations". *Issues & Studies* (Taipei), 42 卷 4 期（2006/12）, pp. 23-66.

15. Thornton, John L.. "Long Time Coming: The Prospects for Democracy in China", Foreign Affairs(U.S.).Vol. 87 No. 1 (Jun./ Feb. 2008), pp. 2-16.

16. Xiaoguang, Kan and Han Heng. "Graduated Controls: The State-Society Relationship in Contemporary China". *Modern China*, vol. 34, No.4 (2008/1), pp. 36-55.

17. 李銘義，「兩岸結束敵對狀態及解決模式可行性研析」，**展望與探索**（臺北），第 3 卷第 1 期（2005 年 1 月），頁 23～40。

18. 蔡學儀，「全球化與兩岸經濟發展」，**展望與探索**（臺北），第 3 卷第 1 期（2005 年 1 月），頁 41～54。

19. 耿曙、林琮盛，「全球化背景下的兩岸關係與臺商背景」，**中國大陸研究**（臺北），第 48 卷第 1 期（2005 年 3 月），頁 1～28。

20. 蔡秋如，「從『全球化』思維探討有利兩岸發展之新任知」，**展望與探索**（臺北），第 3 卷第 3 期（2005 年 3 月），頁 28～42。

21. 陳建民、蔡承旺，「中共在金廈『小三通』的策略運用」，**展望與探索**（臺北），第 3 卷第 5 期（2005 年 5 月），頁 48～61。

22. 王智盛，「全球化視角下的兩岸關係—中共對臺政策 vs 臺灣大陸政策」，**展望與探索**（臺北），第 3 卷第 7 期（2005 年 7 月），頁 31～42。

23. 吳瑟致，「從行政院『政府組織改造計畫』談陸委會直能轉變對兩岸關係影響」，**展望與探索**（臺北），第 3 卷第 7 期（2005 年 7 月），頁 43～53。

24. 王光正、黃秋龍，「反分裂國家法與允諾策略」，**問題與研究**（臺北），第 44 卷第 5 期（2005 年 9、10 月），頁 29～52。

25. 李英明、賴皆興，「從理性博奕向結構博奕轉移」，**遠景基金會季刊**（臺北），第 6 卷第 4 期（2005 年 10 月），頁 1～30。

26. 林正義，「美國與臺海兩岸信心建立措施」，**問題與研究**（臺北），第 46 卷第 6 期（2005 年 11、12 月），頁 147～169。

27. 邱垂正，「兩岸非正常化經濟整合關係之省思與挑戰」，**展望與探索**（臺北），第 3 卷第 11 期（2005 年 11 月），頁 18～38。

28. 沈有忠，「美中臺三角關係：改良的三角分析法」，**展望與探索**（臺北），第 4 卷第 3 期（2006 年 3 月），頁 20～40。

29. 莊文一，「從孤雛到伙伴：臺灣在後冷戰中日臺三邊關係中的角色提升」，**展望與探索**（臺北），第 4 卷第 4 期（2006 年 4 月），頁 41～56。

30. 宋鎮照、黃鴻茗，「當前兩岸政經關係的發展、挑戰與前瞻：建構新兩岸關係思維」，**展望與探索**（臺北），第 4 卷第 10 期（2006 年 10 月），頁 21～35。

31. 鄭又平，「選票邏輯與兩岸關係的政策困境」，**展望與探索**（臺北），第 4 卷第 10 期（2006 年 10 月），頁 36～56。

32. 陳牧民，「當和平崛起遇上臺灣問題：菁英認知下的的中國安全戰略」，**中國大陸研究**（臺北），第 49 卷第 4 期（2006 年 12 月），頁 1～26。

33. 蕭琇安，「國際法『禁止使用武力原則』與臺海兩岸關係」，**問題與研究**（臺北），第 46 卷第 1 期（2007 年 1、2、3 月），頁 147～169。

34. 郭立青，「中共智囊建立合法性新論述背後」，**亞洲週刊**，（第 21 卷，第 2 期，2007 年 1 月 14 日），頁 26～32。

35. 張怡菁，「臺海危機中中共對臺軍經封鎖之國際法理研究」，**展望與探索**（臺北），第 5 卷第 2 期（2007 年 2 月），頁 40～59。

36. 尤本立，「戰略環境變遷下美中臺三邊關係的競爭與合作」，**展望與探索**（臺北），第 5 卷第 4 期（2007 年 4 月），頁 41～56。

37. 唐彥博，「兩岸經貿發展趨勢與展望」，**展望與探索**（臺北），第 5 卷第 4 期（2007 年 4 月），頁 20～40。

38. 許志永，「唯民主才能界定公共利益」，**亞洲週刊**，（第 21 卷，第 13 期，2007 年 4 月 8 日），頁 36～38。

39. 紀鴻鵬，「中共十七大新亮點」，**鏡報**（總第 359 期，2007 年 6 月），頁 5～7。

40. 蔡昌言、李大中，「不對稱戰爭相關理論及其應用於中國對臺戰略之研析」，**遠景基金會季刊**（臺北），第 8 卷第 3 期（2007 年 7 月），頁 1～42。

41. 李西潭，「臺灣民主化經驗與中國未來之民主化—以杭廷頓的理論架構分析之」，**遠景基金會季刊**（臺北），第 8 卷第 4 期（2007 年 10 月），頁 1～48。

42. 夏樂生，「從『國退民進』及『國進民退』現象看大陸民營企業之發展」，展望與探索，第 5 卷第 10 期（2007 年 10 月），頁 20～27。

43. 陳重成，「全球化下的兩岸社會交流與互動：一個從他者轉向自身的歷程」，**遠景基金會季刊**（臺北），第 9 卷第 1 期（2008 年 1 月），頁 1～38。

44. 黃秋龍，「從跨界治理情勢探索兩岸共同打擊犯罪之前景」，**展望與探索**（臺北），第 6 卷第 6 期（2008 年 6 月），頁 58～68。

45. 「胡佳的公民實踐」，**亞洲週刊**（2008 年 11 月 9 日），頁 30。

46. 章海陵、張潔平、李永峰，「胡佳現象臺前幕後中國維權最新模式」，**亞洲週刊**（2008 年 11 月 9 日），頁 28～33。

47. 紀碩鳴，「普世價值之爭學者上書叫停」，**亞洲週刊**（2008 年 12 月 28 日），頁 42～43。

48. 江迅，「權貴資本抵制憲政改革」，**亞洲週刊**（2009 年 1 月 4 日），頁 48～49。

49. 潘金泮，「周永康防貪腐被揭阻追究豆腐渣工程」，**前哨**（香港），第 216 期（2009 年 2 月 1 日），頁 12～14。

50. 郭振雄、何怡澄，「中國各地方政府自願在網路揭露財務資訊之比較研究」，**中國大陸研究**（臺北），第 52 卷第 2 期（2009 年 3 月），頁 29～58。

51. 「信息公開已成往事川震災區輿論管制」，**亞洲週刊**（2009 年 5 月 17 日），頁 9。

52. 郭承天，「兩岸宗教與政治態度比較」，**中國大陸研究**（臺北），第 52 卷第 2 期（2009 年 6 月），頁 67～95。

53. 王安國，「兩岸信心建立措施建立之評析」，**遠景基金會季刊**（臺北），第 10 卷第 3 期（2009 年 7 月），頁 115～152。

54. 包淳亮，「從現實主義國家認同談本土化與統一」，**東亞研究**（臺北），第 40 卷第 2 期（2009 年 7 月），頁 141～177。

55. 許志嘉，「認同轉變：兩岸關係的結與解」，**東亞研究**（臺北），第 40 卷第 1 期（2009 年 7 月），頁 39～74。

56. 趙永茂，「修憲『凍省』的過程與影響」，**國家政策雙週刊**（臺北），174 期，頁 2-4。

57. 吳瑟致、趙文志，「ECFA 架構下展望兩岸金融業之開放與合作：以銀行業為例」，**展望與探索**（臺北），第 8 卷第 4 期（2010 年 4 月），頁 29～51。

58. 包淳亮,「從『身分政治』談兩岸關係前景」,**展望與探索**（臺北）,第 8 卷第 7 期（2010 年 7 月）,頁 28～44。

59. 歐陽新宜,「一樣災情兩樣情—對甘肅舟曲應變的評論」,**展望與探索**（臺北）,第 8 卷 9 期（2010 年 9 月）,頁 22～24。

60. 魏艾,「中國大陸成為全球第二大經濟體的需與實」,**展望與探索**（臺北）,第 8 卷第 9 期（2010 年 9 月）頁 11～13。

61. 羅至美,「歐盟統合之多樣性路徑對兩岸關係的政策意涵」,**問題與研究**（臺北）,第 49 卷第 3 期（2010 年 9 月）,頁 1～28。

62. 劉文斌,「風雨欲來的兩岸外交大戰—從陳總統元旦文告與出訪尼加拉瓜觀察」,**展望與探索**（臺北）,第 5 卷第 2 期（2007 年 2 月）,頁 21～39。

63. 劉文斌,「大陸 2008 年雪災應變模式及其意涵」,**展望與探索**（臺北）,第 6 卷第 5 期（2008 年 5 月）,頁 33～34。

64. 劉文斌,「中共政治發展與兩岸關係」,**展望與探索**（臺北）,第 7 卷第 3 期(2009 年 3 月),頁 31。

65. 劉文斌,「中共海協會理事組成與兩岸談判議題關係研究」,**展望與探索**（臺北）,第 8 卷第 1 期（2010 年 1 月）,頁 51～66。

66. 劉文斌,「『胡六點』週年展望兩岸關係：兩岸悲情衝撞難解」,**展望與探索**（臺北）,第 8 卷第 2 期（2010 年 2 月）,頁 1～14。

67. 劉文斌,「兩岸文化認同的詭辯與兩岸關係的未來」,**展望與探索**（臺北）,第 8 卷第 11 期（2010 年 11 月）,頁 27～49。

五、中文專書

1. Andrew Heywood,楊日青等譯,**政治學新論**。臺北：韋伯文化,2002 年 3 月。

2. Anthony Giddence,鄭武國譯,**第三條路**（*The Third Way: The Renewal of Social Democracy*）。臺北：聯經,1999。

3. David Potter, David Goldbalt, Margret Kiloh, Paul Lewis,王謙,李昌麟,林賢治,黃惟饒譯,**民主化的歷程**。臺北：韋伯文化,2000。

4. G. Sartori 著,馮克立、閻克文譯,**民主新論**。北京：東方出版社,1998 年 12 月。

5. Lucian Pye, 胡祖慶譯,**中國政治的變與常**。臺北：五南,1989。

6. Malcolm Waters, 徐偉傑譯，**全球化**。臺北：弘智，2000。

7. Samuel P. Huntington，劉軍寧譯，**第三波**。臺北：五南，1994。

8. 中華人民共和國年鑑社，**中華人民共和國年鑑（2009）**。北京：中華人民共和國年鑑社，2009 年 12 月。

9. 中華人民共和國年鑑編輯部，**中華人民共和國年鑑（2007）**。北京：中華人民共和國年鑑社，2007 年 12 月。

10. **毛澤東選集第四卷**。北京：人民出版社，1966 年。

11. 王高成主編，**兩岸新形勢下的國家安全戰略**。臺北：淡大戰略所（秀威資訊代理），2009。

12. 王雲五名譽總編輯，**雲五社會科學大辭典（政治學）**。臺北：臺灣商務印書館，1971。

13. 田麗虹，**兩岸關係的決策分析**。臺北：新文京，2003 年。

14. 石之瑜，**當代臺灣的中國意識**。臺北：中正，1993。

15. 匡道編，**共匪禍國大事記：民國 38 年至 74 年**。臺北：共黨問題研究雜誌社，1986。

16. 朱蓓蕾，**兩岸交流的非傳統性安全**。臺北市：遠景基金會，2005。

17. 江丙坤等，**馬總統執政後的兩岸新局：論兩岸關係新路向**。臺北市：兩岸交流遠景基金會，2009。

18. 江宜樺，**自由主義、民族主義與國家認同**。臺北：揚智，2000。

19. 行政院研考會，**政府開放政策對兩岸關係發展之影響與展望**。臺北：行政院研究發展考核委員會，2009 年。

20. 行政院研究發展考核委員會編印，**從「精省」經驗規劃未來「政府改造」的配套措施研究報告（編號：RDEC-RES-091-009）**。

21. 行政院新聞局輯印，**蔣總統經國先生七十五年言論集**。

22. 行政院新聞局輯印，**蔣總統經國先生七十四年言論集**。

23. 行政院新聞局輯印，**蔣總統經國先生七十年言論集**。

24. 行政院新聞局輯印，**蔣總統經國先生七十年言論集**。

25. 行政院新聞局輯印，**蔣總統經國先生六十七年言論集**。

26. 行政院新聞局輯印，**蔣總統經國先生六十九年言論集**。

27. 行政院新聞局輯印，**蔣總統經國先生六十八年言論集**。

28. 行政院新聞局輯印，**蔣總統經國先生六十八年言論集**。

29. 吳玉山，**抗衡與扈從**。臺北：正中，1997。

30. 吳國光，**自由的民族與民族的自由**。臺北：大屯出版社，2002。

31. 李允傑，**臺灣政局與兩岸關係**。臺北：海峽學術出版社，2007。

32. 李明，**兩岸外交休兵新思維**。臺北市：遠景基金會，2008。
33. 李登輝、中嶋嶺雄，駱文森、楊明珠譯，**亞洲的智略**。臺北：遠流，2000。
34. 李銘義，**兩岸關係與中國研究**。臺北：新文京，2006 年。
35. 汪學文，**中共文化大革命史論**。臺北：國立政治大學國際關係研究中心，1989。
36. 辛旗，**時代悲情‧文化變遷‧兩岸關係**。臺北：海峽學術出版社，2003。
37. 孟德聲，**中國民族主義之理論與實際（上冊）**。臺北：海峽出版社，2002。
38. 林中斌，**偶爾言中－林中斌前瞻短評**。臺北：黎明文化，2008。
39. 林信華，**超國家社會學：兩岸關係中的新臺灣社會**。臺北：韋伯，2003 年。
40. 林國章，**民族意識與兩岸關係**。臺北：海峽學術出版社，2010 年 06 月 10 日。
41. 法務部調查局展望與探索雜誌社編印，**中國大陸綜覽（97 年版）**。臺北：展望與探索雜誌社，2008。
42. 邵宗海，**中國和平崛起與中國現代民族主義的互動**。臺北：韋伯，2009。
43. 邵宗海，**兩岸協商與談判**。臺北：新文京，2004 年。
44. 邵宗海，**兩岸關係**。臺北：五南，2006。
45. 姜皇池、黃居正，**兩岸關係定位可能選擇與因應方案**。臺北市：總統府，2007。
46. 胡元梓、薛曉源主編，**全球化與中國**。臺北：創世文化，2001。
47. 范世平，**大陸出境旅遊與兩岸關係之政治分析**。臺北：秀威資訊，2006。
48. 范世平，**大陸觀光客來臺對兩岸關係影響的政治經濟分析**。臺北：秀威資訊，2010 年。
49. 孫文，**三民主義**。臺北：中央文物供應社，1986 年 8 月。
50. 孫哲，**獨裁政治學**。臺北：揚智文化，1995。
51. 徐火炎編，**臺灣族群政治專題（臺灣政治學刊創刊號）**。臺北：月旦，1996。
52. 時英出版社與淡江大學國際研究學院，**世界新格局與兩岸關係：和平與發展的展望**。臺北：時英，2006 年。

53. 海峽兩岸關係研究中心編，**中華文化與兩岸關係論文集**。北京：海峽兩岸關係研究中心，2001。

54. 翁明賢、吳建德，**兩岸關係與信心建立措施**。臺北：華立圖書，2005 年。

55. 翁明賢等，**全球戰略形勢下的兩岸關係**。臺北；華立圖書，2008。

56. 荊子馨著，鄭力軒譯，**成為日本人**。臺北：麥田，2006。

57. 高永光，**論政治學中國家研究之新趨勢**。臺北：永然文化出版社，1995。

58. 高輝，**社會主義再認識——中共「初階論」之研究**。臺北：永業出版社，1991。

59. 張五岳等，**兩岸關係研究**。臺北：新文京，2003。

60. 張亞中，**兩岸主權論**。臺北：生智，1998。

61. 張國城，**兩岸關係概論**。臺北：新學林，2009 年。

62. 張麟徵，**泥淖與新機——臺灣政治與兩岸關係**。臺北：海峽學術出版社，2005 年。

63. 戚嘉林，**中國崛起與臺灣**。臺北：海峽學術出版社，2009。

64. 陳武志，**沒有中國模式這回事**。臺北：八旗文化，2010。

65. 陳建民，**兩岸關係中的美國因素**。臺北：秀威資訊，2007 年。

66. 陳德昇編，**中共「十七大」政治菁英甄補與地方治理**。臺北：印刻，2008。

67. 黃昭元主編，**兩國論與臺灣國家定位**。臺北：學林文化，2000。

68. 楊本華，**影響有影響力的人：解讀當代中國與臺海兩岸關係**。臺北：霍克（旭昇代理），2004。

69. 葛永光，**文化多元主義與國家整合——兼論中國認同的形成與挑戰**。臺北：正中，1993。

70. 賈仕武，**全球化與共產黨**。香港：大風出版社，2006 年 11 刷。

71. 臺灣主權論述資料選編編輯小組編，**臺灣主權論述資料選編（上）**。臺北：國史館，2001。

72. 臺灣省新聞處編印，**教育發展與文化建設**。臺中：臺灣省政府新聞處，1990。

73. 趙建民，**當代中共政治分析**。臺北：五南，1997。

74. 趙建民等，**大陸研究與兩岸關係（新版）**。臺北；晶典文化，2008。

75. 齊光裕，**中華民國的政治發展：民國三十八年來的政治變遷**。臺北：揚智，1996。

76. 齊墨編，**新權威主義**。臺北：唐山，1991 年 10 月 30 日初版 1 刷。

77. 劉文斌，**臺灣國家認同變遷下的兩岸關係**。臺北：問津堂，2005。
78. 劉性仁，**兩岸關係：主權爭議何去何從**。臺北：時英，2004 年。
79. 潘錫堂，**兩岸政經關係與情勢**。臺北：新文京，2009 年。
80. 蔡泰山，**媽祖文化與兩岸關係發展**。臺北：立得，2004。
81. 蔡瑋，**微言、危言：兼論兩岸關係及臺灣內政**。臺北：海峽學術出版社，2007 年。
82. 蔡增家，**日本轉型：九〇年代之後政治經濟體制的轉變**。臺北：五南，2004。
83. 鄭永年，**政治漸進主義**。臺北：吉虹文化，2000。
84. 鄭海麟，**臺灣「政黨再輪替」與兩岸關係**。臺北：海峽學術出版社，2009 年。
85. 盧建榮，**分裂的國族認同（1975～1997）**。臺北：麥田，1999。
86. 盧漢超主編，**臺灣的現代化和文化認同**。NJ：八方出版社，2001。
87. 戴萬欽，**世界新格局與兩岸關係：安定與互惠的展望**。臺北：時英，2010 年 10 月 20 日。
88. 戴萬欽，**世界新格局與兩岸關係：協商與合作的展望**。臺北：時英，2006 年。
89. 戴萬欽，**世界新格局與兩岸關係：對話與互動的展望**。臺北：時英，2008 年。
90. 戴萬欽編著，**世界新格局與兩岸關係——和平與合作的進展**。臺北：時英，2009。
91. 謝正一，**兩岸大未來**。臺北：華德博英文教科技，2008。
92. 臺灣主權論述資料選編小組編，**臺灣主權論述資料選編（上）**。臺北：國史館，2001。
93. 蘇起，**危險邊緣：從兩國論到一邊一國**。臺北：天下文化，2003。
94. 蘇起、張良任主編，**兩岸文化交流：理念、歷程與展望**。臺北：陸委會，1996。
95. 蘇起等主編，**「一個中國，各自表述」——共識的史實**。臺北：國家政策研究基金會，2002。

社會科學類　AF0152

為人民服務：兩岸制度競爭的核心

作　　者 / 劉文斌
責任編輯 / 鄭伊庭
圖文排版 / 陳宛鈴
封面設計 / 王嵩賀

發 行 人 / 宋政坤
法律顧問 / 毛國樑　律師
印製出版 / 秀威資訊科技股份有限公司
　　　　　114 台北市內湖區瑞光路 76 巷 65 號 1 樓
　　　　　電話：+886-2-2796-3638　傳真：+886-2-2796-1377
　　　　　http://www.showwe.com.tw
劃撥帳號 / 19563868　戶名：秀威資訊科技股份有限公司
　　　　　讀者服務信箱：service@showwe.com.tw
展售門市 / 國家書店（松江門市）
　　　　　104 台北市中山區松江路 209 號 1 樓
　　　　　電話：+886-2-2518-0207　傳真：+886-2-2518-0778
網路訂購 / 秀威網路書店：http://www.bodbooks.com.tw
　　　　　國家網路書店：http://www.govbooks.com.tw
圖書經銷 / 紅螞蟻圖書有限公司
　　　　　114 台北市內湖區舊宗路二段 121 巷 28、32 號 4 樓
　　　　　電話：+886-2-2795-3656　傳真：+886-2-2795-4100

2011 年 5 月 BOD 一版
定價：400 元
版權所有　翻印必究
本書如有缺頁、破損或裝訂錯誤，請寄回更換

國家圖書館出版品預行編目

為人民服務：兩岸制度競爭的核心 / 劉文斌著. --
一版. -- 臺北市 ： 秀威資訊科技, 2011.05
　　面 ；　　公分. -- (社會科學類 ; AF0152)
BOD 版
ISBN 978-986-221-735-1(平裝)

1. 兩岸政策　2. 兩岸關係

573.09　　　　　　　　　　　　　100005503

讀 者 回 函 卡

感謝您購買本書，為提升服務品質，請填妥以下資料，將讀者回函卡直接寄
回或傳真本公司，收到您的寶貴意見後，我們會收藏記錄及檢討，謝謝！
如您需要了解本公司最新出版書目、購書優惠或企劃活動，歡迎您上網查詢
或下載相關資料：http:// www.showwe.com.tw

您購買的書名：＿＿＿＿＿＿＿＿＿＿＿＿＿＿＿＿＿＿＿＿＿＿＿＿＿

出生日期：＿＿＿＿＿年＿＿＿＿＿月＿＿＿＿＿日

學歷：□高中 (含) 以下　　□大專　　□研究所 (含) 以上

職業：□製造業　□金融業　□資訊業　□軍警　□傳播業　□自由業
　　　□服務業　□公務員　□教職　　□學生　□家管　　□其它＿＿＿＿

購書地點：□網路書店　□實體書店　□書展　□郵購　□贈閱　□其他

您從何得知本書的消息？

　　□網路書店　□實體書店　□網路搜尋　□電子報　□書訊　□雜誌
　　□傳播媒體　□親友推薦　□網站推薦　□部落格　□其他＿＿＿＿＿＿

您對本書的評價：(請填代號　1.非常滿意　2.滿意　3.尚可　4.再改進)

　　封面設計＿＿＿　版面編排＿＿＿　內容＿＿＿　文／譯筆＿＿＿　價格＿＿＿

讀完書後您覺得：

　　□很有收穫　□有收穫　□收穫不多　□沒收穫

對我們的建議：＿＿＿＿＿＿＿＿＿＿＿＿＿＿＿＿＿＿＿＿＿＿＿＿＿

＿＿＿＿＿＿＿＿＿＿＿＿＿＿＿＿＿＿＿＿＿＿＿＿＿＿＿＿＿＿＿＿＿

＿＿＿＿＿＿＿＿＿＿＿＿＿＿＿＿＿＿＿＿＿＿＿＿＿＿＿＿＿＿＿＿＿

＿＿＿＿＿＿＿＿＿＿＿＿＿＿＿＿＿＿＿＿＿＿＿＿＿＿＿＿＿＿＿＿＿

11466
台北市內湖區瑞光路 76 巷 65 號 1 樓

秀威資訊科技股份有限公司　　　收

BOD 數位出版事業部

⋯⋯⋯⋯⋯⋯⋯⋯⋯⋯⋯⋯⋯⋯⋯⋯⋯⋯⋯⋯⋯⋯⋯⋯

（請沿線對折寄回，謝謝！）

姓　　名：＿＿＿＿＿＿＿＿＿　年齡：＿＿＿　性別：□女　□男

郵遞區號：□□□□□

地　　址：＿＿＿＿＿＿＿＿＿＿＿＿＿＿＿＿＿＿＿＿＿

聯絡電話：(日) ＿＿＿＿＿＿＿＿＿ (夜) ＿＿＿＿＿＿＿＿＿

E-mail：＿＿＿＿＿＿＿＿＿＿＿＿＿＿＿＿＿＿＿＿＿